TABLES
STATISTIQUES

DES DIVERS PAYS DE L'UNIVERS

POUR L'ANNÉE 1878

PAR

G. BAGGE

PARIS

LIBRAIRIE HACHETTE ET Cⁱᵉ

79, BOULEVARD SAINT-GERMAIN, 79

—

1878

TABLES
STATISTIQUES

DES DIVERS PAYS DE L'UNIVERS

POUR L'ANNÉE 1878

PAR

G. BAGGE

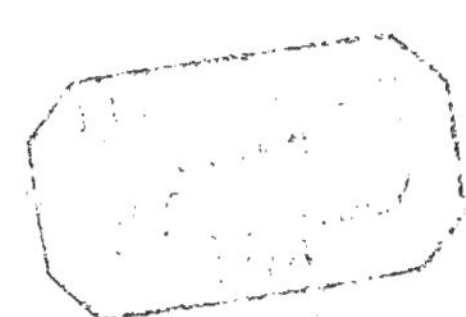

PARIS

LIBRAIRIE HACHETTE ET Cie

79, BOULEVARD SAINT-GERMAIN, 79

—

1878

TABLE DES MATIÈRES

TERRE

DIVISIONS

La terre se divise en cinq grandes parties, savoir : l'EUROPE, l'ASIE, l'AFRIQUE, l'AMÉRIQUE et l'OCÉANIE.

BUDGET

DÉPENSES.	22.100 millions de francs.
RECETTES.	20.734 millions de francs.
DETTE.	150.103 millions de francs.

COMMERCE

IMPORTATION.	39.618 millions de francs.
EXPORTATION.	50.580 millions de francs.

TÉLÉGRAPHES

LIGNES.	743.976 kilomètres.

CHEMINS DE FER

LIGNES (1877) 303.158 kilomètres ; (1870) 211.859.

SUPERFICIE

154.617.885 kilomètres carrés (10,6 habit. par kilom. carré).

POPULATION

1.423.917.000 habitants.

EUROPE

SITUATION ASTRONOMIQUE

36° — 71°,12′ latit. N. et 11°, 54′ longit. O. — 62° longit. E.

DIVISIONS

L'Europe se divise en ÉTATS dont les 6 principaux sont désignés sous le nom de GRANDES PUISSANCES, savoir : La France, l'Allemagne, l'Autriche-Hongrie, la Grande-Bretagne et l'Irlande, l'Italie, la Russie. Les autres États sont : la Belgique, le Danemark, l'Espagne, la Grèce, les Pays-Bas, le Portugal, la Roumanie, la Finlande, la Serbie, la Suède et la Norvége, la Suisse, la Turquie, la république d'Andorre, le duché de Liechtenstein, le Luxembourg, la principauté de Monaco, le Monténégro et la république de San-Marino.

BUDGET

DÉPENSES . . . . 15.821 millions de francs.
RECETTES . . . . 14.142 millions de francs.
DETTE . . . . 97.812 millions de francs.

COMMERCE

IMPORTATION. . . . . 27.898 millions de francs.
EXPORTATION (1877) 18.968; (1876) 22.225 millions de francs.

TÉLÉGRAPHES

LIGNES . . . . 495.755 kilomètres.

CHEMINS DE FER

LIGNES : 145.572 kilomètres; (1870) 104.955.

SUPERFICIE

9.902.149 kilomètres carrés (51.2 habitants par kilomètre carré).

POPULATION

509.178.500 habitants.

(RÉPUBLIQUE) FRANCE (CAP. PARIS)

SITUATION ASTRONOMIQUE : 51° 5′ 27″ et 42° 20′ lat. N. 7° 8′ O. et 4° 51′ 46″ long. E. — **CLIMAT** : TEMP. MOYENNE de l'année env. +11° c.; » » de l'été +18° 2′; » » de l'hiver — 6°. — **PLUIE** : La hauteur de la pluie qui tombe annuellement est d'environ 8 décimètres.

GOUVERNEMENT
(CHEF DE L'ÉTAT — POUV' EXÉCUTIF — POUV' LÉGISLAT')

CHEF DE L'ÉTAT. De Mac-Mahon, Marie-Edme-Patrice-Maurice, maréchal, duc de Magenta, Président nommé pour 7 ans par l'Assemblée nationale le 20 novembre 1873.

LE POUVOIR EXÉCUTIF, ADMINISTRATIF ET JUDICIAIRE est personnifié dans le président de la République. LE POUVOIR LÉGISLATIF est exercé par l'Assemblée nationale, divisée en deux chambres : *le Sénat* (300 membres) dont une partie élue (75 membres) à vie par l'Assemblée nationale, et l'autre partie (225 membres) élue pour 9 ans par des délégués des conseils municipaux, des conseils généraux et des députés des départements. *La Chambre des députés* (532 membres), dont les membres sont élus pour 5 ans par le SUFFRAGE UNIVERSEL, selon la loi de 1849.

9 MINISTÈRES : les ministères *de la justice et des cultes, des affaires étrangères, de l'intérieur, des finances, de la guerre, de la marine et des colonies, de l'instruction publique et des beaux-arts, des travaux publics, de l'agriculture et du commerce.*

Le CONSEIL D'ÉTAT est composé : du garde des sceaux, ministre de la justice, président ; de 22 conseillers d'État en service ordinaire ; de 15 conseillers d'État en service extraordinaire ; de 24 maîtres des requêtes, d'un secrétaire général, de 30 auditeurs ; d'un secrétaire spécial du contentieux. Les ministres ont rang et séance au conseil d'État.

JUSTICE
(JURID. CIVILE — JURID. CRIMIN. — JURID. SPÉCIALE — C' DE CASSAT')

On distingue trois espèces de juridictions : 1° JURIDICTION CIVILE dont la juridiction commerciale est une subdivision. Au-dessus des *tribunaux* de 1ʳᵉ instance et des *tribunaux de commerce* sont les *cours d'appel*. Elles statuent sur les appels des juges de 1ʳᵉ instance, rendus par les tribunaux civils (1 par arroud.) et par les tribunaux de commerce. Il y a 26 cours d'appel. II° JURIDICTION CRIMINELLE : *tribunaux de simple police,* présidés par les maires ou par les juges de paix ; *tribunaux de police correctionnelle et cours d'assises.* Les cours d'assises sont aux chefs-lieux des départements, excepté : 1° dans les départements où la cour d'appel n'est pas au chef-lieu ; 2° Cantal (Saint-Flour), Charente-Inférieure (Saintes), Loire (Montbrison), Manche (Coutances), Meuse (Saint-Mihiel), Pas-de-Calais (Saint-Omer), Saône-et-Loire (Châlon-sur-Saône), Vaucluse (Carpentras), Marne (Reims). III° JURIDICTION SPÉCIALE, savoir : les *tribunaux administratifs,* les *tribunaux militaires,* les *conseils de discipline.* Au-dessus de tous les tribunaux est la COUR DE CASSATION qui pourtant ne juge pas au fond ; elle a pour mission spéciale de veiller à la saine interprétation des lois et à l'observation des règles de la procédure.

CULTES

Trois cultes reconnus par l'État et entretenus à ses frais : le culte catholique, apostolique et romain ; le culte protestant et le culte israélite. La France se divise religieusement en 17 archevêchés et 67 évêchés suffragants. (Voir la table.)

INTÉRIEUR
(DÉPARTEMENT — ARRONDISSEM. — CANTONS — COMMUNES — TÉLÉGRAPHES — BIENFAISANCE — PRISONS)

La France se divise en 86 DÉPARTEMENTS : subdivisés en 362 *arrondissements,* ceux-ci en 2.865 *cantons* et les cantons en 36.056 *communes.* Chaque département est régi par un *préfet,* et chaque arrondissement par un *sous-préfet* qui réside au chef-lieu d'arrondissement ou SOUS-PRÉFECTURE. Le canton est surtout une circonscription judiciaire. La commune est administrée par le maire, les adjoints et les conseillers municipaux qui forment le *corps municipal.* Autrefois la France était divisée en 36 provinces. (Voir la table.)

TÉLÉGRAPHES. 51.700 kilomètres ; stations, 2.817 ; dépêches, 8.047.823 ; Recettes, 17.461.986 fr.

BIENFAISANCE. Établissements généraux de bienfaisance au nombre de 9 ; asiles publics d'aliénés, 45 ; 1 comité supérieur de protection des enfants du premier âge (siège à Paris) ; 1 comité d'inspection et de surveillance du service des enfants assistés dans chaque département (département de la Seine, 4).

PRISONS. Maisons centrales de force et de correction, 25 ; dépôt de forçats, 1 ; maisons de détention, 2 ; pénitenciers agricoles de la Corse, 3 ; colonies pénitentiaires de jeunes détenus, 5 ; prisons départementales, 59 (département de la Seine, 9).

FINANCES
(DÉPENSES — RECETTES — DETTE — POSTES — MONNAIES)

DÉPENSES	FR.
1° *Dette publique* (rentes, intérêts et remboursements) et dotations (traitement et frais de maison du président 1.200.000 fr.)	1.204.790.766
2° *Services généraux des ministères :*	
de la justice et des cultes (cultes, 55.569.743 fr.; justice, 54.590.740 fr.)	87.960.485
des affaires étrangères	12.750.500
de l'intér., 81.523.586 fr. (télégraph., 16.125.700 fr.; sûreté publique, 12.131.051 f.; prisons, 21.486.225 f.); plus pour le gouvern. de l'Algérie, 24.587.522 fr.; bienfais., 8.609.810 fr.	106.415.708
des finances	20.303.250
de la guerre	551.148.856
de la marine (157.084.705 fr.) et des colonies (29.557.411 fr.)	186.622.116
de l'instruction publique et des beaux-arts (instruction, 49.211.282 fr.; beaux-arts et musées, 7.417.480 fr.)	56.628.762
de l'agriculture et du commerce	19.762.588
travaux publics	258.246.555
3° *Frais de perception et non-valeurs*	271.948.616
Total	2.756.277.962

RECETTES		FR.
1° *Contributions directes*		412.470.600
2° *Enregistrement,* timbre et domaines		654.605.451
3° *Produits des forêts*		38.548.680
4° *Douanes et sels*		268.955.800
5° *Contributions indirectes*		1.039.293.000
6° *Postes*		116.126.000
7° *Revenus et produits divers* (savoir: impôt de 3 p. 100 sur le revenu des valeurs mobilières	35.676.000	
Produits de la télégraphie privée	16.000.000	
— universitaires	4.471.660	
— et revenus d'Algérie	23.483.400	
— des amendes	8.406.008	
— des engagements conditionnels de 1 an	15.000.000	
— divers	50.505.731	154.342.799
Total		2.684.342.530
Recettes extraordinaires		72.960.682
Total général		2.757.303.012
DETTE : Consolidée		19.900.806.955
Capitaux remboursables		5.503.000.000

POSTES. — *Lettres* 545.808.790 ; journaux et échantillons : 568.781.915. La France fait partie de l'Union générale des postes. — MONNAIES et POIDS ET MESURES. (Voir page 84.)

FRANCE (SUITE)

GUERRE — ARMÉE — DIVⁿ MILITAIRᵉˢ — PLACESFORTES (voir la table.)

ARMÉE. 450.000 hommes en temps de paix. (*Armée active*), 2.000.000 en temps de guerre, comprenant : *l'armée active, la réserve de l'armée active, l'armée territoriale et la réserve de l'armée territoriale.*

MODE DE RECRUTEMENT : 1° Des engagés volontaires et rengagés qui forment à peine un dixième du contingent annuel ; 2° des jeunes gens nés de parents français, ou nés de parents étrangers et domiciliés en France, ayant 20 ans révolus au 1ᵉʳ janvier, qui ne sont pas impropres au service militaire. Ces jeunes gens forment le *contingent* et servent sous les drapeaux soit dans l'armée de terre, soit dans l'armée de mer, durant vingt années, à savoir ; 5 ans dans l'*armée active*, 4 ans dans la *réserve de l'armée active*, 5 ans dans l'*armée territoriale* et 6 ans dans la *réserve de l'armée territoriale ;* 5° Des engagés conditionnels d'un an (volontaires d'un an), c'est-à-dire des jeunes gens qui, ayant certains titres universitaires (baccalauréats, ou ayant subi des examens spéciaux), peuvent, moyennant un versement de 1,500 fr., ne rester qu'un an sous les drapeaux, pour passer ensuite dans la disponibilité de l'armée active jusqu'à leur passage dans la réserve.

L'armée active se compose :

1° INFANTERIE (280.000 h) 144 régiments *Infanterie de ligne*, 4 bataillons de 4 compagnies, plus 2 corps de dépôt (1644 h.)
50 bataillons de *chasseurs à pied*, 4 compagnies, plus 1 compagnie de dépôt (592 h.)
4 régiments de *zouaves*, 4 bataillons de 4 compagnies, plus 1 compagnie de dépôt (2.580 h.)
3 régiments de *tirailleurs* algériens, 4 bataillons de 4 compagnies.
1 *légion étrangère*, 4 bataillons de 4 compagnies.
5 *compagnies de discipline* dont 1 de pionniers et 4 de fusiliers.

2° CAVALERIE (73.000 hommes et 65.000 chevaux), 77 régiments, savoir :
12 régiments de *cuirassiers*
26 régiments de *dragons*
20 régiments de *chasseurs* } de 5 escadrons, 850 hommes et 710 chevaux.
12 régiments de *hussards*
4 régiments de *chasseurs d'Afrique*, 1.057 hommes et 950 chevaux.) à 6 escadrons.
5 régiments de *spahis*, 1.150 hommes et 1.141 chevaux.
19 escadrons d'*éclaireurs volontaires*.
8 compagnies de *cavalerie de remonte*.

3° ARTILLERIE (64 0 0 hommes et 60.000 chevaux), savoir :
38 régiments de 15 batteries (en moyenne 1.426 hommes et 1.515 chevaux.
2 régiments de *pontonniers* de 14 compagnies chacun.
10 compagnies d'*ouvriers d'artillerie*.
5 compagnies d'*artificiers*.
57 compagnies de *train d'artillerie* (90 hommes et 44 chevaux).

4° GÉNIE (11.000 hommes et 550 chevaux), savoir :
4 régiments de *sapeurs-mineurs*, de 5 bataillons de 4 compagnies, 1 compagnie de dépôt, 1 d'ouvriers de chemin de fer, 1 de *sapeurs-pompiers* (2.195 hommes, 158 chevaux).

5° TRAIN, 20 escadrons de 5 compagnies (270 hommes, 198 chevaux).

PERSONNEL DE L'ÉTAT-MAJOR GÉNÉRAL ET DES SERVICES GÉNÉRAUX DE L'ARMÉE, 4 maréchaux, 195 généraux de division, 595 généraux de brigade. Total : 591 hommes, 985 chevaux ; service d'état-major : 556 hommes, 762 chevaux.

ÉTATS-MAJORS ET SERVICES PARTICULIERS. Pour l'artillerie (y compris 457 sous-officiers et soldats) 1.595 hommes, 560 chevaux. Pour le génie (y compris 293 sous-officiers et soldats), 1551 hommes, 266 chevaux. Corps de l'Intendance militaire, 324 hommes, 409 chevaux. Corps des officiers de santé militaires (non compris les médecins des troupes et des écoles), 525 hommes. Officiers d'administration, 1.248. Aumôniers militaires, 154. Personnel de la justice militaire, 517 hommes.

GENDARMERIE (27.014 hommes, 15.665 chevaux). Corps d'élite divisé en légions et compagnies pour le service départemental, 20.847 hommes, 12 067 chevaux ; pour le service de l'Algérie, 4 compagnies : 900 hommes, 646 chevaux ; 1 légion de gendarmerie mobile de 8 compagnies et 1 escadron, 1.205 hommes, 202 chevaux ; Garde républicaine de Paris, 5 bataillons de 8 compagnies et 1 escadron, 4.014 hommes, 752 chevaux.

SAPEURS-POMPIERS DE LA VILLE DE PARIS, 12 compagnies.

DIVISIONS MILITAIRES. — 18 *corps d'armée* et avec l'Algérie 19. Au point de vue du recrutement, la France est divisée en 18 *régions territoriales*, chacune de ces régions est commandée par le général de division qui y est établi. Chaque corps d'armée est subdivisé en 2 divisions commandées par un général de division ; les divisions sont subdivisées en brigades, commandées par un général de brigade.
L'armée territoriale forme la réserve en temps de guerre.

MARINE — MAR. DE L'ÉTAT — ARRONDISSEMᵗˢ MARITIMES — MAR. MARCH. — COLONIES

MARINE DE L'ÉTAT. — Matériel, 4 0 bâtiments, savoir :
148 bâtiments de combat (25 cuirassés de 1ʳᵉ classe, 12 de 2ᵉ classe, 10 garde-côtes cuirassés, 7 batteries flottantes cuirassées, 26 canonnières, 11 croiseurs de 1ʳᵉ classe, 15 de 2ᵉ, 22 de 3ᵉ et 24 avisos), 54 transports, 70 bâtiments de flottille, 124 bâtiments à voiles et 112 bâtiments de service des ports.

PERSONNEL, environ 28.400 hommes dont : 2 amiraux, 15 vice-amiraux, 50 contre-amiraux, 100 capitaines de vaisseau, 200 capitaines de frégate, 640 lieutenants de vaisseau, 1 528 enseignes et aspirants. — Ingénieurs maritimes, 129 ; ingénieurs hydrographes, 17 ; commissariat, 445 ; corps de santé, 557 ; aumôniers, 61 ; mécaniciens 50 ; magasiniers, 560 ; matelots, environ 26 800 hommes ; de plus 4 régiments d'infanterie de marine, 16.000 hommes ; 1 corps d'artillerie de marine, 4.590 hommes ; corps du génie de marine ; 5 compagnies de gendarmerie et 1 compagnie d'ouvriers.

ARRONDISSEMENTS MARITIMES, 5 : Cherbourg, Brest, Lorient, Rochefort et Toulon.

MARINE MARCHANDE, I. *Cabotage* (navigation de cap en cap), pêche côtière et pêche du hareng (12.552 navires jaugeant 274.780 tonnes). II. *Navigation au long cours*. L'effectif de la marine marchande est de 15.600 navires jaugeant plus de 1 million de tonnes, dont 516 navires à vapeur jaugeant 185 000 tonnes. Sur ce total, plus de 1.500 navires sont affectés à la navigation au long cours.

COLONIES : Algérie, Sénégambie, Gabon, Réunion, Mayotte, Nossi-Bé et dépendances, Sainte-Marie (Afrique), Inde française, Cochinchine française (voir Asie), Nouvelle-Calédonie, Îles Loyalty, Îles Marquises, Île Clepperton (voir Océanie), Guyane, Martinique, Guadeloupe et dépendances, Saint-Pierre et Miquelon (voir Amérique).

INSTRUCTᵒⁿ PUBLᵉQUE

I. *L'enseignement primaire* se donne dans les écoles communales (chaque commune de 500 âmes est tenue d'avoir une école de garçons et une école de filles (1872 environ).

II. *L'enseignement secondaire* se divise en enseignement secondaire classique et en enseignement industriel. L'enseignement secondaire classique est donné par l'État dans les lycées (75 avec 50.000 élèves ; par les communes dans les collèges communaux (241 avec 26 000 élèves dont 15.500 reçoivent l'enseignement classique) ; par le clergé dans les petits séminaires ; par le clergé et les laïques dans des établissements libres (environ 1.000, comptant approximativement 80.000 élèves).

III. *L'enseignement supérieur* est donné au nom de l'État par les facultés (15 facultés des lettres, 15 facultés des sciences, 11 facultés de droit, 7 facultés de théologie, 5 facultés de médecine, 5 écoles supérieures de pharmacie dans les 3 facultés de médecine et 21 écoles préparatoires de médecine et de pharmacie. Le Collège de France et le Muséum d'histoire naturelle représentent les hautes études indépendantes.

FRANCE (SUITE)

INSTRUCTION PUBLIQUE — ÉCOLES

ÉCOLES SPÉCIALES

A Paris :	Hors Paris :
École polytechnique.	5 écoles Arts et Métiers.
— nationale des Mines.	3 — d'Agriculture,
— des Ponts et Chaus-sées.	3 — Vétérinaires.
	1 — des Mineurs.
— centrale des Arts et Manufactures.	1 — des Maîtres-Ouvriers mineurs.
— des Chartes.	1 — d'Horlogerie.
— normale supérieure	1 — d'Irrigation, Drainage, et de la Légion d'honneur.
— pratique des hautes Études.	
— des Langues orientales modernes.	École française à Athènes pour l'étude de la langue, de l'histoire et des antiquités grecques.
Conservatoire de musique et de déclamation.	

ÉCOLES MILITAIRES

Pour l'Armée :	Pour la Marine :
Prytanée mil[itaire] de la Flèche.	École navale (Brest).
École spéciale militaire de Saint-Cyr.	La frégate-école d'appl[ication].
École de cavalerie de Saumur.	École d'Hydrographie.
École d'application d'État-Major.	— de Médecine navale.
	— de Génie maritime.
École d'Artil. et du Génie.	— de Pyrotechnie.
École de Médecine et de Pharmacie militaires.	— de Dessin,
	— de Maistrance.
Environ 48 habit. sur 100	École normale des instituteurs des mousses.
savent lire et écrire.	

BEAUX-ARTS

École des Beaux-Arts, à Paris, à Lyon et à Dijon.
Écoles de Dessin, à Paris et dans les départements.
Académie de France, à Rome.

TRAV. PUBL. — CHEM. DE FER — P. & CHAUSSÉES

Chemins de fer : En exploitation, 22.671 kil., dont : 20.545 k. lignes d'intérêt général ; 2.465 k. lignes d'intérêt local et 165 k. de lignes industrielles.
Ponts et Chaussées : 16 inspections.

COMMERCE — IMPORTATION — EXPORTATION — PORTS

MARCHANDISES	IMPORT par millions	EXPORT par millions
Animaux vivants	179	78
Produits et dépouilles d'animaux	1.196	550
Pêche	52	54
Substances propres à la médecine et à la parfumerie	4	2
Matières dures à tailler	22	3
Farineux alimentaires	215	185
Fruits et graines	167	78
Denrées coloniales	269	167
Sucs végétaux	77	57
Espèces médicinales	10	4
Bois communs	202	44
Bois exotiques	20	2
Fruits, tiges et filaments à ouvrer	517	97
Teintures et tanins	46	19
Produits et déchets divers	60	70
Pierres, terres et combustibles minéraux	243	52
Métaux	174	50
* Produits chimiques	44	47
* Couleurs	3	10
Compositions diverses	15	40
Boissons	46	519
Vitrifications	9	52
Fils	82	40
Tissus de lin, de chanvre, de laine, de coton et de soie	210	711
Papier et ses applications	15	55
Ouvrages et matières diverses	201	852
* Teintures préparées	15	26
TOTAL	5.988	3.575
Or et argent	805	159

PORTS : Dunkerque, Calais, Boulogne, Dieppe, le Havre, Rouen, Honfleur, Caen, Cherbourg, Granville, St-Malo, Lorient, Nantes, St-Nazaire, la Rochelle, Rochefort, Bordeaux, Libourne, Bayonne, Port-Vendres, Cette, Marseille, Toulon, Nice, Bastia.

SUPERFICIE

528.570 kilom. carrés, dont : 350.000 cultivés ; 89.000 en forêts, et 119.570 en terrains incultes (avant 1871 la superficie était de 543.950 kil. carr.)

POPULATION — NAISSANCES — MARIAGES — DÉCÈS

36.905.788 d'habitants, dont 35.387.703 catholiques ; 580.707 protestants ; israélites et autres cultes, 135.590. (70 habitants par kilom. carré.) Il y a 150 ans, on évaluait la population de la France à 20 millions d'hab.; en 1789, à 25 millions ; en 1856, à 32 millions, et en 1866, à 38 millions.

NAISSANCES. 944.869 (1875), dont environ 500.000 garçons, 445.000 filles.

MARIAGES : 300.427 par an, dont 255.000 en premières noces.

DÉCÈS : 844.388 (1875). 888.496 (1875).

TABLE POLITIQUE ET ADMINISTRATIVE DE LA FRANCE

56 PROVINCES	86 DÉPARTEMENTS	86 SUPERFICIE / POPULATION / habitants per kil. carré	86 PRÉFECTURES avec leur taille par mille	281 SOUS-PRÉFECTURES avec leurs habitants par mille. Les places fortes sont indiquées par ⊠	N°s des 17 archevêchés	17 ARCHEVÊCHÉS / 67 ÉVÊCHÉS	26 COURS D'APPEL	16 ACADÉMIES	18 RÉGIONS TERRITORIALES	17 ARRONDISSEMENTS DES MINES
FLANDRE	Nord	5.680 — 1.510.585 — 258	LILLE, 162.7	⊠ Dunkerque, 55. Hazebrouck, 9. ⊠ Douai, 25. ⊠ Valenciennes, 24.7. ⊠ Cambrai, 22.9. Avesnes, 5.6.	I	CAMBRAI	Douai	Douai	Lille	1. Lille
ARTOIS	Pas-de-Calais	6.005 — 745.140 — 123	Arras, 27.4	⊠ Boulogne, 40. St-Omer, 22.4. Béthune, 8.4. Saint-Pol, 5.8. ⊠ Montreuil, 5.7.	I	ARRAS	—	—	—	—
PICARDIE	Somme	6.161 — 556.641 — 90	Amiens, 66.8	Abbeville, 18.2. Doullens, 4.8. Péronne, 4.2. Montdidier, 4.25.	I	AMIENS	Amiens	—	Amiens	2. Paris
NORMANDIE	Seine-Inférieure	6.055 — 798.414 — 152	Rouen, 101.9	⊠ Le Havre, 92. Yvetot, 8.5. ⊠ Dieppe, 20.2. Neufchâtel, 5.6.	II	ROUEN	Rouen	Caen	Rouen	3. Rouen
	Eure	5.957 — 375.629 — 61	Évreux, 15.4	Bernay, 7.5. Pont-Audemer, 6.1. Louviers, 11.4. Les Andelys, 5.4.	II	ÉVREUX	—	—	—	—
	Calvados	5.520 — 430.220 — 82	Caen, 41.1	Vire, 6.8. Bayeux, 8.6. Falaise, 8. Pont-l'Évêque, 2.9. Lisieux, 12.6.	II	BAYEUX	Caen	—	—	—
	Orne	6.007 — 552.526 — 64	Alençon, 16.1	Domfront, 4.5. Argentan, 5.7. Mortagne, 4.9.	II	SÉEZ	—	—	L: Mans	—
	Manche	5.928 — 559.010 — 91	Saint-Lô, 9.5	⊠ Cherbourg, 37.4. Valognes, 5.6. Coutances, 8.1. Avranche, 8.2. Mortain, 2.4.	II	COUTANCES	—	—	—	—

36 PROVINCES	86 DÉPARTEMENTS	SUPERFICIE POPULATION, habitants sur 1 kil. c.	86 PRÉFECTURES avec leurs hab. par mille.	284 Sous-Préfectures. Avec leurs habitants par mille. Les places fortes sont indiquées par ⊡	Nos des 47 archevêchés.	17 ARCHEVÊCHÉS, 67 évêchés	26 COURS D'APPEL	16 ACADÉMIES	18 RÉGIONS TERRITORIALES.	17 ARRONDISSEMENTS DES MINES
BRETAGNE	Ille-et-Vilaine	6.725— 602.712— 90	Rennes, 57.1	⊡ St-Malo, 12.4. Fougères, 11.2. Vitré, 8.8. Redon, 6.1. Montfort, 2.2.	III	**RENNES.**	Rennes.	Rennes.	Rennes.	4. Rennes.
	Côtes-du-Nord	6.885— 630.957— 92	St-Brieuc, 15.3	Lannion, 6 2. Guingamp, 7.1. Loudéac, 6. Dinan, 7.7.	III	Saint-Brieuc.	—	—	—	—
	Finistère	6.721— 666.106— 99	Quimper, 15.2	⊡ Brest, 66.2. Morlaix, 14.5. Chateaulin, 3.5. Quimperlé, 6.5.	III	Quimper.	—	—	Nantes.	—
	Morbihan	6.797— 506.573— 75	Vannes, 14.8	⊡ Lorient, 35. Pontivy, 7.9. Ploërmel, 5.5.	III	Vannes.	—	—	—	—
	Loire-Inférieure	6.874— 612.972— 89	Nantes, 122.2	St-Nazaire, 17. Chateaubriant, 5.1. Ancenis, 4.4. Paimbeuf, 2.9.	XVI	Nantes.	—	—	—	5. Nantes.
ANJOU	Maine-et-Loire	7.120— 517.238— 75	Angers, 56.8	S-gré, 2.9. Baugé, 5.4 Saumur, 12.6. Cholet, 13.6.	XVI	Angers.	Angers.	—	Tours.	—
MAINE	Mayenne	5.170— 351.955— 68	Laval, 25.4	Mayenne, 10.2. Château-Gontier, 7.	XVI	Laval.	—	—	Le Mans.	Rennes.
	Sarthe	6.206— 446.239— 72	Le Mans, 58.1	Mamers, 5.4. Saint-Calais, 5.5. La Flèche, 9.4.	XXI	Le Mans.	—	Caen.	—	Paris.
ILE-DE-FRANCE	Seine-et-Oise	5.603— 561.990— 100	Versailles, 49.8	Mantes, 5.7. Pontoise, 6.5. Corbeil, 6. Etampes, 7.8. Rambouillet, 4.7.	XVI	Versailles.	Paris.	Paris.	Amiens, Orléans et le Mans.	—
	Seine	475—2.410.849—5.075	⊡ PARIS, 1.988.8 78 kilom. carrés.	St-Denis, 34.9 Sceaux, 2.3.	IV	**PARIS.**	—	—	Amiens, Rouen, le Mans, Orléans.	—
	Seine-et-Marne	5.756— 347.325— 61	Melun, 11.1	Meaux, 11.2. Coulommiers, 4.5. Provins, 7.5 Fontainebleau, 11.	IV	Meaux.	—	—	Orléans.	—
	Oise	5.855— 491.618— 69	Beauvais, 15.6	Compiègne, 12.3. Clermont, 5.8. Senlis, 6.1.	V	Beauvais.	Amiens.	—	Amiens.	—
	Aisne	7.552— 560.427— 76	⊡ Laon, 10.4	Saint-Quentin, 38.9. Vervins, 2.9. ⊡ Soissons, 10.4. Ch.-Thierry, 6.6.	V	Soissons.	—	Douai.	—	—
CHAMPAGNE	Ardennes	5.252— 326.782— 62	⊡ Mézières, 4.3	⊡ Rocroy, 2.5. ⊡ Sedan, 14.5. Vouziers, 5.1. Rethel, 7.1.	V	**REIMS.**	Nancy.	—	Châlons.	6. Troyes.
	Marne	8.180— 407.780— 50	Châlons, 16.5	Reims, 81.5 Sainte-Menehould, 4 2 ⊡ Vitry-le-François, 7.2. Epernay, 12.9.	V	Chalons.	Paris	Paris.	—	—
	Aube	6.001— 255.217— 45	Troyes, 41.2	Nogent-s-Seine, 3.5. Arcis-s-Aube, 2.8. Bar-s-Aube, 4.5. Bar-s-Seine, 2.8.	VII	Troyes.	—	Dijon.	—	—
	Haute-Marne	6.219— 252.418— 41	Chaumont, 8.6	Vassy, 3.1. ⊡ Langres, 9 6.	VIII	Langres.	Dijon.	—	Besançon.	7. Dijon.
LORRAINE	Meuse	6.227— 294.059— 47	Bar-le-Duc, 15.2	⊡ Montmédy, 2. ⊡ Verdun, 10.7. Commercy, 4.2.	VI	Verdun.	Nancy.	Nancy.	Châlons.	Troyes.
	Meurthe-et-Moselle	5.214— 401.609 — 77	Nancy, 66.5	Briey, 2. ⊡ Toul, 6 9. Lunéville, 12.4.	VI	Nancy.	—	—	—	—
	Vosges	5.860— 407.082— 61	Epinal, 11.8	Neufchâteau, 5.8. Mirecourt, 5.5 St-Dié, 12.3. Remiremont, 6.5.	VI	Saint-Dié.	—	—	—	Dijon.
FRANCHE-COMTÉ	Haute-Saône	5.559— 504.052— 57	Vesoul, 7.7	Lure, 5.6. Gray, 7.	VI	**BESANÇON.**	Besançon.	Besançon.	Besançon.	—
	Doubs	5.227— 306.094— 59	⊡ Besançon, 54.4	Montbéliard, 6.5. Beaume-lès-Dames, 2.5. Pontarlier, 5.	VI	—	—	—	—	8. Châlon-s-Saône.
	Jura	4.904— 288.823— 58	Lons-le-Saulnier, 10.7	Dôle, 11.4. Poligny, 5 St-Claude, 7 1.	VIII	Saint-Claude.	—	—	—	—
BOURGOGNE	Ain	5.798— 565.462— 65	Bourg, 14.5	Gex, 2.7. Nantua, 3.4. Belley, 4.7. Trévoux, 2.7.	VI	Belley.	Lyon.	Lyon.	Amiens.	—
	Saône-et-Loire	8.551— 614.509— 72	Mâcon, 17.4	Autun, 11.7. Châlon-s-Saône, 20.4. Louhans, 4. Charolles, 3.4.	VIII	Autun.	Dijon.	—	Bourges.	—
	Côte-d'Or	8.761— 377.663— 43	Dijon, 47.9	Châtillon-s-Seine, 4.8. Semur, 3.8. Beaune, 11.2.	VIII	Dijon.	—	Dijon.	—	Dijon.
	Yonne	7.428— 559.070— 48	Auxerre, 15.6	Sens, 11.5. Joigny, 6.4. Tonnerre, 5.5. Avallon, 5.8.	VII	**SENS.**	Paris.	—	Orléans.	Troyes.

36 PROVINCES	86 DÉPARTEMENTS	SUPERFICIE	POPULATION	habitants sur 1 kil. c.	86 PRÉFECTURES avec leurs hab. par mille.	284 SOUS-PRÉFECTURES avec leurs habitants par mille. Les places fortes sont indiquées par ⊡	N°s des 17 archevêchés	17 ARCHEVÊCHÉS 67 évêchés	26 COURS D'APPEL	16 ACADÉMIES	18 RÉGIONS territoriales	17 ARRONDISSEMENTS DES MINES
LYONNAIS	Loire	4.759—	590.613—	124	St-Étienne, 126.	Roanne, 18.6. Montbrison, 6.6.	VIII	LYON.	Lyon.	Lyon.	Clermont.	9. St-Étienne.
	Rhône	2.790—	705.151—	255	⊡ Lyon, 542.8.	Villefranche, 11.5.	VIII	—	—	—	Besançon, Bourges, Clermont, Grenoble	—
DAUPHINÉ	Isère	8.289—	581.099—	70	⊡ Grenoble, 45.4	La Tour-du-Pin, 2.9. Vienne, 26. Saint-Marcellin, 3.5.	VIII	GRENOBLE.	Grenoble.	Grenoble.	Grenoble.	10. Chambéry.
	Drôme	6.521—	321.756—	49	Valence, 20.7.	Die, 3.9. Montélimar, 11.1. Nyons, 3.6.	X	VALENCE.	—	—	—	11. Marseille.
	Hautes-Alpes	5.589—	119.094—	21	Gap, 6.9.	⊡ Briançon, 1.9. ⊡ Embrun, 5.1.	XI	GAP.	—	—	—	Chambéry.
SAVOIE	Savoie	5.759—	268.561—	47	Chambéry, 19.1.	Albertville, 4.4. Moutiers, ».». St-Jean-de-Maurienne, 5 1.	IX IX	CHAMBÉRY. MOUTIERS.	Chambéry.	Chambéry.	—	—
	Haute-Savoie	4.517—	275.801—	61	Annecy, 11.6.	Thonon, 5.3. Bonneville, 2.2. St-Julien, ».».	IX IX	S.-JEAN-DE-MAURIENNE. ANNECY.	—	—	—	—
COMTAT-VENAISSIN	Vaucluse	3.547—	255.705—	72	Avignon, 58.	Orange, 6 6 Carpentras. 8. Apt, 4.4.	X	AVIGNON.	Nîmes.	Aix.	Marseille.	Marseille.
PROVENCE	Bouches-du-Rhône	5.104—	556.579—	109	⊡ Marseille, 318.8	Arles, 15.8. Aix. 25.1.	XI	AIX.	Aix.	—	—	—
	Var	6.085—	295.765—	49	Draguignan, 8.2.	Brignoles, 4.8. ⊡ Toulon, 70.5.	XI	MARSEILLE.	—	—	—	—
	Basses-Alpes	6.954—	156.166—	22	Digne, 5.5.	Barcelonnette, ».». Castellane, ».». Forcalquier, 1.8. ⊡ Sisteron, 4.	XI XI	FRÉJUS. DIGNE.	—	—	—	—
COMTÉ DE NICE	Alpes-Maritimes	3.859—	205.604—	55	⊡ Nice, 55.5.	Puget-Théniers, ».». Grasse, 12 6.	XI	NICE.	—	—	—	—
CORSE	Corse	8.747—	262.701—	30	Ajaccio, 16.6.	Bastia, 17. Calvi, 2.2. Corte. 5.4. Sartène, 4.2.	XI	AJACCIO.	Bastia.	—	—	—
LANGUEDOC	Haute-Loire	4.962—	315.721—	65	Le Puy, ».».	Brionde, 4.5. Yssengeaux, 5.5.	XVII	LE PUY.	Riom.	Clermont.	Clermont.	12. Clermont-Ferr.
	Ardèche	5.526—	381.578—	70	Privas, 7.8.	Tournon, 5 4. Largentière, 5.1.	X	VIVIERS.	Nîmes.	Grenoble.	Marseille.	13. Alais.
	Lozère	5.169—	138.519—	27	Mende, 5.9.	Marvejols, 4.5. Florac, 1.7.	XII	MENDE.	—	Montpellier.	Montpellier.	—
	Gard	5.853—	425.804—	75	Nîmes, 65.	Le Vigan, 5.9. Alais, 16.1. Uzès, 5 1.	X	NÎMES.	—	—	Marseille.	—
	Hérault	6.198—	445.055—	72	Montpellier, 55.2.	Saint-Pons, 5.5. Lodève, 8.9. Béziers, 58.2.	X	MONTPELLIER.	Montpellier.	—	Montpellier.	—
	Aude	6.515—	300.065—	48	Carcassonne, 25.6.	Castelnaudary, 9 5. Limoux, 5.9. Narbonne, 17.5.	XIII	CARCASSONNE.	—	—	—	14. Toulouse.
	Tarn	5.742—	359.232—	65	Alby, 15.5.	Gaillac, 4. Lavaur, 4.7. Castres, 18.2.	XII	ALBY.	Toulou-c.	Toulouse.	—	15. Rodez.
	Haute-Garonne	6.289—	477.750—	76	Toulouse, 131.6.	Muret, 2.7. Villefranche, 2.5 Saint-Gaudens. 4.	XIII	TOULOUSE.	—	—	Toulouse.	Toulouse.
ROUSSILLON	Pyrénées-Orientales	4.122—	197.940—	48	⊡ Perpignan, 21.4	Prades, 5.1. Ceret. 5.1.	XII	PERPIGNAN.	Montpellier.	Montpellier.	Montpellier.	—
COMTÉ DE FOIX	Ariège	4.895—	244.795—	50	Foix, 6.7.	Pamiers, 8.7. St-Girons, 4.7	XIII	PAMIERS.	Toulouse.	Toulouse.	Toulouse.	—
GUYENNE ET GASCOGNE	Hautes-Pyrénées	4.529—	238.057—	55	Tarbes, 16.4.	Argelès, ».». Bagnères, 7.5.	XIV	TARBES.	Pau.	—	Bordeaux.	—
	Gers	6.280—	285.546—	45	Auch, 11.5.	Condom, 5.2. Lectoure, 5. Lombez, ».». Mirande, 5.5.	XIV	AUCH.	Agen.	—	Toulouse.	16. Bordeaux.
	Tarn-et-Garonne	3.720—	221.564—	59	Montauban, 18.9.	Moissac, 5.1. Castel-Sarrasin, 5.1.	XIII	MONTAUBAN.	Toulouse.	—	—	Rodez.
	Aveyron	8.743—	415.826—	47	Rodez, 12.1.	Espalion, 5.8. Milhau. 15.1. Saint-Afrique, 7.5. Villefranche, 9.5.	XII	RODEZ.	Montpellier.	—	Montpellier.	—
	Lot	5.211—	276.512—	55	Cahors, 15,1.	Gourdon, 2.9. Figeac, 5 6.	XII	CAHORS.	Agen.	—	Toulouse.	—
	Dordogne	9.182—	489.848—	53	Périgueux, 21.9.	Nontron, 5.5. Ribérac, 5.6. Sarlat, 6.2. Bergerac, 11.7.	XV	PÉRIGUEUX.	Bordeaux.	Bordeaux.	Limoges.	17. Périgueux.
	Lot-et-Garonne	5.358—	316.920—	59	Agen, 16.6.	Marmande. 5.4. Villeneuve-d'Agen, 8.5. Nérac, 5.1.	XV	AGEN.	Agen.	—	Bordeaux.	Bordeaux.
	Gironde	9.740—	735.242—	75	Bordeaux, 215.4.	Lesparre, 2.2. ⊡ Blaye, 3.8. Libourne, 12 7. La Réole, 5.5. Bazas, 2.8.	XV	BORDEAUX.	Bordeaux.	—	—	—
	Landes	9.521—	305.508—	53	Mt-de-Marsan, 7.4	Dax, 8.1. Saint-Sever, 2.2.	XIV	AIRE.	Pau.	—	—	—

55 PROVINCES	86 DÉPARTEMENTS	SUPERFICIE — POPULATION (habitants sur 1 kil. c.)	86 PRÉFECTURES (avec leurs hab. par mille)	284 SOUS-PRÉFECTURES (avec leurs habitants par mille. Les places fortes sont indiquées par ⊡)	N°s des 17 archevêchés	17 ARCHEVÊCHÉS (67 évêchés)	25 COURS D'APPEL	16 ACADÉMIES	18 RÉGIONS TERRITORIALES	17 ARRONDISSEMENTS DES MINES
BÉARN	Basses-Pyrénées	7.622 — 451.525 — 57	Pau, 25.6	⊡ Bayonne, 22.6. Orthez, 4.8. Oloron, 7.4. Mauléon, ».».	XIV	Bayonne.	Pau.	Bordeaux.	Bordeaux.	Bordeaux.
ANGOUMOIS	Charente	5.942 — 375.950 — 65	Angoulême, 25.9	Ruffec, 5.2. Confolens, 2.8. Cognac, 15.7. Barbezieux, 5.9.	XV	Angoulême.	Bordeaux.	Poitiers.	Limoges.	Périgueux.
AUNIS & SAINTONGE	Charente-Inférieure	6.825 — 465.628 — 68	⊡ La Rochelle, 19.5	Marennes, 4.5. ⊡ Rochefort, 28.5. Saint-Jean-d'Angély, 6.8. Saintes, 12.5. Jonzac, 5.5.	XV	La Rochelle.	Poitiers.	—	Bordeaux.	—
POITOU	Vendée	6.705 — 411.781 — 61	La Roche-s-Yon, 8.4	Les Sables-d'Olonne, 8.1. Fontenay-l.-Comte, 6.4.	XV	Luçon.	—	—	Nantes.	Nantes.
	Deux-Sèvres	5.990 — 553.635 — 56	Niort, 20	Bressuire, 5.4. Parthenay, 5.9. Melle, 2.2.			—	—		
	Vienne	6.970 — 559.916 — 47	Poitiers, 55.2	Loudun, 4.1. Châtellerault, 15.4. Montmorillon, 4.1. Civray, 2.2.	XV	Poitiers.	—	—	Tours.	—
TOURAINE	Indre-et-Loire	6.115 — 524.875 — 55	Tours, 48.5	Loches, 5.5. Chinon, 0.5.	XVI	TOURS.	Orléans.	—	—	—
ORLÉANAIS	Loir-et-Cher	6.550 — 272.654 — 45	Blois, 17.5	Vendôme, 7.9. Romorantin, 7.	IV	Blois.	—	Paris.	Orléans.	—
	Eure-et-Loir	5.874 — 283.075 — 48	Chartres, 19.5	Dreux, 6.7. Nogent-le-Rotrou, 6.1. Châteaudun, 5.9.	IV	Chartres.	Paris.	—	Le Mans.	Paris.
	Loiret	6.771 — 560.935 — 55	Orléans, 52.1	Pithiviers, 4.5. Montargis, 8.2. Gien, 6.5.	IV	Orléans.	Orléans.	—	Orléans.	—
BERRI	Cher	7.190 — 545.615 — 48	Bourges, 55.7	Sancerre, 5.7. Saint-Amand, 8.2.	XVII	BOURGES.	Bourges.	—	Bourges.	Clermont-Ferrand.
	Indre	6.795 — 281.248 — 41	Châteauroux, 16.9	Issoudun, 11.9. La Châtre, 4.5. Le Blanc, 4.4.	XVII	—	—	Poitiers.	Tours.	Périgueux.
MARCHE	Creuse	5.568 — 278.425 — 50	Guéret, 5.7	Boussac, ».». Aubusson, 5.4. Bourganeuf, 5.6.	XVII	Limoges.	Limoges.	Clermont.	Limoges.	—
LIMOUSIN	Haute-Vienne	5.516 — 556.061 — 61	Limoges, 59	Bellac, 2.7. Rochechouart, 4.8. St-Yrieix, 5.5.	XVII	—	—	Poitiers.	—	—
	Corrèze	5.896 — 311.525 — 55	Tulle, 15.7	Ussel, 5.8. Brive, 10.8.	XVII	Tulle.	—	Clermont.	—	—
AUVERGNE	Cantal	5.741 — 251.086 — 40	Aurillac, 11.4	Mauriac, 5.2. Murat, 2.9. Saint-Flour, 5.	XVII	Saint-Flour.	Riom.	—	Clermont.	Clermont-Ferrand.
	Puy-de-Dôme	7.950 — 570.207 — 72	Clermont-Ferrand, 41.7	Riom, 10. Thiers, 11.6. Ambert, 5.7. Issoire, 5.7.	XVII	Clermont-Ferrand.	—	—	—	—
BOURBONNAIS	Allier	7.568 — 405.785 — 53	Moulins, 20.4	Montluçon, 21.2. Gannat, 5.7. La Palisse, 2.8.	VII	Moulins.	—	—	—	—
NIVERNAIS	Nièvre	6.816 — 343.822 — 51	Nevers, 22.5	Cosne, 5.4. Clamecy, 4.7. Château-Chinon, 2.	VII	Nevers.	Bourges.	Dijon.	Bourges.	—
ALSACE	Territoire de Belfort	608 — 68.600 — 115	»	»	»	»	»	»	»	Dinan.

(EMPIRE) ALLEMAGNE [Deutschland] (CAP. BERLIN)

SITUAT. ASTR.	47° 10' — 55° 42' lat. nord et 5° 59' — 20° 50' long. est.

CLIMAT

Température moy. à Berlin, + 8° 90, à Königsberg, + 6° 42; à Ratibor, + 7° 69; à Cologne, + 10° 07.
PLUIE. La moy. de pluie qui tombe annuellement à Berlin, 59,74 centim.; à Königsberg, 60,58; à Ratibor, 57,85, et à Cologne, 59,07.

GOUVERNEMENT

CHEF DE L'ÉTAT. POUV. EXÉCUT. POUV. LÉGISLAT. BUNDESRATH REICHSTAG

CHEF DE L'ÉTAT. Frédéric-Guillaume I, empereur d'Allemagne, roi de Prusse, né en 1797, proclamé empereur en 1871 (Maison de Hohenzollern), avènem. sur le trône de Prusse 1861. (Augusta, impératrice, reine, née en 1811; Frédéric-Guillaume, prince impérial né en 1831). LE POUVOIR EXÉCUTIF est entre les mains de l'empereur. L'empire n'a pas de ministère, mais seulement un chancelier responsable. Le pouvoir impérial exerce exclusivement le droit de législation sur les affaires militaires de terre et de mer, sur les finances de l'Empire, sur la douane et sur le commerce allemand, sur les postes et télégraphes et sur les chemins de fer, en tant qu'ils sont jugés nécessaires dans l'intérêt de la défense du pays, sur les modifications et les développements successifs de la constitution de l'Empire. LE POUVOIR LÉGISLATIF est exercé en commun par le *Bundesrath* (Conseil fédéral) et par le *Reichstag* (diète de l'Empire). L'accord des décisions de la majorité des deux assemblées est nécessaire et suffisant pour faire une loi de l'Empire. L'empereur n'a pas le droit de *veto*. La présidence (das Präsidium) appartient au roi de Prusse qui porte, en cette qualité, le titre d'Empereur allemand. — Le *Bundesrath* (Conseil fédéral) se compose des représentants des États, membres de la Confédération. Chaque État a un nombre de voix, qui n'est qu'approximativement en rapport avec la population. Total des voix 58 (Voir la *Table*). Chaque membre (État) de la Confédération peut envoyer au Bundesrath autant de représentants qu'il a de voix, mais les voix des divers représentants ne peuvent être données que dans le même sens (*einheitlich*, unitairement). — Le *Reichstag* (diète de l'Empire) est composé de membres élus par le suffrage universel direct et au scrutin secret. La loi électorale accorde un député par 100.000 âmes, l'excédant de 50.000 âmes au moins donne également droit à un député. (Voir la *Table*). Tout Allemand âgé de 25 ans, habitant l'Allemagne et jouissant de ses droits civils et politiques, est électeur et éligible.

JUSTICE

Le pouvoir impérial exerce la juridiction suprême en cas de contestations entre les États-fédéraux, en cas de délits commis par des consuls dans l'exercice de leurs fonctions, en cas de haute trahison et de trahison envers la patrie.

INTÉR. EUR

ÉTATS

L'Empire allemand comprend les différents États désignés dans la Table, ainsi que ceux que des lois postérieures pourraient y ajouter (voir la Table). L'Allemagne forme une unité internationale qui doit une égale protection à tous les sujets de l'Empire; mais l'Allemagne constitue aussi une unité intérieure, en ce sens que les lois de l'Empire priment les lois particulières des États qui en font partie, et que la nationalité allemande prime la nationalité du pays dans lequel on est né. En qualité d'Allemand on peut s'établir dans tous les pays fédéraux.

FINANCES

DÉPENSES RECETTES DETTE MONNAIES

EMPIRE D'ALLEMAGNE

DÉPENSES		RECETTES	
Chancellerie fédérale	5.258.689	Douanes et imp. de con-om	516.516.258
Parlement	599.625	Timbre (lettres de change)	8.667.500
Affaires étrangères	7.587.559	Postes et télégraphes (brut, 135.858.187)	14.637.043
Administration militaire	404.441.747	Chemins de fer (brut, 46.945.750)	12.450.500
— de la marine	27.090.691	Banque de l'Empire	1.907.500
Offic. impér. des chemins de fer	599.940	Divers	12.716.447
Intérêts des dettes de l'Empire	4.868.759	Du fonds des invalides	41.914.591
Cour des comptes	501.857	Excédant de l'exercice de 1875	14.410.743
Administration judic. de l'empire	997.771	Monnayage	12.750.000
Chancellerie fédérale (Alsace-Lorraine)	214.710	Intérêts des capitaux de l'Empire	9.727.160
Pensions	92.586.893	Recettes extraordinaires	128.954.945
Fonds des invalides	41.961.659	Quotes-parts matricul.	101.505.214
	516.059.455		
Dépenses extraordinaires (pour l'armée 61.769.276; p. la marine, 55.721.253; p. les postes et télég. 14.691.755; p. les ch. de fer, 4.714.031)	159.810.498	Total	675.784.683
Total	675.810.951	DETTE	97.164.151

MONNAIES. L'empire d'Allemagne a adopté l'étalon d'or. L'unité monétaire est le *mark*, appelé aussi *neumark* ou *reichsmark*. Le mark a une valeur de F. 1.23=,45. Le mark est divisé en 100 pfennig = F. 0.01=,25. — Or: pièces de 20 (= F. 24.69). 10 et 5 marks. Argent: pièces de 5 (= F. 5.56), 2, 1 mark, de 50 et de 20 pfennig. Nickel: pièces de 10 et de 5 pfennig. Cuivre: pièces de 2 et de 1 pfennig.

GUERRE

ARMÉE DIVISION MILIT.

Les forces militaires de l'empire se divisent en *armée*, *marine* et *landsturm*. Tout Allemand doit le service militaire dans l'armée pendant 12 ans, dont 3 dans l'armée active, 4 dans la réserve, 5 dans la landwehr.

Le LANDSTURM comprend tous les hommes tenus de servir et qui n'appartiennent ni à l'armée ni à la marine. Il n'est convoqué qu'en cas d'invasion du territoire de l'Empire. L'armée active est divisée en 4 inspections et se compose de 18 corps d'armée, dont le corps d'armée de la garde prussienne et 12 corps d'armée prussiens (de la XI et XV) du corps d'armée saxon (n° XII), du corps d'armée de Wurtemberg (n° XIII) et de 2 corps d'armée bavarois (n° I et II), du corps d'armée badois (n° XIV). DIVISION MILITAIRE: 17 districts de corps d'armée. La garde se recrutant de toutes les provinces de l'État prussien ne fait pas partie de cette division. Chaque district de corps d'armée comprend 2 districts de division et 4 districts de brigade d'infanterie, comprenant eux-mêmes 4 districts de la landwehr, divisés en districts de compagnies.

Sur pied de paix. On compte 850 bataillons d'infanterie, 465 escadrons de cavalerie, 301 batteries d'artillerie avec 1.216 canons, — 17.011 officiers; 401.659 hommes; et 97.547 chevaux.

Sur pied de guerre. L'armée se répartit: 1° en armée de campagne; 2° en troupes de dépôts; 3° en troupes de garnison.

EMPIRE D'ALLEMAGNE
TABLE POLITIQUE ET ADMINISTRATIVE

ÉTATS	Kilom. carrés	Population (1875)	Habit. par kil.	Voix pour le Bundesrath	Députés au Reichstag
Royaume de Prusse	348.559	25.772.502	74.0	17	258
— de Bavière	75.865	5.022.904	66.1	6	50
— de Saxe	14.993	2.760.542	181.4	4	28
— Wurtemberg	19.504	1.881.505	96.4	4	18
Gd-duché de Bade	15.075	1.506.551	93.4	3	15
— de Hesse	7.678	882.549	114.9	3	9
— Meckl.-Schwerin	13.504	555.734	41.5	2	6
— — Strélitz	2.930	95.675	52.6	1	1
— Saxe-Weimar	3.656	292.933	89.5	1	3
— Oldenbourg	6.490	319.314	49.4	1	3
Duché de Brunswick	3.691	327.493	88.7	2	3
— de Saxe-Meiningen	2.468	194.494	78.5	1	2
— de Saxe-Altenbourg	1.324	145.844	110.4	1	1
— Saxe-Cobourg-Gotha	1.968	182.599	92.7	1	2
— de Anhalt	2.347	213.689	91.0	1	2
Princip. de Schwarzb. Rudolstadt	942	76.676	81.4	1	1
— d- Schwarzb. Sonder.hou.	862	67.480	78.2	1	1
— — de Waldeck	1.135	54.711	48.2	1	1
— de Reuss (ligne aînée)	316	46.985	148.6	1	1
— de Reuss (lig. cadette)	829	92.375	111.4	1	1
— Schaumbourg-Lippe	445	55.135	71.8	1	1
— de Lippe	1.135	112.442	99.0	1	1
Ville libre de Lubeck	293	57.912	20.1	1	1
— de Brême	250	141.848	567.5	1	1
— de Hambourg	407	588.618	934.8	1	1
Pays de l'Emp. Alsace-Lorr.	14.512	1.529.408	105.3		15

ALLEMAGNE (SUITE)

GUERRE (suite)

TROUPES DE CAMPAGNE

	Officiers	Hommes	Chevaux	Canons
État-major.........	865	5.170	5.070	
Infanterie, 443 bat...	10.1?0	45?.620	17.?08	
Chasseurs, 26 bat....	572	26 676	1.6?6	
Cavalerie, 372 escad...	2.444	59.814	65.608	
Artillerie, 300 bat...	2.286	78.120	77 452	1.800
Pionniers, 54 comp...	5?5	20.017	9.647	
Train.........	844	58.454	46.047	
Administration.......	216	2.826	10.864	
Total......	17.670	687.594	253.592	1.800

TROUPES DE DÉPOT

	Officiers	Hommes	Chevaux	Canons
État-major.........	575	1.856	522	
Infanterie, 148 bat...	2.812	179.524	1.036	
Chasseurs, 26 comp...	104	8.008	26	
Cavalerie, 95 escad...	465	25.994	19.716	
Artillerie, 71 bat.....	540	15.261	5.507	426
Pionniers, 10 comp...	90	4.950	20	
Train, 37 comp......	240	11.?22	3.?03	
Total......	4.426	245.095	30.550	4?6

TROUPES DE GARNISON

	Officiers	Hommes	Chevaux	Canons
Bureaux.......	?50	10.000	1.8?0	
Infanterie, 293 bat...	6.424	260 244	2.044	
Chasseurs, 26 comp...	104	6.500	26	
Cavalerie, 144 escad...	828	22 968	25.580	
Artillerie, 54 bat. et 252 comp.	1.570	54 852	8.414	524
Pionniers, 48 comp...	554	8.558		
Total......	10.107	353.102	57.414	524
Total général..	32.205	1.285 791	341.556	2.350

MARINE DE L'ÉTAT

VAPEURS A HÉLICE	Chevaux	Tonneaux	Can.
8 vaiss. blindés (dont 3 en const.)	48.500	54.872	91
3 corvettes dont 2 en construct.	14.200	12.440	20
2 vaisseaux cuirassés.........	2.400	2.009	7
5 canonnières cuirassées......	5.500	5.920	5
1 vaisseau de ligne.........	5.000	5 518	25
11 corvettes à pont couvert.....	27.600	24.104	181
7 corvettes à pont ras.........	10 800	9.521	56
4 avisos.............	5.050	2.618	6
2 yachts (dont 1 en construct.).	5.650	1.997	2
16 canonnières (dont 1 en const.)	5.050	5.556	41
4 transports (dont 2 en const.)	520	4?5	—
63 vapeurs............	122.050	100.050	452
NAVIRES A VOILES			
1 frégate.............		1.052	10
3 bricks.............		4.768	18
4 navires à voiles.........		2.760	28
67 bâtim. de guerre dont 20 en c..	122.050	101.410	460

En outre 10 vapeurs et 5 voiliers au service des ports et 9 navires pour la pose des mines sous-marines.

Personnel 544 officiers (dont 6 amiraux, 17 ingénieurs, 7 aumôniers, 55 officiers d'administration), 82 officiers et cadets de marine de réserve et de la *seewehr*, 2 *divisions de matelots* avec 89 officiers, 6?8 sous-officiers et 4.628 matelots, 1 *division de mousses* avec 1 officier, 10 sous-officiers et 400 mousses, 2 *divisions de chantiers* avec 154 officiers, 1549 sous-officiers et soldats et 68 aides d'hôpital. *Infanterie* 40 officiers et 1,111 sous-officiers et soldats. En outre, 12 officiers de réserve et de la seewehr. *Artillerie* 17 officiers et 458 sous-officiers et soldats, en outre 6 officiers de la seewehr.

COMMERCE
IMPORTATION
EXPORTATION
POIDS ET MES.
CHEM. DE FER
POSTES
TÉLÉGRAPHES
CANAUX

IMPORTATION : 4,741,000,000 fr. (céréales et farines, denrées coloniales, tabac, fruits et semences, animaux et leurs produits, combustibles, pierres et minerais, métaux bruts, produits chimiques, huiles, graisses, résines, peaux, cuirs, poils, matières textiles, tissus et vêtements, bois d'œuvre, machines et appareils, monnaies et métaux précieux, etc., etc.). EXPORTATION : 5,041,000.000 fr. (céréales et farines, animaux et leurs produits, combustibles, pierres et minerais, métaux plus ou moins travaillés, produits chimiques, peaux, cuirs, poils, matières textiles, tissus et vêtements, bois d'œuvre, bijoux et objets d'art, monnaies et métaux précieux, etc.) POIDS ET MESURES : Le système métrique est adopté dans tout l'empire allemand. Les dénominations de quelques mesures ont été changées, ou du moins on a permis de désigner : le mètre sous le nom de *stab* (aune) ; le centimètre, de *neuzoll* (nouveau pouce) ; le millimètre, de *stricht* (ligne) ; le décamètre, de *kette* (chaîne) ; le mètre carré, de *quadratstab* (aune carrée) ; le mètre cube, de *kubikstab* (aune cube) ; le litre, de *kanne* (pot) ; le demi-litre, de *schoppen* (chopine). CHEMINS DE FER : 29.599 kil., dont 15,595 à l'État ; en Prusse 17.022 kil., dont 4,?96 à l'État ; autres lignes dans l'Allemagne du nord 4,709 kil., dont 127 à l'État ; en Oldenbourg 550 kil., dont 269 à l'État ; en Bavière 4,247 kil., dont 3,599 à l'État ; en Saxe 1,892 kil., dont 1,580 à l'État ; en Wurtemberg 1,240 kil., dont 1,225 à l'État ; dans le duché de Bade 1,179 kil., dont 1,049 à l'État ; de la Hesse 715 kil., dont 287 à l'État ; en Alsace-Lorraine 955 kil., dont 921 à l'État. POSTES : Le ressort de l'administration des postes et des télégraphes de l'empire embrasse tous les États allemands, à l'exception de la Bavière et du Wurtemberg. (Voir ces deux pays.) *Bureaux de postes :* 6,968 ; bureaux des postes et télégraphes réunis 2,28? ; lettres 516,407,750 ; journaux 500,510,141 ; cartes postales 78.586,580 ; sous bandes 92,867,490 ; échantillons 7,525,150. Total 1,105,299,855. Paquets 61,049,670. TÉLÉGRAPHES : Bureaux 5,109, dont 2,552 à l'État et 2,577 aux chemins de fer. Lignes 58,791 kil. Dépêches 10.649,994, dont 7,172,124 à l'intérieur. CANAUX ET FLEUVES NAVIGABLES : 12,650 kilomètres dont 7,906 kil. en fleuves et rivières navigables, 2,636 en rivières flottables et 2.108 kil. en canaux.

VILLES

(Voir les différents États.)

SUPERFICIE

540,?31 kil. carrés, dont terres cultivées 564,598 et forêts 158,270 (79 hab. par kil. carré).

POPULATION

42,732,?54 habitants, dont Allemands 57,820,000, Polonais 2.450.000, Wendes 140,000, Tchèques 50,000, Lithuaniens et Courlandais 150,000, Danois 150,000, Français et Wallons 220.000. Selon les cultes (1871) : protestants 25,580,615, catholiques romains 14,868,608, catholiques grecs 2,660, israélites 512,160, autres cultes 96,652. *Naissances* (1874) 1,752,275. *Mariages* 400.282. *Décès* 1,191,694.

ALSACE-LORRAINE

CLIMAT

La température moyenne est de + 8°52 ; moyenne de l'été + 16°89 ; de l'hiver + 0°85. PLUIE : La moyenne de pluie qui tombe annuellement est de 67 cent. 25 m.

GOUVNEMENT
POUVOIR EXÉC.
POUVOIR LÉGIS.

Les deux provinces sont gouvernées immédiatement par les organes de l'empire auquel elles appartiennent d'après le traité de paix signé à Francfort, le 10 mai 1871. LE POUVOIR EXÉCUTIF appartient à l'empereur. LE POUVOIR LÉGISLATIF est exercé par l'empereur, le *conseil fédéral* et le *Reichstag*. Le nombre des députés au parlement allemand est fixé à 15. L'administration du pays est placée sous la direction d'un président supérieur, assisté d'un conseil impérial siégeant à Strasbourg.

JUSTICE

6 Tribunaux civils de première instance, la cour d'appel siège à Colmar ; pour les matières commerciales on peut en appeler à la cour suprême fédérale de Leipzig (troisième instance).

CULTES

Le culte catholique a 2 évêques à la tête de l'Église (à Strasbourg et à Metz). *Le culte évangélique* a un directoire de la confession d'Augsbourg à Strasbourg, et pour l'*Église réformée* il existe 5 consistoires à Markirch, à Mulhouse, à Bischweiler, à Strasbourg et à Metz ; *le culte israélite* a 3 consistoires à Strasbourg, à Colmar et à Metz.

INSTR. PUBL.

L'instruction primaire est obligatoire.

ALLEMAGNE — ALSACE-LORRAINE (SUITE)

INTÉRIEUR — Le pays est divisé administrativement en 5 districts (départements : Haute-Alsace, Basse-Alsace, Lorraine), subdivisés en cercles (arrondissements). Le préfet qui administre le département est secondé par le conseil administratif, composé des fonctionnaires supérieurs. À la tête de chaque arrondissement est un directeur ayant provisoirement les attributions d'un sous-préfet.

FINANCES / DÉPENSES / RECETTES

DÉPENSES	FR.	RECETTES	FR.
Administ. et frais divers (dont 4,548,478 pour l'instruction publique).............	39.444.842	Impôts, douanes, administration des forêts, etc...........................	48.572.134
Dépenses extraordinaires (dont 1.554.512 pour l'instruction publique).............	12.521.982	Manufactures de tabac..............	3.194.690
Total	51.766.824	Total..............	51.766.824

GUERRE — Le service militaire est obligatoire.

VILLES PRIN. / HAB. PAR MILLE — Strasbourg 94 habitants, Metz 46 habitants, Mulhouse 59 habitants, Haguenau 12 habitants. Markirch 12 habitants, Gebweiler 12 habitants.

SUPERFICIE — 14,512 kil. carrés, dont Haute-Alsace 3,505, Basse-Alsace 4,774, Lorraine 6,233, forêts 4,380 kil. carrés (environ 105 hab. par kil. carré).

POPULAT. — 1,520,408 hab., dont Haute-Alsace 452.642, Basse-Alsace 597.850 et Lorraine 478,916. Selon les cultes (1874) 1,255.195 catholiques, 270,752 protestants, 40,928 israélites et 2,865 autres sectes.

TABLE ADMINISTRATIVE

PAYS	kil. car.	populat.	hab. k.
Haute-Alsace	3.505	452.642	129.1
Basse-Alsace	4.774	597.850	125.2
Lorraine	6.233	478.916	76.8

DUCHÉ ANHALT (CAP. DESSAU)

CLIMAT — La température moyenne est de + 8°81 ; moyenne de l'été + 17°79, de l'hiver — 0°81. PLUIE : la moyenne de pluie qui tombe annuellement est de 62 cent. 15.

GOUVERNEMENT / CHEF DE L'ÉTAT / POUVOIR EXÉC. / POUVOIR LÉGIS. — CHEF DE L'ÉTAT. Léopold Frédéric, duc, né en 1831, avènement en 1871 (Antoinette, duchesse, née en 1838 ; Léopold, prince héréditaire, né en 1855). Le duché d'Anhalt est une monarchie constitutionnelle et héréditaire. LE POUVOIR EXÉCUTIF est entre les mains du duc, assisté par un ministre d'État. LE POUVOIR LÉGISLATIF est exercé par le duc et la diète (représentation du peuple), qui se compose de 36 membres, dont 12 représentent l'ordre équestre (noblesse et grands propriétaires), 12 les villes et 12 les campagnes. Les représentants de l'ordre équestre sont élus à vie par leurs pairs ; les députés des villes sont les bourgmestres des 4 principales villes et 8 bourgeois nommés, pour 6 ans, par un conseil urbain ; les députés des campagnes sont également élus, pour 6 ans, par les maires des villages. Tout citoyen âgé de 30 ans, appartenant à l'un des cultes chrétiens et habitant le pays depuis 5 ans, est éligible.

JUSTICE — La troisième instance est la cour d'appel supérieure de Iéna (en commun avec le grand-duché de Saxe, les 3 duchés de Saxe, les principautés de Reuss et de Schwarzbourg). 2e instance : tribunal supérieur. 1re instance : les tribunaux des cercles.

CULTES / INSTR. PUBL. — Les cultes jouissent de la plus entière liberté. INSTRUCTION PUBLIQUE. Il existe 4 gymnases, 5 écoles supérieures de filles, 1 école de commerce, 5 écoles normales primaires, 555 écoles primaires et collèges municipaux.

INTÉRIEUR — Les communes s'administrent elles-mêmes, par le corps municipal, composé du bourgmestre et du conseil urbain ou rural, auquel s'ajoute, pour les affaires importantes, une assemblée de délégués.

GUERRE — L'armée se compose d'environ 2,000 hommes incorporés dans l'armée impériale.

FINANCES — DÉPENSES 17,521,250 francs. RECETTES 17,596,250 francs. DETTE 7,277,715 francs.

VILLES H. P. M. — Dessau 20, Bernbourg 17, Cœthen 15.

SUPERFICIE — 2.347 kilom. carrés (91 habitants par kil. carré).

POPULAT. — 215,689 habitants ; selon les cultes 118.105 protestants, 5,550 catholiques, 465 juifs et 254 d'autres cultes.

GRAND-DUCHÉ BADE [Baden] (CAP. CARLSRUHE)

CLIMAT — La température moyenne est de + 10°37 ; moyenne de l'été + 19°04 et moyenne de l'hiver + 0°48. PLUIE : la hauteur de la pluie qui tombe annuellement est de 72 cent. 31.

GOUVERNEMENT / CHEF DE L'ÉTAT / POUVOIR EXÉC. / POUVOIR LÉGIS. — CHEF DE L'ÉTAT : Frédéric, grand-duc, né en 1826, avén. en 1852 (Louise, grande-duchesse, née en 1838 ; Frédéric-Guillaume, grand-duc héréditaire, né en 1857). Le duché de Bade est une monarchie constitutionnelle et héréditaire. LE POUVOIR EXÉCUTIF est confié au grand-duc, assisté d'un ministère responsable. LE POUVOIR LÉGISLATIF est partagé entre le grand-duc et la représentation du pays ou « les États » divisés en 2 chambres. *La première chambre* se compose des princes du sang, des chefs des maisons médiatisées, de l'archevêque de Fribourg, des prélats protestants, de 8 représentants de la noblesse territoriale, de 2 représentants des Universités et de 8 membres nommés à vie par le grand-duc. *La deuxième chambre* se compose de 63 membres, 22 élus par les villes et 41 par les campagnes. L'élection est à 2 degrés. Tout citoyen, âgé de 25 ans, est électeur au premier degré et est éligible comme électeur du deuxième degré. Tout citoyen, âgé de 30 ans, est éligible comme député. Le mandat de député est de 4 ans ; la Chambre est renouvelée par moitié tous les 2 ans. 4 DÉPARTEMENTS MINISTÉRIELS : les départements de la justice et des affaires étrangères, de l'intérieur, des finances et du commerce

JUSTICE — La justice a 3 instances : 1 *cour suprême* à Manheim, 5 *cours d'appel* à Constance, Fribourg, Oldenbourg, Carlsruhe et à Manheim. Dans chaque bailliage il y a 1 *tribunal de première instance* (Amtsgericht).

CULTES / INSTR. PUBL. — La liberté des cultes est reconnue. Le culte protestant est dirigé par le conseil supérieur de l'Église protestante, le culte catholique a pour chef l'archevêque de Fribourg. Le conseil supérieur israélite est chargé des affaires de ce culte. INSTRUCTION PUBLIQUE : L'instruction primaire est obligatoire. La direction de l'instruction publique est exercée par l'État. On compte 1826 *écoles primaires ordinaires* (Volksschulen) avec environ 200,000 élèves ; 19 écoles secondaires, dont 17 confèrent une instruction principalement classique ; les 8 premières possèdent le droit de délivrer des certificats de maturité pour l'Université. Pour l'instruction supérieure 2 Universités, 1 protestante à Heidelberg et 1 catholique à Fribourg, qui ont chacune 4 facultés. La plupart des villes possèdent des écoles d'industrie (Gewerbschulen), et chaque cercle a une école agricole ; école polytechnique et école des beaux-arts à Carlsruhe.

ALLEMAGNE — BADE (SUITE)

INTÉRIEUR
DISTRICTS

Le pays est divisé en 4 DISTRICTS (voir la Table). Dans chaque district il y a un *commissaire général* (Landes-commissaire) qui surveille les administrations des bailliages et des cercles.
Administrativement, le pays est divisé en 11 *cercles* chargés de pourvoir aux affaires communes à plusieurs bailliages ; ceux-ci sont subdivisés en 51 *bailliages*. Dans chaque bailliage un conseil de district (*Bezirksrath*) élu par la représentation du cercle, assiste le bailli. Le nombre des communes est de 1.584 ; elles ont chacune une administration communale qui est entre les mains du bourgmestre et du conseil municipal, élus par les habitants.

FINANCES
DÉPENSES
RECETTES
DETTE

DÉPENSES	FR.	RECETTES	FR.
Ministères (dont liste civile, 2.255.457, et instruction publique, 5.065.655)	40.996.710	Impôts	20.610.868
(Dépenses pour les chemins de fer, 61.729.255).		Ministères	12.855.521
		Droits divers et douanes	7.204.155
DETTE. Dette générale	63.602.076		
Dette des chemins de fer	546.567.252	Total	40.649.481
Total	410.169.528	(Recettes des chemins de fer, 75.664.564)	

GUERRE

L'armée badoise forme, avec 2 régiments prussiens d'infanterie et 1 de cavalerie, le XIVe corps d'armée de l'Empire allemand dont le *commandant en chef* réside à Carlsruhe. Le pays fournit en temps de paix 1 0/0 de la population, soit 14.550 hommes ; en temps de guerre 48.000 hommes (6 régim. d'infant., 3 de cavalerie, 1 d'artillerie, 1 bataillon du génie et 1 bataillon du train).

VILLES PRINCIP.
HAB. PAR MILLE

Carlsruhe, 45 ; Manheim, 47 ; Fribourg, 51 ; Pforzheim, 24 ; Heidelberg, 22 ; Rastadt, 12.

SUPERFICIE

15.257 kilomètres carrés, dont la partie badoise du lac de Constance, 182 kilom. carrés (99 habitants par kilom. carré).

POPULATION

1.506.551 hab. : dont selon les cultes (1874) 491.008 protest., 942.560 catholiques, 25.703 juifs, et 2.291 d'autres sectes. — *Naissances*, 60.659 ; *mariages*, 14.599 ; *décès*, 41.152.

TABLE ADMINISTRATIVE			
DISTRICTS	kil. c.	populat.	hab.kil.
CONSTANCE	4.551	276.578	63.5
FRIBOURG	4.740	441.560	95.0
CARLSRUHE	2.575	387.514	150.5
MANHEIM	5.594	491.477	111.7

(ROYAUME) · BAVIÈRE [Bayern] (CAP. MUNICH (München)

CLIMAT

La température moy. est de + 8° 55 ; moyenne de l'été + 17° 01 ; de l'hiver — 2° 08.
PLUIE. La moyenne de pluie qui tombe annuellement est de 85 centimètres 22 millim.

GOUVERNEMENT
CHEF DE L'ÉTAT
POUV. EXÉCUT.
POUV. LÉGISL.

CHEF DE L'ÉTAT. Louis II, roi, né en 1845 (maison de Wittelsbach), avèn. 1.64. La Bavière est une monarchie constitutionnelle et héréditaire dans la Maison de Wittelsbach de mâle en mâle par ordre de primogéniture. Lors de l'extinction de la ligne masculine, si aucun traité de cession n'a été conclu avec une maison princière de l'Allemagne, la couronne passe à la ligne féminine. LE POUVOIR EXÉCUTIF est entre les mains du roi. LE POUVOIR LÉGISLATIF s'exerce par le roi et la diète (*landstag*) formée de 2 chambres : la Chambre des pairs (*Reichsræthe*), qui comprend des membres héréditaires et des membres à vie, nommés par le roi ; et la Chambre des députés qui comprend 154 membres élus pour 6 ans par l'assemblée de la population (1 député par 51.500 hab.). Tous les citoyens majeurs qui payent une contribution directe sont électeurs primaires. Il y a un électeur secondaire par 500 hab. ; ce sont les électeurs secondaires qui nomment le député. Tous les citoyens de 25 ans au moins sont éligibles. 6 MINISTÈRES : Les ministères de la maison du roi et des affaires étrangères, de l'intérieur, des cultes et de l'instruction publique, de la justice, des finances, de la guerre. Le *Conseil d'État* se compose du roi (comme président) et de 12 membres du service ordinaire, dont les 6 ministres et 16 membres en service extraordinaire.

JUSTICE

Il y a une *Cour d'appel* supér., en même temps *Cour de cassation* pour le Palatinat. 1 Cour d'appel commerciale siégeant à Nuremberg. 6 Cours d'appel à Munich, Passau, Deux-Ponts, Bamberg, Nuremberg et Augsbourg. Le nombre des ressorts de première instance est de 4 à 7 par Cour d'appel.

CULTE

La liberté religieuse est reconnue, la protection de l'État ne peut être retirée à personne pour cause de religion. Les cultes reconnus par l'État sont : les culte catholique, luthérien et réformé ; les autres cultes ne peuvent être exercés publiquement que par l'autorisation du roi ; les communions grecque, anglicane, israélite, etc., ne forment que des associations privées.

INSTRUCT.
PUBLIQUE

La fréquentation de l'école est obligatoire à partir de l'âge de 6 ans jusqu'à 15 ans ; les enfants doivent ensuite fréquenter une école du dimanche jusqu'à leur 16e année révolue. L'instruction primaire est donnée par les *écoles allemandes* que les communes sont obligées d'établir et d'entretenir. On compte actuellement 7.200 de ces écoles. Les instituteurs sont formés dans 10 écoles normales primaires. L'instruction secondaire est donnée en premier degré dans les *écoles latines* au nombre de 95, dont 72 renferment les 4 classes normales, les autres n'en ont que 2 ou 5 ; et, en deuxième degré, dans les 28 gymnases qui n'ont que les 4 classes supérieures. Pour l'instruction supérieure il y a 3 universités, à Munich, Würzbourg et Erlangen.

INTÉRIEUR
CERCLES
BIENFAISANCE

Administrativement, la Bavière est divisée en 8 CERCLES (*Kreise*), dont 7 situés sur la rive droite du Rhin et 1 sur la rive gauche (le Palatinat — voir la table). Ces cercles sont subdivisés en *districts*, et les districts en *communes locales*. Il y a 225 communes urbaines et 7.890 communes rurales.
Les cercles sont administrés par un *gouvernement* ou *comité gouvernemental* ; les districts, par un conseil élu pour 5 ans, choisi parmi les membres des corps municipaux. — BIENFAISANCE. Le bien-être est assez général, puisque 2 p. 100 seulement de la population sont à la charge de la bienfaisance publique.

FINANCES
DÉPENSES
RECETTES
DETTE

DÉPENSES	FR.	RECETTES	FR.
Liste civile et apan.	6.785.588	Contributions (cont. dir. 25.570.566)	74.198.228
Enseignement et cultes	24.857.845	Domaine et droits divers	118.587.600
Armée	55.465.500	Rég. et établ. de l'État (dont chemins de fer, 105.182.155 ; postes, 40.751.575 ;	
Ministère, dette publique, frais, etc. (dont chemins de fer, 67.945.987 ; postes, 40.059.762 ; télégraphes, 1.595.272)	257.766.955	télégraphes, 1.746.995)	170.287.800
		Total	522.875.688
		Dette générale	452.752.556
Total	322.875.688	DETTE. Dette des chemins de fer	955.441.221
		Total	1.586.195.577

POSTES : Bureaux 4.174. Lettres, etc. 149.687.176. TÉLÉGRAPHES. Bureaux 779. Lignes 7.146 kil.

GUERRE

L'armée bavaroise forme une partie à part et distincte dans l'armée de l'Empire allemand, ayant une administration indépendante qui est placée sous la souveraineté militaire de S. M. le roi de Bavière. L'armée bavaroise forme le Ier et le IIe corps d'armée fédérale, divisés chacun en 2 divisions (16 régiments d'infant., 10 bat. de chasseurs, 52 bat. de landwehr, 10 rég. de cavalerie, 4 rég. d'artillerie, 2 rég. d'artillerie à pied, 2 bat. de pionniers, 2 bat. de train) En temps de paix : infanterie, 52.687 h. ; caval., 7.092 ; artill., 5.585 ; pionniers, 1.585 ; train, 1.424. Total : 47.871 homm. — Sur pied de guerre : inf., 112.046 h ; caval., 11.562 h. ; artil., 18.106 h. ; pionn., 5.554 ; train, 5.450. Total : 150.488 hommes.

TABLE ADMINISTRATIVE			
DISTRICTS	kil. carr.	populat.	hab. kil.
HAUTE BAVIÈRE	17.046	894.404	52.4
BASSE BAVIÈRE	10.768	622.577	57.8
PALATINAT	5.957	641.567	108.0
HAUT PALATINAT ET RATISBONNE	9.663	505.422	52.0
HAUTE FRANCONIE	6.999	555.045	80.0
MOYENNE FRANCONIE	7.370	607.085	80.5
BASSE FRANCON. ET ASCHAFFENB.	8.558	607.056	71.0
SOUABE ET NEUBOURG	9.591	601.950	6.12

ALLEMAGNE — BAVIÈRE (SUITE)

VILLES PRIN. HAB. PAR MILLE	Munich 193, Nuremberg 91, Aug.-bourg 57, Wurzbourg 45, Ratisbonne 52, Furth 27, Bamberg 27, Kaiserslautern 25, Bayreuth 19.
SUPERFICIE	75,861 kil. carrés, dont 34,140 en terre arable, 1,298 en jardins, 11,578 en prés, 7,507 en pâturages, 21,541 en forêts (66 habitants par kil. carré.
POPULAT.	5,022,904 hab. La population se compose principalement de Bavarois, de Franconiens et de Souabes. Selon les cultes le pays comptait (1871) 3.464,364 catholiques, 1,542,592 protestants, 50,662 israélites et 5,852 d'autres cultes. *Naissances* 201,476. *Mariages* 52 045. *Décès* 159,561.

(VILLE LIBRE) BRÈME [Bremen] (HANSÉATIQUE)

CLIMAT	La température moyenne est de + 8°90; moyenne de l'été + 16°91; de l'hiver + 0°57. PLUIE : La moyenne de pluie qui tombe annuellement est de 70 cent. 95.
GOUVNEMENT **POUVOIR EXÉC.** **POUVOIR LÉGIS.**	LE POUVOIR EXÉCUTIF est exercé par le Sénat. LE POUVOIR LÉGISLATIF se partage entre le *Sénat* et la *bourgeoisie*. Le Sénat se compose de 18 sénateurs dont 10 au moins doivent être des légistes et 5 des négociants; ils sont élus à vie par le concours du Sénat et de la bourgeoisie. Deux des membres du Sénat, élus pour 4 ans par ce corps, ont le titre de bourgmestre et de président alternativement. La bourgeoisie est l'assemblée des 150 représentants des citoyens ou bourgeois, 14 sont élus par les lettrés, 42 par les négociants, 22 par les industriels et 44 par les autres habitants, 28 par les villes, dont 8 pour Bremerhafen, 4 pour Vegesack et 16 pour les campagnes.
JUSTICE	La justice est exercée par des tribunaux qui n'ont aucune attribution administrative, 1 cour suprême d'appel (Voir Lubeck, page 24), 1 tribunal supérieur et 1 tribunal de commerce.
CULTES	Tous les cultes sont libres, 97 p. 100 sont protestants.
INTÉRIEUR	Le territoire de Brême comprend, outre la ville même, les 2 petites villes maritimes de Vegesack et de Bremerhafen et une banlieue d'env. 69 kil. carrés. Brême est une des plus anciennes villes du nord de l'Allemagne; on en parle déjà en 788, sous Charlemagne, qui y fonda le siége d'un diocèse.
FINANCES	DÉPENSES : 14,999,425 francs. RECETTE : 14.979,250 francs. DETTE : 101,008,779 francs.
GUERRE.	L'armée fait partie du IX° corps de l'armée impériale.
MARINE MAR.	259 nav. jaugeant 186,582 tonnes, dont 19 vap. d'une force de 17.450 chevaux, jaugeant 65,070 tonnes.
COMMERCE	IMPORTATION : 519,500,000 francs. EXPORTATION : 518,875,000 francs.
SUPERFICIE	259 kilom. non compris la superficie du Weser qui est d'environ 5 kilom. carrés (567 hab. par kil. carré.)
POPULAT.	141,848 habitan's.

(DUCHÉ) BRUNSWICK [Braunschweig] (CAP. BRUNSWICK)

CLIMAT.	La température moyenne est de + 8°70; moyenne de l'été + 16°72, de l'hiver + 0°46. PLUIE : La moyenne de pluie qui tombe annuellement est de 72 cent. 05.
GOUVNEMENT **CHEF DE L'ÉTAT** **POUVOIR EXÉC.** **POUVOIR LÉGIS.**	CHEF DE L'ÉTAT : Guillaume, duc, né en 1806 (maison des Guelfes ou de Brunswick-Lunebourg, ligne aînée), avénem. 1831. LE POUVOIR EXÉCUTIF est exercé par le duc qui est assisté d'un mini-tère responsable. LE POUVOIR LÉGISLATIF est confié à une chambre unique (*Landesversammlung*, assemblée du pays), composée de 46 membres, nommés pour 6 ans, dont 21 choisis parmi les personnes les plus imposées, 10 élus par les villes, 12 par les communes rurales et 3 par le clergé. Pour être éligible, il faut être âgé de 30 ans et remplir des conditions de cens ; dans les villes l'élection est directe; dans les campagnes elle est à deux degrés. 5 *membres ordinaires de la commission ministérielle :* Intérieur et police, finances et commerce, justice, cultes et instruction publique, affaires militaires.
JUSTICE	Il y a une *cour suprême* siégeant à Wolfenbüttel. Dans chacun des cercles il y a un tribunal qui fonctionne, selon les affaires, comme première instance ou comme instance d'appel pour les tribunaux locaux.
CULTES **INSTR. PUBL.**	Le consistoire évangélique siége à Wolfenbüttel et se compose d'un président et de 5 membres. Dans chacun des cercles il y a une inspection générale qui ressort au consistoire, et chacune d'elles a pour chef un superintendant général. Les catholiques font partie du diocèse de Hildesheim. Tous les cultes sont libres. INSTRUCTION PUBLIQUE : *L'instruction primaire* est obligatoire. Il existe 596 écoles primaires publiques et 2 écoles normales; pour l'instruction secondaire 596 écoles supérieures et 5 gymnases. Il y a en outre une école polytechnique (*collegium Carolinum*) à Brunswick, 1 école agronomique à Schoppenstedt, 1 séminaire évangélique à Wolfenbüttel et 1 école d'architecture à Holzminden. Le Brunswick contribue à l'entretien de l'Université de Gœttingue.
INTÉRIEUR	Le pays est divisé en 6 CERCLES (voir la table) subdivisés en communes; celles-ci jouissent de l'autonomie municipale.
FINANCES	RECETTES 9,625,167 fr. Revenu des domaines 5.051,935 fr. DÉPENSES 9,625,167 fr. Liste civile 1,051,652 fr. ENSEIGNEMENT et CULTES 1.272,750 — DETTE 117,545,052 fr.
GUERRE	L'armée fait partie du X° corps d'armée de l'empire allemand; en temps de paix elle comprend 2,700 hommes, et sur pied de guerre environ 5,400 hommes.
VILLES H.P.M.	Brunswick 66, Helmstedt 8, Schöningen 6.
SUPERFICIE	3,690 kil. carrés (89 hab. par kil. carré).
POPULAT.	327,493 hab. selon les cultes (1871), protestants 302,989, catholiques 7.050, israélites 1.171, autres cultes 574.

TABLE ADMINISTRATIVE

CERCLES	kil. c.	populat.	hab. k.
BRUNSWICK	345	100.592	186
WOLFENBUTTEL	765	62.584	82
HELMSTEDT	788	54.457	69
GANDERSHEIM	548	45.290	79
HOLZMINDEN	574	42.752	75
BLANKENBOURG	475	24.058	51

VILLE LIBRE HAMBOURG (HANSÉATIQUE)

CLIMAT	La température moyenne est de + 8°98; moyenne de l'été + 17°85, de l'hiver + 0°09. PLUIE : La moyenne de pluie qui tombe annuellement est de 75 cent. 28.
GOUVNEMENT **POUVOIR EXÉC.** **POUVOIR LÉGIS.**	LE POUVOIR EXÉCUTIF est exercé par le Sénat. LE POUVOIR LÉGISLATIF par le Sénat et la bourgeoisie. Le Sénat se compose de 18 membres, dont 9 doivent avoir étudié le droit ou les finances ; des 9 autres, 7 doivent appartenir au commerce. Le Sénat choisit au scrutin secret pour la présidence un premier et un second bourgmestre, nommés pour 2 ans.

ALLEMAGNE — HAMBOURG (SUITE)

GOUVNEMENT (suite)	La bourgeoisie se compose de 19? membres, dont 88 sont choisis aux élections générales par scrutin secret; les 108 autres se composent de 48 propriétaires choisis par les propriétaires fonciers et de 60 représentants des tribunaux et des administrations. 10 administrations (ministères) : des Cultes, des Finances, du Commerce, des Travaux publics, Militaire, de l'Instruction publique, de la Justice, de la police et de l'Intérieur, de la Bienfaisance publique, ces Affaires étrangères.
JUSTICE	Un tribunal de 1re instance juge toutes les affaires civiles et criminelles ; l'appel de ces affaires est porté à la cour supérieure, dont les arrêts sont définitifs toutes les fois que le jugement en première instance est confirmé; dans le cas contraire, les affaires sont jugées en dernier ressort par la cour suprême d'appel, commune aux trois villes libres (voir Lubeck, page 24). 1 tribunal de commerce.
CULTES	Les affaires concernant l'Église évangélique (luthérienne) sont traitées par le Sénat et le collège des soixante. Tous les cultes sont libres.
INST. PUBL.	Il y a dans la ville environ 200 écoles et pensions particulières. Parmi les institutions publiques : 1 gymnase académique (*johanneum*), comptant env. 1.000 élèves ; les écoles paroissiales et celles des bureaux de bienfaisance, au nombre d'env. 60, où 4.500 enfants des deux sexes, reçoivent une instruction gratuite ; en outre, un très-grand nombre d'établissements consacrés aux arts, aux sciences et à la bienfaisance.
FINANCES	DÉPENSES : 35.972.875 fr. (lustr. 2.061.125 fr.).— RECETTES : 31.611.625 fr. — DETTE : 127.515.557 fr.
GUERRE	L'armée fait partie du IXe corps d'armée fédérale et la ville lui fournit 2.200 hommes dont 500 cavaliers. La garde civique : infanterie, chasseurs et artillerie, comprend 10.000 hommes.
MARINE	MARINE MARCHANDE : 451 nav. jaug. 210.585 ton., dont 102 vap. d'une force de 20.268 chev., jaug. 88.187 ton.
COMMERCE	IMPORTATION : 2.454.000.000 fr.
SUPERFICIE	467 kilom. carrés y compris les faubourgs Saint-Georges et Saint-Paul et les deux dépendances : Ritzebuttel et Cuxhaven (la superficie de l'Elbe, 2.56 kilom. carrés, n'est pas comprise dans ce chiffre).
POPULATION	388.618 hab. dont Hambourg avec les faubourgs 264.675 hab ; les communes limitrophes comptent 83.772, et le reste du territoire 40.171 hab. Selon les cultes, on compte 306.555 protest., 7.771 cathol., 13.796 israélites et 10.854 d'autres cultes.

(GRAND DUCHÉ) HESSE [Hessen] (CAP. DARMSTADT)

CLIMAT	La température moy. est de + 8° 74' ; moy. de l'été + 16° 98' ; de l'hiver — 0° 79. PLUIE. La moy. de pluie qui tombe annuellement est de 55 centim. 29 m.
GOUVNEMENT / CHEF DE L'ÉTAT / POUV. EXÉCUT.	CHEF DE L'ÉTAT. Louis IV, grand-duc, né en 1837 (Maison de Hesse, ligne cadette), avén. 1877. La monarchie est constitutionnelle et héréditaire. LE POUVOIR EXÉCUTIF est entre les mains du grand-duc, assisté d'un ministère. LE POUVOIR LÉGISLATIF s'exerce par le grand-duc avec le concours des *États*, divisés en 2 chambres. La 1re comprend les princes du sang, majeurs, les chefs des familles médiatisées, le doyen de la famille des barons de Riedsel, l'évêque catholique, un membre protestant, le chancelier de l'université, 2 membres élus parmi la noblesse territoriale et au plus 12 membres nommés à vie par le grand-duc. La 2e chambre comprend 10 députés des huit plus grandes villes, et 40 députés des petites villes et des communes rurales. Les élections ont lieu à 2 degrés. Les membres de la 1re chambre doivent être âgés de 25 ans ; ceux de la 2e, de 30 ans et censitaires. 4 *Ministères* : les ministères de la maison du grand-duc et des affaires étrangères, de la justice, de l'intérieur, des finances. CONSEIL D'ÉTAT.
JUSTICE	1 cour supérieure d'appel et de cassation ; 1 cour de justice dans chacune des 3 provinces ; 1 tribunal de commerce à Mayence. Le Code Napoléon est encore en vigueur.
CULTES	La liberté de conscience est assurée par les lois. Les affaires protestantes sont administrées par un consistoire supérieur siégeant à Darmstadt. L'évêque de Mayence dirige les intérêts du culte catholique.
INST. PUBL.	L'instruction est obligatoire pour tous les enfants entre 6 et 14 ans ; on compte 1.800 écoles primaires, 2 écoles normales primaires, 6 gymnases, plusieurs écoles spéciales et une université à Giessen.
INTÉRIEUR	Administrativement, le pays est divisé en 3 PROVINCES, chacune administrée par un *directeur provincial*. L'organisation communale ressemble à celle de la France; le gouvernement doit choisir le bourgmestre parmi les membres du conseil municipal. Les conseillers municipaux sont élus pour 9 ans par les habitants de la commune, le renouvellement a lieu par tiers tous les 3 ans. Environ 11.000 habitants.

FINANCES — DÉPENSES — RECETTES — DETTE

DÉPENSES	FR.	RECETTES	FR.
Liste civile	1.645.571	Impôts (dont imp. dir. 9.198.419)	12.405.901
Chemins de fer	5.000.000	Droits divers, dom. et forêts	9.406.493
Ministères, dette publique, etc.	17.168.468	Total	21.809.394
Total	21.812.039	DETTE (dont ch. de fer 65.879.756)	72.067.345

GUERRE	L'armée fait partie du XIe corps d'armée fédérale (25 divisions), 2 brigades d'infanterie, 1 brigade de caval. et 2 sections d'artill. de 5 batall. dont 1 à cheval (environ 11.000 habitants).
VILLES HAB. PAR MILLE	Darmstadt, 44; Mayence, 58; Offenbach, 26.
SUPERFICIE	7.678 kilom. carrés, dont 4.140 de terre arable, 1.400 de prés et pâturages, 97 de vignes, 2.541 de forêts (115 habit. env. par kilom. carré).
POPULATION	882.549 hab., selon les cultes (1871); 584.591 protestants; 259.088 cathol.; 25.575 israélites; 4.042 d'autres cultes.

TABLE ADMINISTRATIVE

PROVINCES	kil. car.	populat.	hab. k.
Starkenbourg	3.018	369.122	122.4
Hesse-Supérieure	3.285	253.765	77.2
Hesse-Rhénane	1.374	259.161	187.9

(PRINCIPAUTÉ) LIPPE (CAP. DETMOLD)

CLIMAT	La température moyenne est de + 9° 02' ; moy. de l'été + 17° 07' ; de l'hiver + 0° 50. PLUIE. La moyenne de pluie qui tombe annuellement est de 57 centim. 09 mill.
GOUVNEMENT / CHEF DE L'ÉTAT / POUV. EXÉCUT. / POUV. LÉGISL.	CHEF DE L'ÉTAT. Waldemar, prince, né en 1824, avénem. en 1875 (Sophie, princesse, née en 1834). La principauté de Lippe est une monarchie constitutionnelle et héréditaire. LE POUVOIR EXÉCUTIF est entre les mains du prince, assisté d'un ministère. Le POUVOIR LÉGISLATIF est exercé par le prince et la diète qui se compose de 21 députés, dont 7 de la classe des contribuables les plus imposés et 14 des deux autres classes d'électeurs. Les élections sont directes. — Ministères du cabinet, des affaires étrangères, de la maison du prince, de la diète, du contrôle supérieur de la justice, de la police, des cultes, de l'instruction.
JUSTICE	La cour suprême de justice est la cour suprême de Celle (Hanovre). Il y existe une chambre de justice criminelle et un tribunal unique.

ALLEMAGNE — LIPPE (SUITE)

CULTES	Tous les cultes sont libres.
INSTR. PUBLIQ.	2 lycées, 5 colléges, 124 écoles primaires et 1 école normale primaire.
INTÉRIEUR	La principauté de Lippe possède le bailliage de Lipperode, enclavé dans la province de Westphalie. Administrativement le pays est divisé en cantons.
FINANCES	DÉPENSES : 1.045.855 fr. — Instr. et Cultes : 265.882 fr. — RECETTES : 1.077.113 fr. — DETTE : 1.416.105 fr.
GUERRE	L'armée de la principauté de Lippe fait partie du VII° corps de l'armée fédérale ; elle compte environ 900 hommes.
CAPITALE	Detmold avec 6.950 habitants environ.
SUPERFICIE	1.134 kilomètres carrés. (99 hab. par kil. carré.) ‖ POPULATION 112.442 habitants.

(VILLE LIBRE) LUBECK (HANSÉATIQUE)
(Voir page 24.)

(GRAND-DUCHÉ) MECKLEMBOURG-SCHWERIN (CAP. SCHWERIN)

CLIMAT	La température moyenne est de + 8°.98 ; moyenne de l'été + 16°.80, de l'hiver — 0°,89. ‖ **PLUIE** La moyenne de pluie qui tombe annuellement est de 57 centim. 8.
GOUVNEMENT **CHEF DE L'ÉTAT** **POUV. EXÉCUT.** **POUV. LÉGISL.** **MINISTÈRES**	CHEF DE L'ETAT, Frédéric-François II, grand-duc, né en 1823, avénement 1842 (Marie, grande-duchesse, née en 1850 ; Frédéric-François, grand-duc héréditaire, né en 1851). Les deux grands-duchés de Mecklembourg-Schwerin et de Mecklembourg-Strelitz ont une Constitution et une Diète communes. La Diète siège tous les ans alternativement dans les villes de Sternberg et de Malchin, situées toutes deux dans le duché de Mecklembourg-Schwerin. Les Etats de la Diète se composent de deux ordres : les chevaliers et les villes. Les chevaliers possesseurs d'un bien équestre, nobles ou non, sont au nombre d'environ 750 ; ils représentent la population de leurs domaines. Les 45 villes ayant droit de représentation députent à la Diète des membres choisis parmi leurs magistrats ou leurs bourgmestres. Les villes ont le droit de demander que chaque ordre délibère séparément. — LE POUVOIR EXÉCUTIF est entre les mains du chef de l'Etat, assisté par un ministère d'Etat. — LE POUVOIR LEGISLATIF est exercé par la Diète. — 4 MINISTÈRES : les ministères des Affaires étrangères, de la maison du grand-duc et de l'intérieur ; de la Justice, auquel on a réuni les affaires ecclésiastiques ; de l'Instruction publique et tout ce qui concerne le service de la santé publique ; des Finances.
JUSTICE	L'organisation judiciaire est très-arriérée, le magistrat réunit les pouvoirs judiciaire et administratif. La législation civile n'est pas la même dans les diverses parties du pays, mais à Rostock fonctionne une cour suprême commune aux deux grands-duchés. 3 chancelleries de justice à Schwerin, à Gustrow et à Rostock. Une cour criminelle à Butzou.
CULTES **INSTR. PUBLIQ.**	La religion dominante est le protestantisme, les autres cultes sont libres. L'INSTRUCTION PUBLIQUE est obligatoire. Il y a 152 écoles primaires, 1 école normale primaire, 46 écoles primaires supérieures et une université à Rostock.
INTÉRIEUR **BIENFAISANCE**	L'organisation communale n'existe que dans les villes. Dans les seigneuries ou biens équestres, le chevalier réunit tous les pouvoirs entre ses mains. Dans 23 villes le bourgmestre est nommé par le grand-duc ; dans les autres il est élu par les bourgeois. Chaque ville a un conseil municipal. BIENFAISANCE. Il existe un grand nombre de bureaux de bienfaisance (5 salles d'asile).
FINANCES	DÉPENSES. Administration dite du souverain 15 millions de fr. ; administration financière, commune (souverain et Etats) 2.561.452 fr. — DETTE. 26.726.875 fr.
GUERRE	L'armée fait partie du IX° corps d'armée impériale ; elle comprend 5.400 hommes environ et 1.000 chevaux.
MARINE MARCH.	426 navires jaugeant 113.656 tonnes, dont 7 vapeurs d'une force de 508 chevaux, jaugeant 2.827 tonnes.
VILLES PRINC. **HABIT. P' MILLE**	Schwerin 27, Rostock 54.
SUPERFICIE	13.305 kilomètres carrés. (41.6 hab. par kil. carré.) ‖ POPULATION 553.734 habitants.

(GR.-DUCHÉ) MECKLEMBOURG-STRELITZ (CAP. NEU-STRELITZ)

CLIMAT	La température moyenne est de + 8°,21 ; moyenne de l'été + 16°,91, de l'hiver — 0°,96. ‖ **PLUIE** La moyenne de pluie qui tombe annuellement est de 65 centim. 2.
GOUVNEMENT **CHEF DE L'ÉTAT**	CHEF DE L'ETAT. Frédéric-Guillaume, grand-duc, né en 1819, avénement 1860. (Augusta, grande-duchesse, née en 1822 ; Adolphe-Frédéric, prince héréditaire, né en 1844). Pour le reste de la constitution voir le duché de Mecklembourg-Schwerin. Ministère d'Etat et gouvernement (Neu-Strelitz) se compose du ministre d'Etat et de 4 conseillers intimes.
JUSTICE	(Voir Mecklembourg-Schwerin.)
CULTES	(Voir Mecklembourg-Schwerin.) — L'INSTRUCTION PUBLIQUE est obligatoire. Il existe une école normale primaire, 13 écoles primaires supérieures.
INTÉRIEUR **BIENFAISANCE**	(Voir Mecklembourg-Schwerin.) — BIENFAISANCE. Il existe un grand nombre de bureaux de bienfaisance. (9 salles d'asile.)
FINANCES	Il n'y a pas de données certaines sur le budget de Mecklembourg-Strelitz. — DETTE. Environ 7.500.000 fr.
GUERRE	L'armée fait partie du IX° corps d'armée impériale.
CAPITALE	Neu-Strelitz, 8.525 habitants.
SUPERFICIE	2.929 kilom. carrés, dont le duché de Strelitz 2.547 et la principauté de Ratzebourg 382 kilom. carrés.
POPULATION	95.673 habit., dont le duché de Strelitz 79.330, et la principauté de Ratzebourg 16.343 (32 h. p. k. c.).

TABLE ADMINISTRATIVE

PAYS	MECKLEMBOURG-STRELITZ		
	KILOMÈTRES CARRÉS	POPULATION	HABIT. PAR KIL. CARRÉ
Duché de Strelitz	2.547	79.330	31.1
Principauté de Ratzebourg	382	16.343	42.7

ALLEMAGNE

OLDENBOURG
(GRAND-DUCHÉ)   (CAP. OLDENBOURG)

CLIMAT	La température moyenne est de + 8° 51 ; de l'été + 16° 62 ; de l'hiver + 0° 56. PLUIE. La moyenne de pluie qui tombe annuellement est de 72 centim.
GOUVNEMENT — **CHEF DE L'ÉTAT** — **POUV. EXÉCUT.** — **POUV. LÉGISL.**	CHEF DE L'ETAT. Frédéric-Guillaume-Pierre, grand-duc, né en 1827, avénement 1853 (Elisabeth, grande-duchesse, née en 1826 ; Auguste, grand-duc héréditaire, né en 1852). Le grand-duché de Oldenbourg est une monarchie constitutionnelle et héréditaire. LE POUVOIR EXECUTIF s'exerce par le grand-duc assisté d'un ministère responsable. LE POUVOIR LEGISLATIF est entre les mains du grand-duc et de la *diète*, qui forme une seule Chambre (1 député sur 6.000 habitants, élu pour 3 ans). L'élection a lieu à deux degrés. Tout citoyen de réputation intacte, et âgé de 25 ans, est électeur primaire ; 300 électeurs primaires nomment l'électeur secondaire. 3 MINISTERES : les ministères de l'Intérieur, de la Maison du grand-duc et des Affaires étrangères ; des Finances ; de la Justice, des Cultes et des Affaires militaires.
JUSTICE	Les juridictions sont à 3 degrés. *Cour de justice de l'Etat* (3° instance), *Cour d'appel supérieure* (2° inst.), et *Tribunaux de 1re instance*. La liberté individuelle est garantie. Tout citoyen arrêté doit connaître dans les 24 heures les motifs de son arrestation et être interrogé dans les 36 heures. S'il a été injustement détenu, un recours lui est ouvert contre le coupable et au besoin contre l'État, qui lui doit des dommages et intérêts.
CULTES — **NSTR. PUBL.**	Tous les cultes sont libres ; la plupart des habitants appartiennent à la religion protestante.— INSTRUCTION PUBLIQUE : 4 lycées, 10 collèges, 1 école normale protestante, 1 école normale catholique, 417 écoles primaires protestantes, 135 écoles primaires catholiques et 7 écoles primaires israélites.
INTÉRIEUR — **PROVINCES**	Le pays est divisé en 3 PROVINCES, administrées chacune par un comité dit *gouvernement* (*Regierung*). Les communes nomment les *conseils municipaux* qui choisissent les *bourgmestres* pour 12 ans. Dans les grandes villes les *directeurs*, nommés à vie, doivent être légistes. Les *communes* administrent leurs propriétés et sont chargées de la police locale. Font partie du grand-duché : *les principautés de Birkenfeld et de Lubeck*, administrées chacune par un *conseil municipal*.
FINANCES — **DÉPENSES** — **RECETTES**	Dans le budget central ou commun, *le duché d'Oldenbourg* contribue pour 80 1/2 0/0 ; *la principauté de Lubeck*, pour 12, et *la principauté de Birkenfeld* pour 7 1/2. Chacune de ces parties a en outre son budget spécial. DEPENSES : 8.352.800 fr. (Liste civile 519.000 fr. — Instr. et Cultes 710.842. — RECETTES : 7.424.625 fr. — DETTE : 46.362.953 fr. (dont 22.311.800 fr. pour les chemins de fer).
GUERRE	L'armée fait partie du X° corps d'armée impériale (env. 3 000 hommes infanterie, 500 h. cavalerie, et 500 h. artillerie. — Total, 4.000 hommes).
MARINE	MARINE MARCHANDE : 361 navires, jaugeant 53.167 tonnes, dont 2 vapeurs d'une force de 55 chevaux.
CAPITALE	Oldenbourg, 15.701 habitants.
SUPERFICIE	6.400 kilom. carrés, dont Oldenbourg 5.376 kilom. carrés. Les princip. de Lubeck 521, et de Birkenfeld 503.
POPULATION	319.314 habitants, dont Oldenbourg 248.136 ; les principautés de Lubeck 34.085 et de Birkenfeld 37.073. Selon les cultes : Oldenbourg, 182.160 protest. ; 64.189 cathol. ; 879 israélites et 908 d'autres cultes. Principauté de Lubeck, 33.927 protestants ; 119 catholiques et 39 d'autres cultes. Principauté de Birkenfeld, 28.967 protestants ; 7.435 catholiques et 691 israélites.

TABLE ADMINISTRATIVE

PAYS	kil. car.	populat.	hab. k.
Duché d'Oldenbourg. . . .	5.375	248.136	46.1
Principauté de Lubeck. . .	522	34.085	65.3
Princip. de Birkenfeld. . .	503	37.093	73.7

PRUSSE
(ROYAUME)   (CAP. BERLIN)

CLIMAT	(Voir *Empire d'Allemagne*).
GOUVNEMENT — **CHEF DE L'ÉTAT** — **POUV. EXÉCUT.** — **POUV. LÉGISL.**	CHEF DE L'ÉTAT. Frédéric-Guillaume I, roi, empereur d'Allemagne (maison de Hohenzollern), né en 1797, avén. 1861 (empereur 1871) (Augusta, reine, impératrice, née en 1811 ; Frédéric-Guillaume, prince royal, impérial, né en 1831). La Prusse est un pays constitutionnel et héréditaire. LE POUVOIR EXECUTIF est entre les mains du roi qui est assisté d'un ministère. LE POUVOIR LEGISLATIF est partagé entre le roi et le *Landtag* (parlement), divisé en deux chambres. *La chambre des Seigneurs*, composée de membres héréditaires, appartenant à la haute noblesse, de membres nommés à vie par le roi, de membres nommés par le roi sur la présentation de certaines corporations et associations. *La chambre des Députés*, composée de 433 membres élus par toute la nation. L'élection est à deux degrés. Tout Prussien âgé de 24 ans, jouissant de ses droits civils et *politiques*, est électeur primaire. Il y a un électeur secondaire sur 250 habitants. Les élections sont publiques. Tout Prussien âgé de 30 ans, jouissant de ses droits civils et habitant la Prusse depuis au moins un an, est éligible comme député. Les députés sont nommés pour 3 ans. 7 MINISTERES : les ministères de la Justice, de l'Intérieur, des Affaires ecclésiastiques et de l'Instruction publique, des Finances, de la Guerre, de l'Agriculture, du Commerce. — Le *Conseil d'Etat* se compose des princes de la maison royale, des fonctionnaires de l'Etat que leur emploi appelle à en faire partie et des fonctionnaires nommés par le roi.
JUSTICE	On distingue les *tribunaux ordinaires* et les *tribunaux spéciaux*. Les premiers sont les tribunaux de première instance (env. 250). Le ressort de la plupart de ces tribunaux comprend un *cercle* (arrondissement), les autres sont établis dans les villes de 50.000 hab. Les Tribunaux de seconde instance sont les *cours d'appel* (26). *Le tribunal suprême* (3° instance) siége à Berlin. Dans la province rhénane, il y a 125 *justices de paix*. Les tribunaux *spéciaux* sont les tribunaux de commerce, les tribunaux universitaires, les tribunaux douaniers ou fiscaux, les tribunaux militaires, etc.
CULTES	La liberté des cultes est établie en Prusse depuis le siècle dernier. Les cultes protestant et catholique sont entretenus par l'Etat. Les catholiques forment la majorité de la population dans la province rhénane, dans la Posnanie et dans la Silésie ; dans les autres provinces, les protestants sont les plus nombreux. Le roi est le chef suprême du culte protestant. Le clergé catholique est obligé de reconnaître la suprématie de l'Etat, depuis 1875. L'ordre des jésuites a été complètement banni de l'Allemagne en 1872. Le culte israélite n'est soumis à aucune surveillance de la part de l'Etat, qui ne lui a encore accordé aucune subvention. Pour le culte protestant il y a 11 consistoires des provinces, et pour le culte catholique 13 archevêques et évêques.
INSTRUCT. PUBLIQUE	L'instruction n'est pas encore tout à fait gratuite, mais elle est obligatoire. La Prusse comptait (1872) 34.070 *écoles primaires* avec 3.650.000 élèves (tout l'Empire allemand comptait [1876] 60.000 écoles primaires avec 6.000.000 élèves). 76 *écoles normales*, dont 56 protestantes et 20 catholiques. L'enseignement secondaire est représenté par 204 *gymnases* (lycées) fréquentés par env. 60.000 élèves ; 53 *progymnases* (collèges) avec env. 4.000 élèves ; 76 *Realschulen* (écoles des sciences exactes) avec env. 25.000 élèves, etc. Total des élèves prenant part à l'enseignement secondaire, env. 115.000 (pour tout l'Empire, 1.058 écoles secondaires avec 200.000 élèves). Pour l'enseignement supérieur il y a des *universités* à Berlin, Königsberg, Greifswald, Breslau, Halle, Bonn, Göttingen, Kiel, Marburg et Munster, comptant ensemble env. 8.000 étudiants. En 1872, ces universités comptaient 404 professeurs ordinaires (titulaires), 166 professeurs extraordinaires (agrégés), 241 professeurs libres, etc.

ALLEMAGNE — PRUSSE (SUITE)

INTÉRIEUR
PROVINCES

La Prusse est divisée en 12 PROVINCES gouvernées chacune par un *président supérieur* (Oberpräsident), qui représente l'organe du gouvernement et dont les attributions sont plutôt politiques qu'administratives. Chaque province est divisée en plusieurs *gouvernements* (Regierungs-Bezirk [voir la table]) qui sont administrés par un *comité de fonctionnaires* chargés chacun d'un service. Les gouvernements se divisent en *cercles*. Le *Landrath* (conseiller du pays), qui administre le cercle, est nommé par le roi sur une liste présentée par les Etats du cercle, se composant des propriétaires des biens nobles, des députés des villes et de ceux des campagnes. Les communes urbaines administrent les affaires de la ville par un *comité exécutif*, dit *magistral*, composé d'un bourgmestre et de quelques conseillers, et par un *conseil urbain*; ces deux assemblées sont élues pour 6 ans et renouvelées par tiers tous les 2 ans. Les communes rurales consistent : 1° en villages ; 2° en propriétés. Les villages sont administrés par le maire (*schulze*), les échevins (*schöppen*) et l'assemblée des propriétaires. Dans les propriétés qui forment à elles seules une commune, le propriétaire représente l'autorité locale.

FINANCES
DÉPENSES
RECETTES
DETTE

DÉPENSES	FR.
Frais généraux (dont p. les chemins de fer 146.269.506)	337.186.400
Dot., dette publ., etc.	87.494.537
Min. du Com., de l'Ind. et des Trav. publ.	24.641.231
Min. des Fin. (dont p. les apan. 1.073.543)	137.061.419
— d'Etat	2.794.010
— de la Justice.	84.066.625
— de l'Intérieur.	45.025.122
— de l'Agriculture.	15.074.179
— des Cultes et de l'Instr. publ. (dont p. l'Instr. publ. 48.540.000)	56.857.400
— des Aff. étrangères.	514.500
Total.	788.855.425
Dép. extraord. (dont p. les Cultes et l'Inst. publ. 4.325.415 et pour les chemins de fer 1.450.482)	25.677.596
Total général. . . .	814.543.019

RECETTES	FR.
Ministère des Finances savoir : impôts directs 188.703.750), imp. indirects 57.986.250, Dom. et For. 95.654.767..	403.774.047
Ministère du Commerce, de l'Industrie et des Travaux publics (dont Chem. de fer 221.345.363).	342.254.275
Ministère d'Etat	651.912
— de la Justice.	56.722.375
— de l'Intérieur.	3.890.563
— de l'Agriculture	5.567.840
— des Cultes et de l'Instruction publique	1.706.380
— des Affaires étrangères. . . .	5.625
Total.	814.343.019
Dette (dont pour les chemins de fer 147.676.000).	1.357.441.316

GUERRE
ARMÉE

L'ARMÉE prussienne forme le corps de la garde, les Ier, IIe, IIIe, une partie du IVe, les Ve, VIe, une partie du VIIe, le VIIIe une partie des IXe, X^e et XVe corps d'armée impériale. *Sur pied de paix : Infanterie* 345 bat. 201,383 hommes ; chasseurs 14 bat. 7,945 hommes ; landwehr 227 bat. 3,689 hom. *Total infanterie* 213.017 h. *Cavalerie* 365 escad. 50.672 h. *Artillerie* 255 batt. et 90 comp.. 55,665 h. *Pionniers* 64 comp. 7,984 h. *Train* 51 comp. 3,491 h. *Total de l'armée active* 310,829 h. *Sur pied de guerre : Infanterie*, troupes de camp. 358 bat. 568,212 h.; troupes de dépôt 115 bat. et 14 comp. de chasseurs 143.807 h.; troupes de garnison, landwehr 227 bat. 194.364 h., chasseurs 14 comp. 3,500 h. *Total infanterie* 710,083 h.; *Cavalerie*, troupes de camp. 292 escadr. 46,954 h.; troupes de dépôt 75 escadr. 18,834 h.; troupes de garn. 112 escadr. 17,864 h. *Total cavalerie* 83,652 h. *Artillerie* : artil. de camp. 254 bat. 1,404 can. 60.408 h.; artil. de dépôt 56 bat. 556 can. 10,525 h. Réserve 42 bat. 6,804 h. *Total artillerie* 112,291 h.; *Pionniers*, troupes de camp. 54 comp. 16,871 h.; troupes de dépôt 16 comp. 5,964 h.; troupes de garn. 36 comp. 7,200 h. *Total pionniers* 28,035. *Train*. troupes de camp. 255 colonnes 30,031 h.; troupes de dépôt 29 comp. 9,046 h. *Total train* 59,077 h. *Total de l'armée sur pied de guerre* 975,158 h.

MARINE

MARINE DE L'ÉTAT (Voir page 12). MARINE MARCHANDE 5,105 nav. jaugeant 496,357 tonn., dont 117 vapeurs d'une force de 8,932 chev., jaugeant 29,458 tonn.

VILLES

(Voir la table.)

SUPERFICIE

548.559 kil. carrés, dont terres arables et jardins, 175,169 ; prés et pâturages 64,507; forêts 81,016 et terrains non cultivés 27,647. (74 hab. par kil. carré.)

POPULAT.

25,772,362 hab., dont (1867) : Allemands 21,075,000, Polonais 2,452,060, Danois 145.000, Wallons 10,400. Lithuaniens 146.800, etc. Selon les cultes (1871) : Protestants 15,991,824 , catholiques 8,268,177, israélites 325,554, etc.

TABLE ADMINISTRATIVE DE LA PRUSSE

PROVINCES	kil. car.	population	hab. k.	no. gouv.	VILLES PRINCIPALES, HABITANTS PAR MILLE.
PRUSSE	62.458	3.200.484	51.2	4	Elbing 54, Königsberg 125, Graudenz 15, Memel 20.
BRANDEBOURG	59.893	3.152.485	78.4	2	Berlin 967, Francfort 47, Potsdam 43, Spandau 27.
POMÉRANIE (Pommern). . . .	30.122	1.462.510	48.5	3	Köslin 13, Stettin 81, Stolpe 18, Stralsund 28, Greifswald 18.
POSNANIE (Posen). . . .	28.952	1.608.956	55.5	2	Lissa 11, Posen 61, Bromberg 31, Gnesen 11.
SILÉSIE (Schlesien).	40.289	3.851.960	95.6	3	Breslau 239, Königshütte 26, Liegnitz 51, Neisse 20.
SAXE	25.241	2.171.858	86.0	3	Erfurt 48, Halle 61, Magdebourg 125, Halberstadt 28.
SCHLESWIG-HOLSTEIN	18.695	1.074.812	57.4	1	Altona 84, Schleswig 15, Flensburg 27, Kiel 37.
HANOVRE.	38.478	2.018.868	52.4	6	Hanovre 107, Linden 21, Osnabruck 30, Hagen 24.
WESTPHALIE (Westfalen). . .	20.199	1.907.195	94.5	3	Bielefeld 27, Dortmund 38, Munster 56.
HESSE-NASSAU.	15.895	1.469.902	92.4	2	Kassel 55, Wiesbaden 44.
PRUSSE-RHÉNANE (Rheinprovz)	26.975	3.807.120	141.1	5	Aachen (Aix-la-Chapelle) 80, Dusseldorf 81, Elberfeld 81, Essen 55, Köln (Cologne) 135, Krefeld 63.
HOHENZOLLERN.	1.142	66.614	58.5	1	Sigmaringen.

PRINCIPAUTÉ REUSS-GREIZ [Ligne aînée] (CAP. GREIZ)

CLIMAT

La température moyenne est de + 8°00; moyenne de l'été + 16°40; moyenne de l'hiver — 1°21. PLUIE : La moyenne de pluie qui tombe annuellement est de 54 cent. 5.

GOUVNEMENT
CHEF DE L'ÉTAT

CHEF DE L'ÉTAT : Henri XXII, prince, né en 1846, avènem. 1859 (Ida, princesse, née en 1852). Monarchie constitutionnelle et héréditaire. (Tous les princes, régnant ou non, de cette famille, portent le nom de Henri et ne se distinguent entre eux que par le numéro.) LE POUVOIR EXÉCUTIF appartient au prince. LE POUVOIR LÉGISLATIF est entre les mains du prince et des Etats, 12 députés, dont 2 de l'ordre équestre, 3 des villes, 4 des campagnes et 3 nommés par le prince. Les députés sont élus pour 6 ans.

CULTES

Tous les cultes sont libres, le protestantisme domine. INSTRUCTION PUBLIQUE : 1 lycée, 1 école industrielle et 1 école normale primaire.

FINANCES

DÉPENSES 682,261 fr. — Instr. et Cultes 10.000 fr. — RECETTES 682.261 fr. DETTE 1,210.875 fr.

GUERRE

L'armée fait partie du IVe corps d'armée impériale (environ 400 hommes).

VILLES PRINC.

Greiz 12,657 habitants, Zeulenroda 6,900 habitants.

SUPERFICIE — 516 kilom. carrés (149 habitants par kil. carré). **POPULATION** — 46,985 habitants.

ALLEMAGNE. — REUSS-SCHLEIZ
PRINCIPAUTÉ · (LIGNE CADETTE) (CAP. GERA)

CLIMAT	La température moyenne est de + 8°.97. moyenne de l'été + 18°.24, de l'hiver — 1°.08. ‖ **PLUIE** La moyenne de pluie qui tombe annuellement est de 55 cent. 7.
GOUVNEMENT / **CHEF DE L'ÉTAT** / **POUV. EXÉCUT.** / **POUV. LÉGISLAT**	CHEF DE L'ÉTAT, Henri XIV, prince, né en 1832, avénement 1867 (Louise-Agnés, princesse, née en 1855; Henri XXVII, prince héréditaire, né en 1858). Monarchie constitutionnelle et héréditaire. — LE POUVOIR EXÉCUTIF est représenté par le prince. — LE POUVOIR LÉGISLATIF appartient au prince et aux États composés de 16 députés dont les propriétaires du paragium Reuss-Kœstritz, 5 députés choisis parmi les personnes les plus imposées et 12 députés élus par voie d'élection à 2 degrés par les colléges électoraux. Ils sont nommés pour 3 ans.
CULTES	(Voir Reuss-Greiz.) — INSTRUCTION. 2 lycées, 2 colléges, 1 école de commerce, 1 école industrielle, 2 écoles primaires normales et 101 écoles primaires.
FINANCES	DÉPENSES. — 1.262.469 fr. — RECETTES 1.128.000 fr. — DETTE 1.816.558 fr.
GUERRE	L'armée fait partie du IVe corps d'armée impériale (environ 800 hommes).
CAPITALE	Gera 20.810 habitants.
SUPERFICIE	829 kilomètres carrés (111 habitants par kilomètre carré.) ‖ **POPULATION** 92.375 habitants

(ROYAUME) SAXE [Sachsen] (CAP. DRESDE)

CLIMAT	La température moyenne est de + 9°20; moyenne de l'été + 17°,96, de l'hiver + 0°,05. ‖ **PLUIE** La moyenne de pluie qui tombe annuellement est de 55 cent.
GOUVNEMENT / **CHEF DE L'ÉTAT** / **POUV. EXÉCUT.** / **POUV. LÉGISLAT** / **MINISTÈRES**	CHEF DE L'ÉTAT, Albert, roi, né en 1828, avénement en 1873 (Caroline, reine, née en 1833). La Saxe est une monarchie constitutionnelle héréditaire. — LE POUVOIR EXÉCUTIF est exercé par le roi assisté de ministres responsables. — LE POUVOIR LÉGISLATIF est entre les mains du roi et de la Diète, composée des représentants des divers ordres, et formant deux chambres. *La première* comprend les princes de la famille royale, 5 seigneurs médiatisés, les dignitaires ecclésiastiques, les grands propriétaires (12) de biens équestres élus à vie par leur ordre, les bourgmestres des huit principales villes. *La seconde* comprend 80 députés, dont 35 élus par les villes, et 45 pour les communes rurales. Ces députés sont élus pour 9 ans. — 6 MINISTÈRES. *Les ministères de la justice, des finances, de l'int., des cultes et de l'inst. publique, des affaires étrangères et de la guerre.*
JUSTICE	La justice civile compte comme première instance, soit 121 *bailliages*, soit pour les affaires plus importantes 16 *tribunaux*; au-dessus des tribunaux figurent 4 *cours d'appel*, une dans chaque cercle, enfin la *cour d'appel supérieure* (3e instance), siége à Dresde. Leipzig est le siége de la *cour suprême de commerce* pour toute l'Allemagne.
CULTES	Tous les cultes sont libres, les protestants sont les plus nombreux ; le culte protestant est divisé en 37 *circonscriptions de superintendants*, qui sont subordonnées au *consistoire évangélique*.
INSTRUCT. PUBLIQUE	L'instruction est obligatoire, il y a 2,267 *écoles primaires* avec 458.000 élèves, 70 *écoles du dimanche*, 8 *écoles normales primaires* pour instituteurs, et 1 pour institutrices, 11 *gymnases* (lycées), 1 *université* à Leipzig, 7 *Realschulen* (écoles des sciences exactes), 2 *écoles polytechniques* et beaucoup d'écoles spéciales. Il est peu de pays aussi riches en institutions d'enseignement élémentaire et supérieur, en musées, collections et autres moyens d'instruction.
INTÉRIEUR / **CERCLES**	Le pays se divise en 4 CERCLES (départements) qui ont chacun à leur tête un DIRECTOIRE chargé des affaires administratives et de celles du culte et de l'instruction. Les cercles sont divisés en *grands bailliages* (Amtshauptmannschaft) au nombre de 15, 48 villes ont des *conseils urbains* (municipaux) et à la campagne les 121 bailliages ont chacun un *juge de paix*.

FINANCES / **DÉPENSES** / **RECETTES** / **DETTES**	DÉPENSES	FR.	RECETTES	FR.
	Liste civ. et apan.	4.516.621	Impôts (Impôts directs 16.445.871 fr.). . .	21.445.871
	Culte et instr. publ.	7.377.546	Droits rég. (dont ch. de fer net 25.326.250).	27.675.450
	Minist. Dette publ., etc.	55.627.054	Dom. et autres rev.	18.200.200
	Total 67.521.221		Total 67.521.221	
	1875, (dépenses pour les chemins de fer 40.000.000).		1875, (recettes brutes des chemins de fer 65.836.406)	
	DETTE (dont pour les chemins de fer 375 millions) 503.103.656 fr.			

GUERRE / **ARMÉE**	L'armée saxonne forme le XIIe corps d'armée impériale (*sur pied de paix*). *Infanterie* : 27 bat. 15.129 hom.; chasseurs : 2 bat. 1.090 h. Landwehr : 17 bat. Total inf. : 16.465 : *Caval.* 30 escadr. 4.192 h. : *Artil.* 18 bat. : 1.824 h. : 8 comp. : 995 h. *Total:* Artil. 2.819 h. : *Pionniers* : 4 comp. 499 h. *Train* : 2 comp. 225 h. *Total de l'armée sur pied de paix:* 24.200 h. (*Sur pied de guerre*): Inf. : 56.585 h. : *Cav.* : 6.682 h. : *Art.* : 9.187 h. : *Pionniers* 1.508 h. *Train* : 2.723 h. *Total de l'armée sur pied de guerre:* 76.481 h.
VILLES PRINCIP	(Voir la table.)
SUPERFICIE	14.993 kilomètres carrés, dont en terres arables 7.500 ; en jardins 454, en prés 1.736, en forêts 4.800, et en terres incultes 502 kilomètres carrés (184 hab. par kilomètre carré).
POPULATION	2.760.342 habitants. Selon les cultes (1871): 2.493.422 protestants, 54.196 catholiques; 5,358 israélites et 5.268 d'autres cultes.

TABLE ADMINISTRATIVE

DISTRICTS	KIL. CAR.	POPULATION	HAB. PAR KIL.	VILLES PRINC. HAB. PAR MILLE.
Bautzen.	2.470	539.203	145.4	Bautzen 17, Zittau 20.
Dresde.	4.337	749.505	173.0	Dresde, 197, Freiberg, 25, Meissen, 13.
Leipzig.	3.567	659.731	179.3	Leipzig, 209, Döbeln 11.
Zwickau.	4.619	1.051.905	223.4	Chemnitz 85, Plauen 20, Zwickau. 51.

(DUCHÉ) SAXE-ALTENBOURG (CAP. ALTENBOURG)

CLIMAT	La température moyenne est de + 9°, moyenne de l'été de + 18°,25, de l'hiver — 1°.09. ‖ **PLUIE** La moyenne de pluie qui tombe annuellement est de 57 cent.
GOUVNEMENT / **CHEF DE L'ÉTAT** / **POUV. EXÉCUT.** / **POUV. LÉGISL.** / **MINISTÈRES**	CHEF DE L'ÉTAT, Ernest, duc, né en 1826, avénement 1853 (Agnès, duchesse, née en 1824). Le duché de Saxe-Altenbourg est une monarchie constitutionnelle et héréditaire. — LE POUVOIR EXÉCUTIF est représenté par le duc qui est assisté d'un ministère responsable. — LE POUVOIR LÉGISLATIF est confié au duc et à la Diète composée de 30 députés, dont 9 représentent les villes, 12 les habitants des campagnes, 9 les personnes les plus imposées. Les représentants des citoyens les plus imposés sont élus par voie de suffrage direct, les autres députés sont nommés par l'élection à 2 degrés. Tout citoyen majeur, jouissant de ses droits civils et politiques est électeur. Pour être éligible, il faut avoir en outre dépassé 30 ans. Les députés sont élus pour 6 ans. — 3 MINISTÈRES. *Les ministères de la maison du duc, des affaires intérieures et étrangères, des affaires de Zollverein, des cultes et de la guerre, des finances, de la justice.*
JUSTICE	La *cour suprême d'appel* siége à Iéna (voir Saxe-Weimar-Eisenach). Le duché a une *cour d'appel* à Altenbourg.

ALLEMAGNE — SAXE-ALTENBOURG (SUITE)

CULTES **INSTR. PUBL.**	Presque tous les habitants appartiennent au culte évangélique ou luthérien. Tous les cultes sont libres. INSTRUCTION. Il y a 112 écoles primaires, 1 école primaire normale, 1 gymnase, 1 lycée, plusieurs écoles d'arts et métiers et 1 pépinière centrale.
FINANCES	DÉPENSES (liste civile, 529.100 fr.) : 2.779.451 fr. — RECETTES : 2.779.451 fr. — DETTE : 2.889.952 fr.
GUERRE	L'ARMÉE fait partie du IVe corps d'armée impériale (env. 1.500 h.).
VILLES PRINCIP.	Altenbourg, 22.263 hab., Rounebourg, 6.224 hab., Eisenberg, 5.509 hab.
SUPERFICIE	1.521 kil. carrés dont 711 kil. carrés en terre arable, 107 en prés et 598 en forêts (110 hab. par kil. carré).
POPULATION	145.844 hab. Selon les cultes (1871) : 141.901 protestants, 195 catholiques, 10 israélites et 18 d'autres cultes.

(DUCHÉ) SAXE-COBOURG-GOTHA (CAP. GOTHA ET COBOURG)

CLIMAT	La température moyenne est de + 7°.76 ; moyenne de l'été, + 16°.65 ; de l'hiver, — 1°.49. PLUIE. La moyenne de pluie qui tombe annuellement est de 61 cent.
GOUVNEMENT **CHEF DE L'ÉTAT** **POUV. EXÉCUT.** **POUV. LÉGISL.**	CHEF DE L'ÉTAT. Ernest II, duc, né en 1818, avèn. 1844 (Alexandrine, duchesse, née en 1820). Le duché est composé de deux territoires séparés (Cobourg et Gotha) et forme une monarchie constitutionnelle et héréditaire. LE POUVOIR EXÉCUTIF s'exerce par le duc, qui est assisté d'un ministère responsable. LE POUVOIR LÉGISLATIF est entre les mains du duc et de la diète. La *diète particulière* de Cobourg se compose de 11 membres et celle de Gotha de 19 membres. Pour des affaires communes, ces 30 membres forment une *diète commune*. Tout citoyen âgé de 25 ans, d'une réputation intacte et payant un impôt direct, est électeur. Les électeurs âgés de 30 ans sont éligibles. Les députés sont élus pour 4 ans. La diète commune se réunit alternativement à Cobourg et à Gotha. MINISTÈRES : *Ministre d'État en chef et président de la section de Gotha. Président de la section de Cobourg, département de la maison et de la cour du duc, et 3 conseillers d'État.*
JUSTICE	La *Cour suprême d'appel d'Iéna* forme la troisième instance ; la *Cour d'appel de Gotha*, la deuxième instance. La première est représentée par 2 *tribunaux d'arrondissement* et par les 17 *sous-tribunaux, justices de paix* (justizämter).
CULTES **INSTR. PUBL.**	Le culte protestant compte 2 *superintendants* généraux avec 20 *éphories* dirigées chacune par un superintendant. Les cultes sont libres. Les protestants sont les plus nombreux. INSTRUCTION. Chaque commune possède au moins 1 école primaire. Il y a 2 écoles *normales primaires*, 1 *Realschule*, 1 collège, 2 gymnases et 8 écoles industrielles. Pour l'instruction supérieure, on contribue à l'entretien de l'université d'Iéna.
INTÉRIEUR	Le pays est partagé administrativement en 4 *préfectures*, 7 *comités urbains* et 3 *districts*.
FINANCES **DÉPENSES** **RECETTES**	COBOURG. — DÉPENSES : 1.166.980 fr. — RECETTES : 1.651.582 fr. — DETTE : 4.687.500 fr. GOTHA. — DÉPENSES : 4.514.894 fr. — RECETTES : 5.669.276 fr. — DETTE : 8.711.519 fr.
GUERRE	L'ARMÉE fait partie du XIe corps d'armée impériale (env. 2.000 h.).
VILLES PRINCIP.	Gotha, 22.928 hab. ; Cobourg, 14.567 hab. ; Ohrdurf, 5.579 hab. ; Waltershausen, 4.457 hab.
SUPERFICIE	1.968 kilomètres carrés dont le territoire de Cobourg 562 et celui de Gotha 1.406 (92 hab. par kil. carré).
POPULATION	182.599 hab. savoir : dans Cobourg, 54.507, et dans Gotha, 128.092. Selon les cultes (1871), 172.786 protestants, 1.265 catholiques, 19 israélites et 27 autres cultes.

(DUCHÉ) SAXE-MEININGEN (CAP. MEININGEN)

CLIMAT	La température moyenne est de + 8°.11, moyenne de l'été + 17°.55, de l'hiver — 1°.71. PLUIE. La moyenne de pluie qui tombe annuellement est de 62 cent.
GOUVNEMENT **CHEF DE L'ÉTAT** **POUV. EXÉCUT.** **POUV. LÉGISL.**	CHEF DE L'ÉTAT. Georges II, duc, né en 1826, avèn. 1866 (Bernard, prince héréd., né en 1851). Monarchie constitutionnelle et héréditaire. LE POUVOIR EXÉCUTIF s'exerce par le duc qui est assisté d'un ministère. LE POUVOIR LÉGISLATIF est partagé entre le duc et la DIÈTE qui se compose de 24 membres ; 4 sont élus par les principaux propriétaires ; 4 par les plus imposés, 16 par les autres habitants. Les représentants des propriétaires sont élus directement, les autres à deux degrés ; tous pour 6 ans. Pour être éligible il faut être âgé de 30 ans et appartenir à l'un des cultes chrétiens. 5 MINISTÈRES : *les ministères de la maison du duc et des affaires étrangères, des finances, de la justice, des cultes et de l'instruction publique, de l'intérieur.*
JUSTICE	La *Cour suprême d'appel d'Iéna* forme la dernière instance, le *tribunal d'appel* est à Hildbourghausen.
CULTES	Tous les cultes sont libres. Le culte protestant est le culte dominant.
INSTRUC. PUBLIQUE	286 *écoles primaires chrétiennes* et 8 *écoles primaires israélites*, 2 *lycées*, 2 *collèges*. Le pays contribue à l'entretien de l'*université d'Iéna.*
INTÉRIEUR	Le pays est divisé en 11 DISTRICTS et 580 communes.
FINANCES	DÉPENSES : 4.742.050 fr. (liste civile 492.857). RECETTES : 5.279.550 fr. DETTE : 15.822.779 fr. (dont ch. de fer 9.055.250).
GUERRE	L'ARMÉE fait partie du XIe corps d'armée impériale (env. 2.100 h.).
VILLES PRINCIP.	Meiningen, 9.521 hab. ; Saalfeld, 7.428 hab. ; Sonneberg, 7.322 hab. ; Hildbourghausen, 5.162 hab.
SUPERFICIE	2.468 kil. carrés dont 954 en forêts (79 hab. par kil. carré).
POPULATION	194.494 hab. Selon les cultes (1871). Protestants, 181.964 ; catholiques, 1.565 ; israélites, 1.628 ; autres cultes, 195.

(GRAND-DUCHÉ) SAXE-WEIMAR-EISENACH (CAP. WEIMAR)

CLIMAT	La température moyenne est de + 8°.75 ; moyenne de l'été + 17°.85 ; de l'hiver — 1°.41. PLUIE. La moyenne de pluie qui tombe annuellement est de 57 cent.
GOUVNEMENT **CHEF DE L'ÉTAT** **POUV. EXÉCUT.** **POUV. LÉGISL.**	CHEF DE L'ÉTAT. Charles-Alexandre, grand-duc, né en 1818, avèn. 1853. (Sophie, grande-duchesse, née en 1824 ; Charles-Auguste, grand-duc héréditaire, né en 1844). Monarchie constitutionnelle héréditaire. LE POUVOIR EXÉCUTIF est entre les mains du grand-duc qui est assisté d'un ministère responsable. LE POUVOIR LÉGISLATIF s'exerce par le grand-duc et par la *diète* qui se compose de 31 membres, dont 1 est élu par l'ordre équestre, 4 par les grands propriétaires, 5 par les personnes les plus imposées et 21 élus par les suffrages de l'ensemble des citoyens. L'élection est à deux degrés. Les électeurs primaires doivent avoir 21 ans, les élec-

ALLEMAGNE SAXE-WEIMAR-EISENACH (SUITE)

GOUVNEMENT (suite)	teurs secondaires 25 ans, et tous jouir du droit de bourgeoisie. Les députés sont nommés pour 3 ans. 5 MINISTÈRES. *Finances ; maison du Grand-Duc, cultes et justice ; intérieur et extérieur.*
JUSTICE	La justice est rendue par 5 tribunaux et par une *Cour d'appel* à Eisenach, commune pour les duchés de Saxe-Cobourg-Gotha et les principautés de Schwartzbourg et de Reuss; et en 3ᵉ instance par le *trib. suprème d'Iéna,* en commun avec les 3 duchés de Saxe, d'Anhalt, et avec les principautés de Reuss et de Schwarzbourg (Les États de la Thuringe).
CULTES	Le culte protestant domine. Tous les cultes sont libres.
INSTR. PUBL.	Chaque commune a une *école primaire* (environ 443, dont 450 écoles prim. protest.). *2 écoles primaires normales, 3 lycées, 1 Realschule* à Eisenach, et enfin l'*Université d'Iéna,* commune pour les duchés de Saxe.
INTÉRIEUR DISTRICTS	Le pays est divisé en 5 DISTRICTS (départements) administrés chacun par un directeur (préfet) secondé par un conseil général élu par les communes.
FINANCES	DÉPENSES (liste civile 1.125.000 fr.) 8.422.109 fr. — RECETTES 8.458.506 fr. — DETTE 10.424.620 fr.
GUERRE	L'armée fait partie du XIᵉ corps d'armée impériale (env. 5.700 h.).
VILLES PRINC.	Weimar 17.522, Eisenach 16.165, Apolda 12.427, Iéna 9.020, Weida 5.401.
SUPERFICIE	3636 kilom. carrés, dont en forêts 909 kilom. (80 hab. par kilom. carré.)
POPULATION	292.933 hab. Selon les cultes (1871). Protest. 275.492 ; cath. 9457 ; israélites 1120 ; autres cultes 114.

(PRINCIPAUTÉ) SCHAUMBOURG-LIPPE (CAP. BUCKEBOURG)

CLIMAT	La temp. moy. est de + 9°,01 ; moy. de l'été + 17°,06, de l'hiver + 0°,48. — PLUIE. La moy. de pluie qui tombe annuellement est de 57 centim.
GOUVNEMENT CHEF DE L'ÉTAT POUV. EXÉCUT. POUV. LÉGISL.	CHEF DE L'ÉTAT. Adolphe Georges, prince, né en 1817, avén. 1860 (Hermine, princesse, née en 1827; Georges, prince héréd., né en 1846). Monarchie constitutionnelle et héréditaire. LE POUVOIR EXÉCUTIF s'exerce par le prince, LE POUVOIR LÉGISLATIF par la diète composée de 15 membres, dont 1 dép. des chevaliers, 3 des villes, 7 des paysans, 1 du clergé, 1 de la classe lettrée et de 2 nommés par le prince. COLLÈGE SUPÉRIEUR (ministère) *gouvernement, Chambre des domaines, chancellerie de justice, Consistoire.*
JUSTICE	Cour suprême d'appel. (Voir Cour supér. de Brunswick.)
INSTR. PUBL.	Culte protestant dominant, tous les cultes libres. INSTRUCTION : 1 lycée, 4 écoles primaires supérieures, 2 écoles supérieures de filles, 38 écoles primaires et 1 école primaire normale.
FINANCES	DÉPENSES, 698.606 fr. RECETTES, 698.606 fr. DETTE, 450.000 fr.
GUERRE	L'armée fait partie du VIIᵉ corps d'armée impériale (environ 600 hommes).
CAPITALE	Buckebourg, 4832 hab.
SUPERFICIE	413 kilom. carrés, dont forêts 87 kilom. carrés (74 hab. par kilom. carré).
POPULATION	33.133 hab. Selon les cultes (1871) : Protest., 51.216 ; Cathol., 586 ; Israél., 531 ; autres cultes, 25.

(PRINCIPAUTÉ) SCHWARZBOURG-RUDOLSTADT (CAP. RUDOLSTADT)

CLIMAT	La temp. moy. est de + 8°,75, moy. de l'été + 17°,85, de l'hiver — 1°,41. — PLUIE. La moy. de pluie qui tombe annuellement est de 57 centim.
GOUVERNEM. CHEF DE L'ÉTAT POUV. EXÉCUT. POUV. LÉGISL.	CHEF DE L'ÉTAT. Georges-Albert, prince né en 1838, avén. 1869. Monarchie constitutionnelle et héréditaire. LE POUVOIR EXÉCUTIF s'exerce par le prince assisté d'un ministère responsable. LE POUVOIR LÉGISLATIF est entre les mains de la DIÈTE composée de 16 membres, dont 4 élus par les personnes les plus imposées et 12 par le suffrage universel. La durée du mandat est de 6 ans. 3 MINISTÈRES.
JUSTICE	Cour suprême d'appel à Jéna et 1 Cour d'appel à Eisenach. (V. Saxe-Weimar.)
CULTES INSTR. PUBL.	Le culte protestant domine, tous les cultes sont libres. INSTRUCTION : 1 *gymnase,* 1 *Realschule,* 1 école supérieure *de filles,* 2 écoles primaires normales et des écoles élémentaires dans toutes les communes. L'instruction primaire est obligatoire.
FINANCES	DÉPENSES (liste civile et apanages 531.235 fr.) 2.224.415. RECETTES 2.242.595 fr. DETTES 5.621.280 fr.
GUERRE	L'armée fait partie du IVᵉ corps d'armée impériale (environ 1000 hommes).
VILLES PRINC.	Rudolstadt 7.638, Frankenhausen 5.500.
SUPERFICIE	942 kilom. carr., dont 585 kilom. carr. en forêts (81 hab. par kilom. carré).
POPULATION	76.676 hab. ; selon les cultes (1871) Protest., 75.291 ; cathol., 196 ; israélites. 119.

(PRINCIPAUTÉ) SCHWARZBOURG-SONDERSHAUSEN (CAPITALE SONDERSHAUSEN)

CLIMAT	La temp. moyenne est de + 8°,41, moyenne de l'été + 17°, de l'hiver — 0°,58. — PLUIE. La moyenne de pluie qui tombe annuellement est de 53 cent.
GOUVERNEM. CHEF DE L'ÉTAT POUV. EXÉCUT. POUV. LÉGISL.	CHEF DE L'ÉTAT : Gonthier-Frédéric-Charles II, prince, né en 1801, avén. 1835. (Charles, prince héréditaire, né en 1830). Monarchie constitutionnelle et héréditaire. LE POUVOIR EXÉCUTIF s'exerce par le prince, le POUVOIR LÉGISLATIF par la diète, composée de 15 membres, dont 5 sont nommés par le Prince, 5 sont élus par les plus imposés et 5 par des élections générales. 3 Mini-tères.
JUSTICE	(Voir Saxe-Weimar.) Il y a en outre 2 *trib. de cercles* (Sondershausen, Arnstadt).
CULTES INSTR. PUBL.	Presque tous les habitants sont protestants. Tous les cultes sont libres. INSTRUCTION : 118 écoles élémentaires, 1 école normale primaire, des écoles primaires sup., 1 école sup. de filles, 2 *Realschulen* et 2 gymnases.
INTÉRIEUR	Le pays est divisé en 4 DISTRICTS : Sondershausen, Ebeleben, Arnstadt et Gehren.
FINANCES	DÉPENSES, 2.689.182 fr. (Liste civile, 581.700 fr., rente des domaines). RECETTES, 2.705.927 fr. DETTE, 4.541.227 fr.
GUERRE	L'armée fait partie du IVᵉ corps d'armée impériale (environ 850 hommes).
VILLES PRINC.	Sondershausen, 5.725 hab. ; Arnstadt, 9.243 hab. ; Greussen, 5.154 hab.

ALLEMAGNE — SCHWARZBOURG-SONDERSHAUSEN (SUITE)

SUPERFICIE	862 kil. carrés, dont 252 kil. carrés en forêts (78 hab. par kil. carré).
POPULATION	67,480 hab. Selon les cultes (1871). Protest. 66,824 ; cath. 176 ; israél. 186.

(PRINCIPAUTÉ) WALDECK (CAP. AROLSEN)

CLIMAT	La temp. moyenne est de +8°,69 ; moy. de l'été +16°,27, de l'hiver —0°13. PLUIE. La moyenne de pluie qui tombe annuellement est de 58 cent.
GOUVMENT / **CHEF DE L'ÉTAT** / **POUV'EXÉCUTIF** / **POUV' LÉGISL.**	CHEF DE L'ÉTAT : Georges V, prince né en 1831, avén. 1845, majeur 1852 (Hélène, princesse née en 1831 ; Frédéric, prince héréd., né en 1865). Monarchie constitutionnelle et héréditaire. En vertu d'une convention conclue en 1867, par le prince avec la Prusse, et approuvée par les États, la principauté de Waldeck-Pyrmont est administrée par la Prusse depuis 1868. La DIÈTE se compose de 15 députés élus par le suffrage universel à deux degrés.
JUSTICE	La cour sup.: *Le tribunal de Berlin, la cour d'appel de Cassel.*
CULTES / **INST. PUBLIQUE**	Tous les cultes sont libres, presque tous les habitants sont protestants. INSTRUCTION. 127 *écoles primaires*, 1 collège et 4 lycées.
INTÉRIEUR	Le pays est divisé en 4 CERCLES : Twiste, Eisenbourg, Eder et Pyrmont.
FINANCES	DÉPENSES : 1.172.378 fr. (Inst. et cultes, 102.556). — RECETTES : 1.172.378 fr. — DETTE : 3.169.500 fr.
GUERRE	L'armée fait partie du XI° corps d'armée impériale (env. 870 hommes).
VILLES PRINC.	Arolsen 2,460 hab., Pyrmont 4,567, Korbach 2,411 hab.
SUPERFICIE	1.135 kil. carrés, dont 444 kil. carrés en forêts (48 hab. par kil. carré).
POPULATION	54.711 hab. selon les cultes (1871). Protest. 52.542, cath. 1.305. israél. 834, et autres cultes 30.

(ROYAUME) WURTEMBERG (CAP. STUTTGART)

CLIMAT	La tempér. moy. est de +10°,19, moy. de l'été +18°,89, de l'hiver +0°,71. PLUIE. La moyenne de pluie qui tombe annuellement est de 62 cent.
GOUVNEMENT / **CHEF DE L'ÉTAT** / **POUV'EXÉCUTIF** / **POUV' LÉGISL.**	CHEF DE L'ÉTAT, Charles I, roi, né en 1823, avén. 1864 (Olga, reine, née en 1822). Le Wurtemberg est une monarchie constitutionnelle et héréditaire pour les deux sexes. LE POUVOIR EXÉCUTIF est entre les mains du roi, assisté d'un ministère responsable. LE POUVOIR LÉGISLATIF s'exerce par le roi et les *États* qui se divisent en deux chambres. *La première (chambre des seigneurs)* se compose des princes du sang, des princes médiatisés, des représentants des territoires ou propriétés dont le possesseur jouissait du droit de vote sous le régime de l'empire germanique, enfin des personnes auxquelles le roi confère la pairie viagère ou héréditaire. Le nombre des pairs nommés par le roi ne peut dépasser le tiers de l'ensemble des membres. *La deuxième chambre (chambre des députés,* 96 membres) comprend 13 représentants de l'ordre équestre, élus par cet ordre parmi ses membres, les 6 superintendants généraux protestants, l'évêque et 5 prêtres catholiques, le chancelier de l'université de Tubingen, 1 député de chacune des 7 principales villes du royaume et 65 députés des bailliages ou circonscriptions. Les députés élus sont nommés pour 6 ans, ils doivent être âgés de 30 ans, mais il n'y a pas de condition de cens. Tous les citoyens majeurs qui payent une contribution directe sont électeurs primaires ; chaque commune choisit parmi ses habitants, inscrits sur les listes électorales, des électeurs secondaires dans la proportion de 1 électeur secondaire sur 7 citoyens, mais de façon à ce que les deux tiers des électeurs secondaires soient pris parmi les contribuables les plus imposés et un tiers parmi les autres. L'administration du pays est confiée à un *conseil privé* (15 membres, dont les 6 ministres actuels). 6 MINISTÈRES : *les ministères de la Justice, des Affaires étrangères et de la Maison du roi, de l'Intérieur, des Affaires ecclésiastiques et scolaires, des Finances et de la Guerre.*
JUSTICE	La justice est divisée en 3 instances : 1re instance, *les trib. des bailliages;* 2° instance, les 4 *trib. d'appel* (un dans chaque cercle (voir la table) ; 3° instance, le *tribunal supérieur.*
CULTES	Le roi est l'évêque supérieur. Le culte protestant est administré par le *consistoire* de Stuttgart qui se constitue en synode par l'adjonction de 6 superintendants généraux. Les catholiques ont un évêque à Rottenbourg. Les israélites forment 12 circonscriptions rabbiniques.
INSTRUCT. PUBLIQUE	L'instruction primaire est obligatoire pour les enfants de 6 à 14 ans. Chaque localité ayant 30 familles doit avoir une *école primaire;* l'État vient en aide aux localités pauvres. 5 *écoles normales primaires.* dont 1 catholique. L'instruction secondaire compte 6 *grands gymnases,* 4 *lycées* (petits gymnases), 8 *Realschulen supérieures,* 55 *Realschulen inférieures.* Pour l'instruction supérieure il y a une *université à Tubingen* qui compte 6 facultés. Il existe en outre un grand nombre d'écoles spéciales.
INTÉRIEUR / **CERCLES**	Le pays est administrativement partagé en 4 GOUVERNEMENTS DE CERCLES subordonnés au conseil privé. Au dessous de ces gouvernements fonctionnent 65 *grands baillis (Oberamtmann);* la ville de Stuttgart a une administration séparée. On compte 1,915 *communes* administrées chacune par un *maire* assisté d'un *conseil municipal* et d'une *députation de la bourgeoisie.*

FINANCES / **DÉPENSES** / **DETTE** / **RECETTES**

DÉPENSES	FR.	RECETTES	FR.
Liste civile et apanages	2 048.622	Impôts directs	11.500.337
Cultes et instruction publique	7.384.182	— indirects	9.749.579
Ministères, Dette publique, etc.	37.573.615	Divers	3.155.136
		Biens de l'État (dont Ch. de fer 12.512.300, Postes 305.527, Télégraphes 2.500)	22.601.347
Total	47.006.419		
DETTE (dont p. les Ch. de fer 361.000.000)	424.557.465	Total	47.006.419

POSTES : Bureaux 490. Lettres 60.648.640. TÉLÉGRAPHES : Bureaux 517. Lignes 2.419 kil.

GUERRE / **ARMÉE**	L'armée wurtembergeoise forme le XIII° corps d'armée (26° et 27° divisions) dans l'armée impériale. *Sur pied de paix: Infant.* 24 bat., 12,257 hom.; landw., 17 bat. *Total inf.,* 12,547 hom. *Caval.,* 20 escad., 2,712 h.; *Artill.,* 14 bat., 4,588 hom.; 4 comp., 422 hom. *Total artill.:* 1,810 hom.; *Pionniers,* 4 comp., 458 hom.; *Train* 2 comp., 210 hom. *Total de l'armée sur pied de paix:* 17,737 hom.; *sur pied de guerre: Infant.,* 48,088 hom.; *Caval.,* 4.880 h.; *Art.,* 6,711 h.; *Pionn.,* 1,508 h.; *Train,* 2,725 h. *Tot. de l'armée sur pied de guerre:* 65,910 h.
VILLES PRINC. / HAB. PAR MILLE	Stuttgart 107, Ulm 30, Heilbronn 21, Esslingen 20, Reutlingen 15, Canstatt 15, Ludwigsburg 15, Gmund 15. Tubingen 10, Ravensburg 10.
SUPERFICIE	19,504 kil carrés, dont en terre arable 8,279 k. c., en prés et pâturages 5,618 k. c., en jardins et vignes 644 k. c., et en forêts 5,961 k. c. (env. 9 hab. par kil. carré).
POPULATION	1,881,505 habit. Selon les cultes (1871) ; 1,248,860 protest.; 555,542 cathol.; 25,575 israél.; 3,858 d'autres cultes.

TABLE ADMINISTRATIVE

Cercles...	k. c.	popul.	hab. kil.	trib. d'ap.
Neckar....	3527	587.854	182.1	Esslingen
Forêt-Noire	5159	454.937	88.5	Tubingen
Jaxt......	4775	390.705	81.8	Ellwangen
Danube....	6265	448.051	71.5	Ulm

ALLEMAGNE (SUITE)

(VILLE LIBRE) LUBECK (HANSÉATIQUE)

CLIMAT	La température moyenne est de + 8° Moyenne de l'été + 16°; de l'hiver + 0°.	**PLUIE** La moyenne de pluie qui tombe annuellement est de 72 centimètres.

GOUVNEMENT / **POUV. EXÉCUT.** / **POUV. LÉGISLAT** Le POUVOIR EXÉCUTIF est exercé par le Sénat composé de 14 membres élus par les citoyens et qui doit compter au moins 6 légistes et 5 négociants. Le POUVOIR LÉGISLATIF est entre les mains du Sénat et de la Bourgeoisie, qui se compose de 120 membres élus par les citoyens; tous les électeurs sont éligibles. Elle se réunit six fois par an; un comité de 30 membres élus dans son sein, pour 2 ans, s'assemble tous les 15 jours pour préparer la discussion et décider les affaires d'administration. Parmi les sénateurs, 12 sont à la tête des départements de l'administration.

JUSTICE La Cour suprême d'appel pour les 3 villes libres se compose d'un président nommé en commun par le Sénat des 3 villes et par 6 conseillers, nommés : 3 par Hambourg, 2 par Brême et 1 par Lubeck. 1 chambre de commerce. Pour Lubeck, en particulier, on a une Cour suprême pour les causes civiles et criminelles.

CULTES Tous les cultes sont libres, la plus grande partie des habitants sont protestants (luthériens).

INTERIEUR Lubeck se compose de la ville et des faubourgs, des districts de la campagne et d'une partie de Bergedorf.

FINANCES DÉPENSES 3.315..561. — RECETTES 3.315.551. — DETTE 30.586.710.

GUERRE L'ARMÉE fait partie du IX⁰ corps de l'armée impériale (environ 700 hommes).

MARINE MARCH. 42 navires, jaugeant 8.058 tonnes, dont 22 vapeurs, avec 1.209 chevaux, jaugeant 4.409 tonnes.

SUPERFICIE 283 kilom. carrés (201 habit. par kilom. carré). ‖ **POPULATION** (1875) 55.912 dont la ville 44.799 habit.

RÉPARTITION ÉGALE DES IMPOTS ET DE LA DETTE
SUR CHAQUE HABITANT

PAYS	TOTAL des IMPOSITIONS	IMPOSITIONS DIRECTES	IMPOSITIONS INDIRECTES	0/0 DES IMPOTS DIRECTS	0/0 DES IMPOTS INDIRECTS	DETTE
	Francs	Francs	Francs	Pour 100	Pour 100	Francs
FRANCE	62.» »	16.28	45.72	26	74	612.5
GRANDE-BRETAGNE	50.73	5.01	45.72	10	90	599.7
ÉTATS-UNIS	44.10	2.45	41.65	6	94	355.3
PAYS-BAS	43.66	13.51	30.15	31	69	535.0
AUTRICHE	35.77	10.78	24.99	30	70	276.3
ITALIE	32.43	14.30	18.13	44	56	372.4
BELGIQUE	26.05	7.95	18.10	30	70	143.0
BRÉSIL	25.57	1.96	23.61	8	92	168.5
DANEMARK	25.99	5.69	18.30	23	77	176.4
PORTUGAL	23.22	6.95	16.27	29	71	608.5
TURQUIE	21.87	4.27	17.60	24	76	254.4
BADE	21.65	7.35	14.30	33	67	254.8
WURTEMBERG	20.77	8.03	12.74	39	61	215.6
SUÈDE	19.60	5.02	14.58	26	74	42.0
HONGRIE	18.81	6.07	12.74	33	67	146.0
PRUSSE	18.70	7.50	11.20	40	60	64.8
RUSSIE	17.93	4.45	13.48	25	75	106.8
BAVIÈRE	17.73	4.50	13.25	26	74	160.7
NORVÉGE	16.87	—	16.87	—	100	24.5
ESPAGNE	16.10	9.29	6.81	58	42	71.5
GRÈCE	15.97	7.35	8.62	47	53	144.0
SUISSE	15.40	4.90	10.50	39	61	63.7
SAXE	15.09	4.50	10.59	50	70	166.6
SERBIE	8.56	6.26	2.50	73	27	—

QUANTITÉ DE TABAC CONSOMMÉ PAR 100 HABITANTS POUR CHAQUE PAYS DE L'EUROPE

SUÈDE	54 kilog.		DANEMARK	100 kilog.
ESPAGNE	49 —		NORVÉGE	102 —
ITALIE	57 —		AUTRICHE	125 —
ANGLETERRE	62 —		ALLEMAGNE	150 —
FRANCE	81 —		PAYS-BAS	200 —
RUSSIE	83 —		BELGIQUE	250 —
HONGRIE	94 —			

AUTRICHE-HONGRIE

EMPIRE AUTRICHE [Osterreich] (CAP. VIENNE [WIEN])

SITUATION ASTRONIQUE	42°,10' — 51°,05' lat. N. 17°,15' — 24°,10' long. E.	**CLIMAT**	La température moyenne à Vienne est de + 10°, et à Prague + 9°,40.

GOUVNEMENT

CHEF DE L'ÉTAT

POUVOIR EXÉC.

POUVOIR LÉGIS.

CHEF DE L'ÉTAT, François-Joseph Ier, empereur d'Autriche, roi de Hongrie, né en 1830 (maison de Habsbourg-Lorraine), avènement 1848 (Élisabeth, impératrice-reine, née en 1837; Rodolphe, prince impérial héritier, né en 1858). L'Empire austro-hongrois est une monarchie constitutionnelle et héréditaire. La succession a lieu par ordre de primogéniture et en donnant la préférence aux mâles. L'Autriche et la Hongrie ont pleine et entière autonomie pour toutes les matières qui n'ont pas été expressément déclarées communes. Sont communes : les affaires étrangères et l'armée, ainsi que les finances se rapportant à ces deux services. Le *ministère commun* est donc composé de 3 *membres : les ministres des Affaires étrangères, de la Guerre et des Finances.* Le *ministère commun* est responsable. Aucun ministre ne peut faire partie à la fois du ministère commun et d'un ministère territorial. Les affaires communes sont réglées par des *délégations* parlementaires. Chaque parlement nomme tous les ans 60 membres, dont 20 de la chambre des Seigneurs ou des Magnats. (Pour la répartition des 40 membres nommés par la 2° chambre, voir la *Table administrative.*) Le pouvoir EXÉCUTIF est entre les mains de l'empereur.

Le POUVOIR LÉGISLATIF est partagé entre l'empereur et le parlement autrichien, dit *Conseil de l'empire* (Reichsrath), qui se compose de deux chambres (Häuser) : chambre des Seigneurs (pairs), et chambre des Représentants (députés). La *chambre des Seigneurs* est composée : 1° par droit de naissance, des princes impériaux (15) et des chefs des grandes familles auxquelles l'empereur a conféré la dignité de pair héréditaire (34); 2° en vertu de leurs fonctions, des archevêques (10) et des évêques (7) ayant le rang de prince ; 3° en vertu d'une nomination à vie des personnes qui, par leur mérite ou par les services qu'elles ont rendus à l'État, ont acquis des titres à la reconnaissance de l'empereur ou du pays (107), total : 191 membres. La *chambre des Représentants* se compose de 353 membres élus par les chambres provinciales, partagées en 4 classes d'électeurs de chaque pays (grands propriétaires, villes, commerce, districts ruraux). Les représentants des campagnes (districts ruraux) sont seuls élus à deux degrés (1 électeur secondaire par 500 habitants); les autres sont nommés directement par les électeurs primaires. Tout citoyen autrichien majeur, jouissant de ses droits civils et âgé de 30 ans est électeur. De plus, les électeurs et les éligibles sont soumis à des conditions de cens qui varient selon les pays. CONSEIL DES MINISTRES, 10 membres : le président du conseil, les ministres de la Justice, de l'Intérieur, des Cultes et de l'Instruction publique, de la défense du pays (Guerre et Marine), du Commerce et de l'Économie nationale, des Finances, de l'Agriculture, et 2 ministres sans portefeuille.

JUSTICE

La COUR SUPRÊME DE JUSTICE ET DE CASSATION siège à Vienne (juge en troisième ressort). La seconde instance est formée par 9 *cours d'Appel* (voir la table). La première instance est représentée par des cours composées de plusieurs juges et par des tribunaux n'ayant qu'un seul juge. L'Autriche a encore des juridictions spéciales, telles que la cour du *Grand-Maréchal* (Obersthofmarschallamt), les *tribunaux militaires*, les *tribunaux de commerce*, les *tribunaux maritimes*, les *prud'hommes des marchés*, etc.

CULTES

Toutes les religions reconnues par l'État sont protégées par le gouvernement. Les évêques du *culte catholique romain* sont nommés par le pape, sur la proposition de l'empereur. On compte 13 *archevêques* et 31 *évêques* du rite latin, dont 26 dans l'État autrichien et 25 dans l'État hongrois ; 2 archevêques et 7 évêques du rite grec ; 1 archevêque catholique du rite arménien. En 1861, on comptait 32.562 prêtres séculiers, de plus, 9.784 religieux dans 720 couvents d'hommes, et 5.198 religieuses dans 298 couvents de femmes. L'Église *grecque non unie* a pour chef le patriarche de Carlowitz : elle compte 10 *évêques*, dont 2 en Autriche et 8 en Hongrie, 5.800 prêtres et 40 couvents avec 258 religieux. L'Église protestante évangélique est dirigée par 19 *surintendants*, dont 9 en Autriche et 10 en Hongrie. Les autres cultes reconnus en Autriche-Hongrie sont les *unitaires*, qui habitent surtout la Transylvanie, et les *israélites* dirigés par leurs *rabbins*.

INSTRUCT.

PUBLIQUE

L'instruction primaire est obligatoire pour les enfants âgés de 6 à 12 ans, et les dépenses sont supportées par *l'État, les communes ou des fondations*, et par la rétribution scolaire des enfants appartenant à des parents aisés. Les *écoles primaires* sont divisées en inférieures, supérieures et urbaines. Il y a au moins 1 école primaire inférieure dans chaque commune rurale ou urbaine. Les écoles primaires supérieures ne se trouvent que dans les villes. L'Autriche compte 15.200 écoles primaires avec 1.829.000 élèves, et 15.400 instituteurs ou institutrices; la Hongrie 14.500 écoles primaires avec 1.255.000 élèves (1872), et 28.000 instituteurs ou institutrices. Sachant lire et écrire, dans la Basse-Autriche 84 °/₀; en Silésie 70 °/₀; en Bohême 61 °/₀; en Moravie 46 °/₀; dans le Tyrol 37 °/₀; en Hongrie 26 °/₀; en Croatie 15 °/₀; en Transylvanie 9 °/₀; en Galicie 5 °/₀; en Carniole 4 °/₀; en Dalmatie 1 °/₀. Les *écoles secondaires* se divisent en *gymnases* (lycées) et en *Realschulen* qui ont quelque analogie avec les écoles secondaires spéciales. L'Autriche compte 145 écoles secondaires (dont 94 gymnases et 51 Realschulen) avec 27.700 élèves; la Hongrie, 146 écoles secondaires avec 29.400 élèves. L'*instruction supérieure* est donnée dans les universités, dans les écoles polytechniques et dans les écoles spéciales. Il y a 7 universités en Autriche-Hongrie. Celles de Vienne, Prague, Budapest et Cracovie ont 4 facultés (théologie, droit, médecine, philosophie); celles de Lemberg, Gratz et Insbruck n'ont pas la faculté de médecine. Les universités comptent environ 600 professeurs et 9.000 étudiants. Il y a 7 écoles polytechniques qui comptent environ 240 professeurs et 5.000 élèves. *Écoles spéciales :* 2 facultés de théologie et 120 séminaires avec 5.500 étudiants, etc. De plus, 5 académies administratives; 7 écoles de chirurgie; 16 écoles secondaires d'agriculture avec environ 500 élèves; 5 écoles forestières avec environ 100 élèves; 1 institut agricole avec environ 150 élèves; 1 académie forestière; plusieurs écoles des mines (Leoben, Pribram, etc.); 60 écoles industrielles et commerciales avec environ 5.500 élèves; 5 académies de commerce (Vienne, Prague et Budapest); 70 écoles des beaux-arts; 20 écoles militaires et 9 maisons d'éducation militaire, école navale, etc., etc.

INTÉRIEUR

PAYS

PROVINCES

BIENFAISANCE

L'Autriche se compose de 14 pays différents réunis sous la souveraineté de la maison de Habsbourg (voir la table) et formant l'empire d'Autriche. La Hongrie comprend le royaume de Hongrie et les pays de la couronne de Hongrie : ces deux puissances forment l'Empire AUSTRO-HONGROIS. Les provinces du pays sont administrées par des *gouverneurs* (basse et haute Autriche, Bohême, Moravie, Styrie, Dalmatie), et par des *présidents du pays* (Salzbourg, Carinthie, Carniole, Silésie, Bukovine). En Galicie il y a un gouverneur général auquel les autorités provinciales de Lemberg et de Cracovie sont subordonnées. Les provinces sont subdivisées soit seulement en districts (arrondissements), soit en cercles (départements) composés de plusieurs districts. Les communes sont représentées par un conseil municipal élu pour trois ans.

BIENFAISANCE. L'assistance publique est dans les attributions de la commune, et l'État n'intervient que si les ressources locales sont insuffisantes. L'administration de la charité est confiée au bureau des pauvres dans chaque province. On compte 330 hôpitaux civils ; 159 hôpitaux militaires; 40 asiles d'aliénés; 40 maisons d'accouchement; 55 hospices d'enfants trouvés. Le système de l'assistance publique comprend encore des maisons de travail qui se divisent en deux classes : dans les unes le travail est volontaire, dans les autres le travail est forcé. Ces établissements sont entretenus par les provinces.

FINANCES

DÉPENSES

RECETTES

BUDGET COMMUN POUR TOUTE LA MONARCHIE			
DÉPENSES	Fr.	RECETTES	Fr.
Affaires étrangères.	10.844.950	Recettes diverses.	14.449.525
Guerre 253.400.402 Marine 23.525.475. .	276.925.957	— nettes des douanes.	27.500.000
Finances.	4.658.800	Quotes-parts matriculées.	250.779.147
Cour des comptes.	518.785		
Total.	292.728.472	Total.	292.728.472

AUTRICHE (SUITE)

BUDGET POUR L'AUTRICHE

FINANCES — DÉPENSES — RECETTES — DETTE — MONNAIES

DÉPENSES	Fr.	RECETTES	Fr.
Liste civile	11.625.000	Finances (impôts directs 219.487.500 ; impôts indirects 567 276.000 ; ch. de fer 244 220.	795.974.470
Finances	181.781.975	Com⁰ (post⁸ 37 500.000 ; télég⁸ 7.250.000).	47.050.000
Commerce (postes 37.575.000 ; télégraphes 9.425.000).	55.615.280	Agriculture	25.764.925
Agriculture	27.725.525	Intérieur	2.761.000
Intérieur	44.280.250	Défenses du pays	89.235
Défense du pays	20.966.250	Cultes et instruction publique	16.384.215
Cultes et instruction publique (instruction publique 22.399.500)	43.144.560	Justice	982.750
Justice	53.536.625	Conseil des ministres	1.094.500
Conseil des ministres	1.865.750	Recettes diverses	51.493.447
Dette publique	270.397.960	**Total**	**941.594.542**
Part dans les dépenses communes	202.526.995		
Pensions. Dot. Diète, etc.	100.654.515		
Total	**1.015.925.685**		

DETTE COMMUNE POUR TOUT L'EMPIRE

	Fr.
Dette consolidée	6.843.270.527
Dette flottante	251.544.485
Rachat de rentes foncières	496.565.427
Total	**7.591.578.259**

MONNAIES. Or, pièce de 8 florins = 20 fr. ; de 4 fl. = 10 fr. Argent, fl. de 100 neu-kreutzers = 2 fr. 47 ; pièces de 25, 10, 5 neu-kreutzers en proportion. Cuivre, 4, 1 et 1/2 neu-kreutzers en proportion.

Le service militaire est obligatoire pour tout citoyen propre à porter les armes et ayant atteint l'âge de 20 ans. Le remplacement n'est plus admis. La durée du service est de 12 ans, dont 3 dans la ligne, 7 dans la réserve et 2 dans la landwehr. Les jeunes gens qui, à cause de leur numéro élevé, n'ont pas été appelés dans l'armée active, servent pendant 12 ans dans la landwehr, et les jeunes gens qui prouvent avoir reçu une instruction supérieure sont en droit de servir un an seulement dans l'armée active, pour rester 9 ans dans la réserve et 2 ans dans la landwehr. — DIVISIONS MILITAIRES. La monarchie est divisée en 81 DISTRICTS DE RECRUTEMENTS, dirigés par des commandants de districts, lesquels effectuent l'appel aux drapeaux et le recrutement de l'armée. Ils sont subordonnés aux *commandants généraux ou militaires* qui sont à la tête de 16 CIRCONSCRIPTIONS TERRITORIALES.

GUERRE — ARMÉE — DIVISIONS MILITAIRES — MARINE DE L'ÉTAT — MARINE MARCHANDE

L'armée active	Officiers.	Hommes.	Chevaux.
État-major, etc.	1.022	1.778	—
Gardes	116	540	92
Infanterie, 400 bataillons	6.880	141.440	7
Chasseurs tyrol., 7 bataillons	151	3.612	15
Chasseurs, 53 bataillons	695	16.895	66
Cavalerie, 246 escadrons	1.722	42.271	37.022
Artill. de camp⁸ 169 batt.(696 p.)	1.027	19.890	7.414
— de fort⁸ 12 batteries	556	7.422	74
Génie, 56 compagnies	244	5.484	12
Pionniers, 25 compagnies	129	2.922	6
Train, 36 escadrons	206	2.505	1.271
Troupes de santé	69	2.494	—
Établissements militaires	1.451	9.929	156
Total	**14.666**	**257.082**	**46.135**
La Landwehr			
Infant. et chasseurs, 81 bat.	509	1.629	—
Tireurs indigènes du Tyrol	62	570	24
Cavalerie	1	—	—
Total	**572**	**1.999**	**24**
La landwehr hongroise			
Garde royale	2	58	—
Infanterie	579	5.740	—
Cavalerie	80	6.520	1.580
Total	**461**	**12.318**	**1.580**
Gendarmerie	—	8.808	—
Haras	148	5.095	—
Total de l'armée⁸ pied de paix	**15.847**	**285.502**	**47.559**

MARINE DE L'ÉTAT. Les hommes de la marine ont 3 ans de service actif et restent 7 ans dans la réserve. Les recrues sont prises dans les 3 DISTRICTS DE RECRUTEMENT des provinces côtières. — SUR PIED DE PAIX on compte 483 officiers et 5.836 matelots, divisés en 2 dépôts de 6 compagnies. — SUR PIED DE GUERRE : 556 officiers et 11.552 matelots.

Vapeurs	Tonneaux.	Chevaux	Canons.
5 frégates	9.510	1.700	65
5 corvettes à pont couvert	9.500	1.660	55
3 corvettes à pont ras	4.020	690	12
5 canonnières	5.830	1.010	18
5 schooners à hélice	2.590	405	10
5 vapeurs à aubes	1.690	400	7
2 avisos	5.400	800	7
5 transports	5.700	650	6
1 nav. pour la pose de torpilles	900	250	2
1 navire d'atelier	2.150	250	2
2 yachts	1.680	420	2
2 monitors (sur le Danube)	620	160	4
9 vaisseaux école	8.250	—	50
6 hulcks	4.560	—	10
5 tenders	1.060	286	—
1 remorqueur	200	90	—
Navires blindés			
8 vaisseaux à casemates	42.950	6.750	108
4 frégates	16.500	2.600	50
68 Navires Total	**117.070**	**18.101**	**504**

L'ARMÉE SUR PIED DE GUERRE compte : dans l'armée de ligne 23.504 officiers ; 755.992 h. 148.256 chev., et 1.600 pièces ; dans la landwehr 2.916 offic., 118.626 h. et 6.070 chev. ; dans la landwehr hongroise 3.028 offic. 127.254 h. et 16.742 chev. ; dans la gendarm. 8.800 h. et dans les haras 148 offic. et 5.095 h. — TOTAL de l'armée sur pied de g⁸⁸ : 29.596 offic., 1.015.755 h. et 171.048 chev.

MARINE MARCHANDE. 7.440 *navires* jaugeant 329.220 tonnes avec 27.506 hommes d'équipage, dont 75 *vapeurs* au long cours (16.450 chevaux), jaugeant 54.880 tonnes avec 2.278 hommes d'équipage ; 25 *vapeurs* de cabotage (767 chevaux), jaugeant 1.591 tonnes avec 162 hommes d'équipage, et 7.342 *navires* à voiles, jaugeant 272.949 tonnes avec 25.066 h. d'équip.

COMMERCE — IMPORTATION — EXPORTATION — CHEM. DE FER — CANAUX — POSTES — TÉLÉGRAPHES — POIDS ET MES — PORTS

Les données sur le commerce sont communes pour tout l'Empire austro-hongrois.

IMPORTATION. 1.292.000.000 fr. (Céréales, denrées coloniales, tabac, animaux, matières textiles, métaux bruts, crins, peaux, cuirs, tissus, corderies, objets métalliques manufacturés, résines, graisses, huiles, métaux précieux, etc.)

EXPORTATION. 1.275.000.000 fr. (Objets manufacturés, quincaillerie, porcelaines, verreries, poteries, tissus, corderies, etc.; céréales, semences, denrées coloniales, animaux, etc.)

CHEMINS DE FER en exploitation 17.563 kilom., dont, en Autriche 10.707 kilom., et en Hongrie 6 656 kilom. CANAUX et FLEUVES NAVIGABLES pour tout l'empire, environ 8.055 kilomètres.

POSTES. Bureaux, dans tout l'empire, 6.074, dont en Autriche 4.126. Lettres, etc., pour tout l'empire, 519.003.000 ; dont pour l'Autriche 242.431.000 (lettres particulières 169.276.000) ; cartes postales 21.428.000 ; lettres officielles 26.255.000 ; imprimé 19.794).

TÉLÉGRAPHES. Bureaux pour tout l'empire 5.240 ; dont pour l'Autriche 2.329. Dépêches pour tout l'empire 7.527.550, dont pour l'Autriche 5 059 361. Lignes 47.170 kil., dont pour l'Autriche 52.855. — RECETTES 9.498.450 fr. pour l'empire, dont 6.857.725 pour l'Autriche. — DÉPENSES 13.257.252 fr. pour l'empire, dont 9.502.042 fr. pour l'Autriche.

POIDS ET MESURES. — (Le système métrique.)

PORTS. Trieste, Zara, Sebenico, Spalato.

VILLES PRINCIP (Voir la table.)

SUPERFICIE. PAYS AUTRICHIENS 300.191 kil. carrés. Tout l'empire compte 621 095 kil. carrés, dont en terres arables 224 656 kil. carrés, et en forêts 205.955 kil. carrés (environ 67 habitants par kilomètre) ; dans tout l'empire environ 60 habitants par kil. carré.

AUTRICHE (SUITE)

POPULAT. — *Pays autrichiens* 20.594.980 hab. (tout l'empire compte 37.700.000 h.), dont, Allemands 7.800.000 ; Tchèques, Moraves 5.000.000 ; Ruthènes 2.600.000 ; Polonais 2.500.000 ; Croates et Serbes 380.000 ; Slovènes 190.000 ; Magyares 20.000 ; Roumains 260.000 ; Italiens 650.000 ; Israélites 860.000, etc. *Selon les cultes*, 1869 : cathol. 18.740.989 ; protestants 564.262 ; Orientaux grecs et arméniens 462.719 ; unitaires 248 ; autres sectes 4.172 ; cultes non chrétiens 570. etc. *Naissances* 848.678, *mariages* 189.017, *décès* 662.929.

TABLE ADMINISTRATIVE DE L'AUTRICHE

PAYS.	KIL. CAR.	POPULAT.	HAB. P. KIL.	CH.-LIEUX	COURS D'APPEL	VILLES PRINC. HAB. PAR MILLE.
AUTRICHE (BASSE) . . .	19.824	1.990.708	100.4	Vienne.		Vienne 854.
» (HAUTE) . . .	11.996	736.557	61.4	Linz.	Vienne.	Linz 55. Steyr 13.
SALZBOURG.	7.166	153.159	21.5	Salzbourg.		Salzbourg 20.
STYRIE (STEIERMARK). .	22.454	1.157.990	51.5	Gratz.		Gratz 81. Marburg 13.
CARINTHIE (KÄRNTEN). .	10.375	337.694	32.5	Klagenfurt.	Gratz.	Klagenfurt 15.
CARNIOLE (KRAIN). . . .	9.988	466.334	46.6	Laibach.		Laibach 25.
GAERITZ, etc.	7.989	600.525	75.0	Trieste.	Trieste.	Trieste 109. Pola 10.
TYROL ET VORALBERG. .	29.527	885.789	50.2	Innsbruck.	Innsbruck.	Innsbruck 25. Trient 17.
BOHÊME (BÖHMEN). . .	51.956	5.140.544	98.9	Prague.	Prague.	Prague 190. Reichenberg 22.
MORAVIE (MÄHREN). . .	22.250	2.017.274	90.7	Brünn.	Brünn.	Brünn 74. Iglau 20.
SILÉSIE (SCHLESIEN) . .	5.148	515.352	99.5	Troppau.		Troppau 20. Bielitz 11.
GALICIE.	78.497	5.414.689	76.0	Lemberg.	Lemberg.	Lemberg 87. Brody 19.
BUKOVINE.	10.451	515.404	49.1	Czernowitz.	Cracovie.	Czernowitz 34.
DALMATIE.	12.193	456.961	55.7	Zara.	Zara.	Spalato 12. Zara 8.

ROYAUME HONGRIE [Magyar-Orszag] (CAP. BUDAPEST)

SIT. ASTR. — 44°,08' — 49°,38' lat. Nord et 12°,05' — 24°,05' long. Est.

CLIMAT — La température moyenne de Budapest est de 10°,90. c.

GOUVNEMENT / CHEF DE L'ÉTAT / POUV. EXÉCUT. / POUV. LÉGISL. — CHEF DE L'ÉTAT, FRANÇOIS-JOSEPH 1er, roi de Hongrie, empereur d'Autriche (voir *l'Autriche*). LE POUVOIR EXÉCUTIF est entre les mains du chef de l'État. LE POUVOIR LÉGISLATIF s'exerce par le chef de l'État, et la diète, qui se compose de deux chambres ou *tables*, celle des magnats et celle des représentants ou députés. La *Table des Magnats*, 756 membres, est composée de 3 archiducs royaux qui sont propriétaires dans le royaume, 21 princes, archevêques, évêques, etc. ; 12 bannerets du royaume. 55 palatins supérieurs. 4 capitaines supérieurs, 5 juges supérieurs, 1 comes saxon, 1 gouverneur de finances, 459 comtes, 192 barons, 3 régalistes de Transylvanie et 2 députés de la diète de Croatie. La *Table des Députés* comprend 444 députés, dont 334 représentent la Hongrie, 1 Fiume, 75 la Transylvanie, et 34 la Croatie et l'Esclavonie. Pour être électeur en Hongrie, il faut être âgé d'au moins 20 ans ; pour être éligible, d'au moins 24 ans et savoir le hongrois. De plus il faut posséder un immeuble d'une valeur de 750 fr. ou un revenu d'au moins 250 fr. Les députés sont élus pour 5 ans. 7 MINISTÈRES : *les ministères de la justice, des cultes et de l'instruction publique, de l'intérieur, des finances, de la défense du pays (guerre), de l'agriculture, de l'industrie et du commerce, des voies de communication.*

La diète de Croatie et d'Esclavonie est composée de l'archevêque catholique-romain, de l'évêque catholique-grec, du prieur d'Aurana, des magnats, comtes et barons et de 77 députés des villes, districts privilégiés, etc.

JUSTICE — La cour suprême est formée de la *Table des Septemvirs* qui, avec la *Table royale*, forme la CURIE ROYALE présidée par le ministre de la justice. Elle forme la dernière instance. La *Table royale* (à Budapest et à Maros-Vasarhely) est la seconde instance. Les tribunaux inférieurs sont d'une part ceux des *comitats* (Sedrien) et au-dessous d'eux les *juges de districts*, et de l'autre les *Tribunaux des villes* des districts libres. Une organisation analogue, qui constitue trois instances, est en usage en Croatie, Esclavonie et Transylvanie. Pour la Croatie et l'Esclavonie il y a une *Table septemvirale royale* et une *Table banale royale*, toutes les deux à Agram.

CULTES — Cultes et instruction publique (voir *l'Autriche*).

INTÉRIEUR / COMITATS — La Hongrie avec la Croatie, l'Esclavonie et la Transylvanie forment la *couronne de Saint-Etienne*, le ROYAUME DE HONGRIE. La Hongrie est divisée en 46 COMITATS subdivisés en *districts*, en dehors desquels on compte encore 5 arrondissements dits *districts libres*. Les chefs des comitats (*Obergespans*) sont nommés par le souverain. La Croatie est administrée par une *lieutenance*, présidée par *le ban*, elle est divisée en 7 *comitats*. La Transylvanie est divisée en *comitats* et *districts* dans la partie où les populations hongroises dominent, et en districts (*Stuhle*, siéges) dans les parties où les Allemands sont en majorité.

FINANCES / DÉPENSES / RECETTES / DETTE

DÉPENSES	FRANCS.	RECETTES	FRANCS.
Liste civile.	11.625.000	Contributions directes.	216.501.037
Intérieur.	18.855.150	» indirectes.	198.908.892
Guerre.	14.981.510	Produits des établissements de l'État.	
Cultes et enseignement.	10.075.450	(Postes 15.700.000 et télégraphes	
Justice.	23.587.480	4.026.000).	76.948.872
Agriculture et commerce.	25.581.190	Recettes extraordinaires.	48.031.440
Travaux publics.	22.790.555		
Administration de la Croatie et de Fiume.	15.446.695		550.390.261
Finances.	152.629.950	DETTE HONGROISE	
Dette hongroise.	78.819.390		
Rachat des rentes foncières.	41.052.215	Dette générale.	475.769.033
Part dans les dépenses com.	78.741.650	» des chemins de fer.	222.540.250
Part dans la dette autrichienne	77.529.990	Rachat des rentes foncières.	620.184.805
Divers, pensions, diète, etc.	25.415.797	— de la dime sur les vins	53.530.942
Dépenses extraordinaires.	17.500.525		
	590.265.087		1.372.025.030

BUDGET POUR LES FRAIS DE L'ADMINISTRATION AUTONOME DE LA CROATIE ET DE L'ESCLAVONIE

DÉPENSES		RECETTES	
Affaires intérieures.	4.235.457	Recettes particulières.	398.487
Cultes et instruction.	1.259.620	45 pour 100.	7.500.000
Justice.	2.254.047		7.898.487
	7.769.124		

GUERRE — (Voir *Autriche*).

COMMERCE / CHEM. DE FER — Les chiffres de l'importation et de l'exportation rentrent dans ceux de l'Empire austro-hongrois (v. *Autriche*). CHEMINS DE FER : 6.438 kilom. CANAUX (voir *Autriche*). POSTES : Bureaux 1.926, lettres 68.675.000.

HONGRIE (SUITE)

COMMERCE (SUITE)	TÉLÉGRAPHES : Bureaux 887. — Lignes 14.536 kil. — Dépêches 2.255.719. POIDS ET MESURES (système métrique). PORT : Fiume.
VILLES PRINCIP.	*En Hongrie.* Budapest 270. Szegedin 70. Maria-Thérésiople 56. Presbourg 47. Debreczin 46. Kecskemet 41. Temesvar 32. Grossvardein 26. Zombor 24. Funf-Kirchen 24. Strihlweissembourg 23. Œdenbourg 21. Verseez 21. Raob 20. — *En Transylvanie :* Kronstadt 28. Klauzenbourg, 26. — *En Croatie :* Agram 20.
SUPERFICIE	323.851 kilom. carrés (48 hab. par kilom. carré).

| POPULATION
NAISSANCES
MARIAGES
DÉCÈS | 15.509.455 hab. : dont Magyares 5.680.000. Croates et Serbes 2.570.000. Allemands 1.800.000. Tchèques Moraves, etc. 2.000.000. Ruthènes 600.000. Slovènes 60.000. Selon les cultes (1869) : Catholiques 9.163.519. Protestants 3.144.751. Orientaux grecs et arméniens 2.589.965. Unitaires, etc, 57.556. Isra-lites 555.641. — NAISSANCES 570.692. — MARIAGES 133.999. — DÉCÈS 446.085. |

PAYS DE LA COURONNE HONGROISE

	KILOM. CARRÉ	HABITANTS	HABIT. PAR KIL.
HONGRIE	225.441	11.550.397	51
TRANSYLVANIE	54.948	2.115.024	58
FIUME	20	17.884	894
CROATIE ET ESCLAVONIE	43.445	1.846.150	42

(PRINCIPAUTÉ) LIECHTENSTEIN (CAP. VADUZ)

SITUAT. ASTR.	47°05' — 47°16' latitude N. et 7°08' — 7°18' longit. T. ‖ CLIMAT ‖ La température moyenne est d'environ + 9°.
GOUVNEMENT CHEF DE L'ETAT POUV. EXECUT. POUV. LEGISL.	CHEF DE L'ETAT. Jean II, prince, né en 1840, avénement 1858. Le POUVOIR EXÉCUTIF appartient au prince. Le POUVOIR LÉGISLATIF au prince et à la *Diète* qui se compose de 15 membres, dont 3 nommés pour six ans par le prince et 12 élus à deux degrés pour la même période. Tout habitant âgé de 24 ans révolus, jouissant de ses droits civils, exerçant une profession pour son propre compte et demeurant dans le pays, est électeur et éligible. La *Diète* se renouvelle par moitié tous les trois ans. Le souverain est presque toujours au service de l'Autriche ; il demeure à Vienne.
JUSTICE	L'autorité judiciaire suprême est le *Tribunal d'Innsbruck.*
CULTE	La religion catholique romaine.
FINANCES DEPENSES RECETTES DETTE	DÉPENSES. 109.880 fr. (Le prince ne réclame pour sa personne aucune partie des recettes du pays.) RECETTES. 125.652 fr. (Par suite de son entrée dans l'Union douanière de l'Autriche, l'Autriche paye annuellement environ 40.000 fr. à la principauté.) DETTE PUBLIQUE. 437.500 fr. CHEMINS DE FER : environ 9 kilomètres.
GUERRE	ARMÉE. Contingent fédéral : 100 hommes.
SUPERFICIE	178 kil. carrés. (45 hab. par kil. carré.) ‖ POPULATION ‖ (1868) 8.060 habitants, dont Vaduz 921 habitants.

(PRINCIPAUTÉ) MONACO (CAP. MONACO)

SITUAT. ASTR.	43°45' lat. N. et 6°52' longitude E. ‖ CLIMAT ‖ La température est une des plus douces de l'Europe.
GOUVNEMENT CHEF DE L'ETAT	CHEF DE L'ETAT. Charles III, prince, né en 1818 (dynastie des Grimaldi), avénement 1856 (Albert, prince héréditaire, né en 1848). Monarchie héréditaire. La principauté n'a ni lois constitutives, ni représentation, ni institutions électives ; le prince possède la plénitude de la souveraineté. L'administration est dirigée par un gouverneur général assisté d'un conseil d'Etat dont il est président.
JUSTICE	Tribunal supérieur à Monaco. Les appels des jugements du tribunal de Monaco sont portés devant un conseil de jurisconsultes siégeant à Paris.
CULTE	Religion catholique, apostolique et romaine.
FINANCES	Le prince reçoit annuellement une indemnité de 20.000 fr. pour un traité d'union douanière fait avec la France.
GUERRE	ARMÉE. Une légion de 80 hommes, formant une garde d'honneur, et un corps de carabiniers.
COMMERCE	Principaux articles d'exportation : huiles, oranges, citrons, parfumeries, liqueurs, poteries artistiques, etc. POSTES et TÉLÉGRAPHES. Les bureaux de postes et de télégraphes sont établis par la France, leurs revenus sont partagés également entre les deux gouvernements.
SUPERFICIE	Environ 15 kil. carr. (582 hab. par kil. carr.) ‖ POPULATION ‖ 5.741 hab. La ville de Monaco 2.667 hab.

(RÉPUBLIQUE) SAN-MARINO (CAP. SAN-MARINO)

SITUAT. ASTR	43°57' — 44° lat. N et 10°02 — 10°05 long. E. ‖ CLIMAT ‖ La température moyenne est d'environ + 4°.
GOUVNEMENT CHEF DE L'ETAT POUV. EXÉCUT. POUV. LÉGISL.	CHEF DE L'ETAT. Deux Capitaines-régents choisis par le Conseil souverain exercent le POUVOIR EXÉCUTIF et restent chacun six mois en fonction. Le POUVOIR LÉGISLATIF est entre les mains du *Grand Conseil souverain* qui est formé de 60 membres : 20 nobles, 20 bourgeois, 20 propriétaires. Le peuple a le droit de pétition à l'assemblée générale, qui se tient deux fois par an à l'ouverture de chaque régence. Parmi les membres du Conseil des 60, on choisit les membres du Conseil des 12, sorte de Chambre haute qui se compose de 8 représentants pour la ville et de 4 pour la campagne.
JUSTICE	La justice est rendue par un juge de première instance et par un juge de Cour d'appel, tous deux nommés pour trois ans, mais pouvant être élus de nouveau.
CULTE	La religion catholique, apostolique et romaine.
FINANCES	DÉPENSES. 112.565 fr. — RECETTES. 109.665 fr. (dont : armée, 8.142 fr., instruction publique, 17.197 fr., régence, 8.229 fr.) Il n'y a pas de DETTE publique.
GUERRE	ARMÉE. 55 officiers, 76 sous-officiers, 819 hommes formant 8 compagnies d'infanterie.
SUPERFICIE	62 kilomètres carrés. (126 hab. par kil. carré.) ‖ POPULATION ‖ (1874) 7.816 habitants.

BELGIQUE

(ROYAUME) — **(CAP. BRUXELLES)**

SITUAT. ASTR. [49°27'—51°30'lat. N.; 0°14'—5°44'long. E. || **CLIMAT.** La pl. haute tempér. observée+58°; la temp. la pl. basse —24°.

GOUVNEMENT
CHEF DE L'ÉTAT.
POUV. EXECUTIF
POUV. LEGISLAT

CHEF DE L'ETAT. Léopold II, né en 1835, avénem. 1865 (Marie, reine, née en 1836). La Belgique est une monarchie constitutionnelle et héréditaire. LE POUVOIR EXECUTIF est représenté par le roi, assisté de ministres responsables. LE POUVOIR LEGISLATIF est exercé par le roi, le *Sénat* (62 memb. élus par le peuple pour 8 ans et renouvelés par moitié tous les 4 ans) et par la *Chambre des représentants* (124 membres élus pour 4 ans et renouvelés par moitié tous les 2 ans). SYSTEME ELECTORAL : vote direct pour tous les citoyens belges âgés de 25 ans et payant un impôt de 42 fr. (électeurs, 111.135). 6 MINISTERES. Les ministères de la Justice, de l'Intérieur, des Affaires étrangères, des Finances, de la Guerre, des Travaux publics. Il y a en outre 15 *ministres d'État* qui n'ont pas en cette qualité entrée au Conseil.

JUSTICE
PRISONS
BIENFAISANCE

La Belgique se divise en 26 ARRONDISSEMENTS judiciaires, comprenant chacun 1 tribunal de 1re instance, subdivisés en 204 *justices de paix*. 3 *Cours d'appel* (Bruxelles, Gand et Liége). Il y a pour toute la Belgique une *cour de Cassation*, dont le siége est à Bruxelles, 12 *tribunaux de commerce*, et dans les 14 arrondissements où il n'en existe pas les tribunaux civils en remplissent les fonctions. 14 *Conseils de prud'hommes*.
PRISONS. Les prisons se divisent en 3 catégories : *prisons centrales, maisons de sûreté, civiles et militaires, maisons d'arrêt. Prisons centrales*, 5. *Maisons de sûreté* établies près de chaque Cour d'assises. *Maisons d'arrêt* établies près de chaque tribunal d'arrondissement où il n'existe pas de maisons de sûreté.
BIENFAISANCE. Dans chaque commune il existe un bureau de bienfaisance composé de 5 membres. Il y a 284 *hospices civils*, établissements publics destinés à recevoir des individus qui ont besoin de secours.

CULTES

Trois cultes reconnus par l'Etat et entretenus à ses frais : le *culte catholique*, le *culte protestant* et le *culte israélite*. La Belgique est divisée sous ce rapport en 6 *diocèses* : 1 archevêché (Malines), 5 évêchés. On compte 995 couvents dont 145 d'hommes et 848 de femmes.

INSTRUCT.

L'éducation est entièrement entre les mains du clergé. Les collèges des jésuites ont plus d'élèves que les athénées royaux ; et l'Université catholique de Louvain a 2 fois autant d'élèves que les 2 Universités de l'Etat ensemble. L'instruction élémentaire n'est pas encore généralement répandue parmi le peuple, et les écoles communales existantes sont soutenues par les communes, les provinces et l'Etat combinés ; le gouvernement et la province payent chacun 1/6 et la commune les 4 autres.
Enseignement primaire : 2 écoles normales de l'Etat, 25 écoles normales agrégées et 5 664 écoles primaires.
Enseignement secondaire : 10 athénées royaux et 50 écoles moyennes. *Enseignement supérieur* : 2 Universités (Gand, Liége). Il existe en outre un grand nombre d'écoles spéciales.

INTÉRIEUR
PROVINCES

La Belgique est divisée en 9 PROVINCES, administrées chacune par un gouverneur, nommé par le roi et par un Conseil provincial élu par *les cantons électoraux* (194). Les provinces sont subdivisées en 41 *arrondissements*, administrés par un commissaire d'arrondissement, et les arrondissements en 2.572 *communes*.

FINANCES
DÉPENSES
RECETTES
DETTE
MONNAIES

DÉPENSES		RECETTES	
Dette publique	65.071.815 fr.	Impôts directs	43.753.000 fr.
Dotations (liste civile, 3.500.000 fr.).	4.544.306 —	Contributions indirectes	100.780.000 —
Justice (établiss. de bienfais. 1.028.800).	15.908.889 —	Péages (dont chem. de fer, 81.500.000;	
Affaires étrangères	1.650.805 —	télégr. 2.500.000 ; postes, 5.000.100.	95.981.400 —
Intérieur (Instr. publ. 8.197.682).	19.598.663 —	Capitaux et revenus	9.927.000 —
Travaux publ. (chem. de fer, 59.072.706;		Remboursements	1.794.360 —
postes, 5.682.648; télégr. 2.462.215).	81.792.551 —		
Guerre	43.869.800 —	Total	253.225.760 —
Finances	15.174.970 —	DETTE PUBLIQUE	1.257.974.855 fr.
Remboursements et non-valeurs.	1.120.000 —	MONNAIES. La Belgique a adopté le système monétaire franc. et fait partie de l'Union monétaire conclue en 1865.	
Total	242.096.782 fr.		

GUERRE
ARMÉE
PLACES FORTES
MARINE DE L'ÉTAT
MARINE MARCH.

Le recrutement de l'armée a lieu par des engagements volontaires et par des appels annuels. La durée du service est de 8 ans. Tout Belge est tenu de se faire inscrire dans le mois de décembre de l'année où il a 19 ans accomplis, à l'effet de concourir au tirage au sort.
L'ARMEE ACTIVE, en temps de paix, comprend 46.277 hommes, 10.014 chevaux, et 204 canons de campagne, dont infanterie, 19 rég.; caval., 8 rég.; gendarm., 5 div.; artill., 7 rég.; train, 4 compag.; génie, 1 rég. — Offic. d'état-major, 125, y compris 53 généraux et 46 offic. d'état-major des prov. et des places fortes. Off. d'intendance, 259; off. de santé, 219; off. d'infant., 16.668, de caval. 296, de gend. 44, d'artill. 494, de train 23 ; de génie 135.
PLACES FORTES (21) : Anvers, Ostende, la citadelle de Liége, Oudenarde, Bouillon, Charleroi, Courtrai, Gand, Liége, Mons, Namur, Nieuport, etc.
MARINE DE L'ETAT. 130 offic., dont 1 capit. de vaisseau ; 20 off. ingénieurs; 2 off. en disponibilité et 20 off. en congé illimité hors cadre.
2 bateaux qui font le service entre Anvers et la Tête-de-Flandre, 8 vapeurs de 1re vitesse, transportant des passagers et les malles de la poste, entre Ostende et Douvres.
MARINE MARCHANDE. Navires à voiles, 32, jaugeant 14.755 tonn. ; vapeurs, 27, jaugeant 50.186 ton. Barques de pêcheurs, 255, jaugeant 8.388 tonnes. Total : 314 navires, jaugeant 73.330 tonnes.

TRAV PUBL.
CHEM. DE FER
POSTE.
TELEGRAPHES
CANAUX

CHEMINS DE FER. En exploitation, 2.103 kilom. et 1.484 kilom. concédés.
POSTES. Bureaux, 567. Lettres, 70.715.076. Cartes postales, 9.954.320. Journaux et imprimés, 100.722.000.
TELEGRAPHES. Bureaux, 615; lignes, 6.077 kilom.; dépêches, 4.104.670, y compris les télégrammes de l'étranger et les dépêches de service.
CANAUX : 851 kilomètres ; rivières navigables, 974 kilomètres. — Total, 1825 kilomètres pour la navigation intérieure du pays.

COMMERCE
IMPORTATION
EXPORTATION
PORTS
POIDS ET MES.

IMPORTATION : 1.307.105.000 (objets de consommation, matières brutes, objets manuf., diverses marchand.).
EXPORTATION : 1.101.802.000 fr. (fer, houille, verreries, dentelles, manufact. de coton, machines, armes).
POIDS ET MESURES. (Le système métrique, voir page 84.)
PORTS. Anvers, Ostende.
VILLES PRINCIPALES. (Voir la Table.)

SUPERFICIE

29.455 kil. carrés (181 hab. env. par kilom. carré).

POPULATION
NAISSANCES
MARIAGES
DÉCÈS

POPULATION : 5.403.006 habitants. Il y avait en Belgique, en 1866, 2.406.491 hab. parlant flamand; 2.041.784 parlant français; 308.561 parlant flamand et français ; 55.356 parlant l'allemand ; 20.448 parlant le français et l'allemand ; 1.625 le flamand et l'allemand ; 4.966 parlant les 3 langues. Le nombre des protestants env. 15.000, des juifs env. 3.000, la grande masse est catholique.
NAISSANCES : 183.301.
MARIAGES : 59.050.
DÉCÈS : 150.229.

TABLE ADMINISTRATIVE (1875)				
PROVINCES	kil. c.	habit.	hab. kil.	Arrond.	VILLES PRINC. HAB. PAR MILLE
Anvers	2.832	531.746	188	3	Anvers, 145; Malines, 40.
Brabant	3.283	939.782	292	3	Bruxelles, 385; Louvain, 53.
Flandre orient.	3.235	696.654	215	8	Gand, 131; St-Nicolas, 23.
Flandre occid.	3.0(0)	868.228	289	6	Bruges, 48; Ypres, 16.
Hainaut	3.722	963.747	259	6	Mons, 25; Charleroi, 16.
Liége	2.894	645.020	223	4	Liége, 118; Verviers, 40.
Limbourg	2.412	206.187	85	3	Hasselt, 11.
Luxembourg	4.418	209.472	47	5	Arlon, 5.
Namur	3.660	322.175	88	5	Namur, 27.

ESPAGNE

(ROYAUME)   **ESPAGNE**   (CAP. MADRID)

SITUATION ASTRONIQUE	45° 48′ — 36° latitude nord. 11° 50′ est · - 0° 59′ longitude ouest.	**CLIMAT** { Tempér. moyenne . + 15° 37 — plus haute + 40° — plus basse + 10° 5	**PLUIE** { La moyenne de la Péninsule est de 0m400 dans l'année.

GOUVNEMENT — CHEF DE L'ÉTAT — POUV. EXÉCUT. — POUV. LÉGISL.

CHEF DE L'ÉTAT, ALPHONSE XII, roi, né en 1857 (Maison de Bourbon); avénement 1875. Le POUVOIR EXÉCUTIF est représenté par le chef de l'État. Le POUVOIR LÉGISLATIF est entre les mains du roi et des deux chambres (Cortès) : *Le Sénat*, composé : 1° de sénateurs de droit (princes du sang, grands d'Espagne, etc.); 2° des sénateurs nommés à vie par le roi; 3° des sénateurs élus par les corporations de l'État. *La Chambre des députés*, chacun des membres élu pour 5 ans, dans la proportion de 1 député par 35.900 habitants. *Système électoral : Colléges électoraux. Conseil des ministres : 9 membres.*
8 MINISTÈRES. Les ministères de la Grâce et de la Justice, des Affaires étrangères, de l'Intérieur, des Finances, de la Guerre, de la Marine, des Colonies, du Commerce et de l'Agriculture (du fomento).

JUSTICE

JUSTICE. L'administration judiciaire est instituée sur le même modèle que celle de la France. La hiérarchie des tribunaux comprend : 9.400 *justices de paix* (une par commune); environ 500 *tribunaux de première instance*, 15 *cours d'appel*, 1 *cour suprême*, siégeant à Madrid.

CULTES

CULTES. La religion catholique, apostolique et romaine est la religion de l'État; seulement, dans les grandes villes, les autres cultes sont plus ou moins tolérés. La hiérarchie administrative se compose de 9 *archevêques* et de 54 *évêques*. Les archevêchés sont : Tolède, siège primatial, Grenade, Santiago, Saragosse, Séville, Tarragone, Valence et Valladolid. Le nombre des prêtres est d'environ 40.000.

INTÉRIEUR — PROVINCES

L'Espagne se divise en 49 PROVINCES, y compris les îles africaines des Canaries. Chaque province est administrée par un gouvernement civil et se divise en DISTRICTS (6 à 7 en moyenne). Les communes sont administrées par des *alcades* ou maires, assistés des conseils municipaux ou ayuntamientos, composés de 4 à 28 membres suivant l'importance de la commune.

FINANCES — DÉPENSES — RECETTES — DETTE — MONNAIES

DÉPENSES		RECETTES	
Liste civile.	9.500.000	Contributions directes	274.875.285
Corps législatif	1.007.428	— indirectes	164.092.500
Dette publique	166.694.552	Timbre et entreprise en régies	197.235.177
Justice.	3.208.465	Recettes des biens nationaux.	14.278.767
Présidence du conseil des ministres.	1.100.275	Revenus des colonies	5.000.000
Pensions	43.615.061	Indemnité du Maroc	2.000.000
Ministère des affaires étrangères	5.353.313	**Total.**	**657.501.729**
Grâce et justice	54.166.711	**DETTE**	
Ministère de la guerre	119.884.847	Dette consolidée.	10.566.010.402
— de la marine.	28.699.031	Rentes inscrites non converties	746.794.001
— de l'intérieur.	25.948.960	Dettes amortissables	55.966.625
— des finances.	132.041.318	Obligations de chemins de fer, etc.	573.504.750
— des travaux publics.	51.902.509	Dettes convertibles en dette consolid.	218.449.280
Dépenses extraordinaires.	18.167.697	Intérêts	277.902.505
Total.	**656.287.956**	**Total.**	**12.436.427.561**

MONNAIES : Le système monétaire de l'Espagne est basé sur la convention conclue en 1865, entre la France, la Belgique, l'Italie et la Suisse; l'unité porte le nom de *peseta* au lieu de celui de franc; elle se divise en 100 cent.

GUERRE — DIV. MILITAIRES — ARMÉE — PLACES FORTES

DIVISIONS MILITAIRES. L'Espagne se divise en 14 capitaineries générales, y compris les Baléares et les îles africaines des Canaries, Nouvelle-Castille, Catalogne, Aragon, Andalousie, Valence et Murcie, Galice, Grenade, Vieille-Castille, Estramadure, Burgos, Navarre, provinces Vascongades, les Baléares et les Canaries. Cuba, Puerto-Rico et les Philippines forment séparément 3 autres capitaineries générales. Les capitaineries sont subdivisées en commandements militaires.
L'ARMÉE se compose de l'armée active et de la réserve provinciale :
ARMÉE ACTIVE : *Garde*. 2 compagnies de gardes-hallebardiers (chacune 115 hommes). 1 escadron du cortége du roi. — *État-major général*. 9 capitaines-généraux, 79 lieutenants-généraux, 129 maréchaux de camp (majors-généraux); 305 brigadiers. Total 522 hommes. — *État-major*. 163 officiers. 255 pour les places fortes, 24 officiers surnuméraires, 366 officiers du corps du génie, 818 officiers d'administration. Corps d'officiers de santé : 1 directeur général, 59 inspecteurs, 278 médecins et 173 pharmaciens. — *Infanterie*. 41 régiments de ligne, 20 bataillons de chasseurs et 40 bataillons de réserve (chaque bataillon 1.200 hommes). — *Cavalerie*. 12 régiments de lanciers, 9 de chasseurs, 2 de hus-ards, 12 escadrons de chasseurs indigènes (sueltas) et 20 commissions de réserve. — *Artillerie*. 5 régiments à pied, 5 régiments montés (24 pièces), 1 régiment de position à 4 pièces, 5 régiments de montagne (36 pièces) et 1 escadron de remonte. — *Génie*. 4 régiments de 2 bataillons.
RÉSERVE PROVINCIALE : 51 bataillons de 6 compagnies et 8 bataillons sédentaires; outre cela il y a 6 bataillons et 2 sections de miliciens aux îles Canaries. — Corps de carabiniers (douaniers) répartis entre 6 districts et 31 commandements. (542 officiers, soldats 12.912.)
L'effectif de l'armée est de 250.000 hommes en Espagne; 70.000 dans les colonies.
PLACES FORTES. Gerona, Ceuta (Afrique), Tarragona, Lérida, Tortosa, Cadix, Badajoz, Olivenza, Alcantara, Ciudad Rodrigo, Vigo, San-Sebastian.

MARINE — MARINE DE L'ÉTAT — MARINE MILITAIRE — COLONIES — ILES — SUPERFICIE — POPULATION

MARINE DE L'ÉTAT.	Can.	Chevaux.
Navires 1re classe.		
6 frégates blindées.	105	5.100
9 frégates à hélice	413	5.020
2 vapeurs à aubes	32	1.000
Navires 2e classe.		
8 vapeurs à aubes	36	2.450
10 navires à hélice	49	2.100
2 transports à hélice	»	600
Navires 3e classe.		
16 navires à hélice.	39	2.500
32 canonnières.	32	1.280
8 vapeurs à aubes	14	907
4 transports à hélice.	»	530
Navires non classés		
2 vapeurs (commiss. hydrogr.)	4	250
30 petits vapeurs	40	1.250
Total.	**716**	**23.267**

5 vaisseaux-écoles (54 canons). — 2 navires à voiles.
Personnel : 398 officiers (20 amiraux, 250 enseignes), 14.000 matelots. — 6 bataillons infanterie de marine. 5.500 hommes.

MARINE MARCHANDE. En 1877, le nombre de navires de long cours était de 2.915, jaugeant 557.520 0 tonnes, dont 250 vapeurs de 176.250 tonnes et 2.674 navires à voiles de 509.767 tonnes.

COLONIES. Cuba . . . . . . / — Porto-Rico . . . . } V. Amérique.
ILES . . . . Philippines . . . . / — Carolines . . . . / — Palaas . . . . / — Mariannes . . . . } V. Asie et Océanie.
— Canaries . . . . . / — C. Guinée . . . . . } V. Afrique.

SUPERFICIE. 504.511 kilomètres carrés.

POPULATION. 8.096.800 habitants.

ESPAGNE

COMMERCE
IMPORTATION
EXPORTATION
PORTS
POIDS ET MESURES
INSTRUCTION PUBLIQUE
TÉLÉGRAPHES
POSTES
CHEMINS DE FER
CANAUX

IMPORTATION
Boissons fermentées, café, sucre, vanille, animaux, houilles, matières textiles, machines, vaisseaux, filets, tissus, couleurs.
Imp. (1875) 335.500.000 fr. pour toute l'Espagne; 1874, 382.000.000 fr. pour les provinces non occupées par les carlistes.

EXPORTATION
Vins, eaux-de-vie, fruits, soie, coton, safran, céréales, légumes, mercure, liége, huile, sparterie, farine, poissons, riz, sel, cuivre, etc.
Exp. 578.200.000 fr. pour toute l'Espagne; 1874, 403,000,000 fr. pour les provinces non occupées par les carlistes.

PORTS. S. Sébastien, Santander, La Corogne, Vigo, Cadix, Malaga, Carthagène, Alicante, Valence et Barcelone.

POIDS ET MESURES. Le système métrique.

INSTRUCTION PUBLIQUE. Les écoles primaires, publiques ou privées, sont au nombre de 24.355, soit une pour 147 familles; on comptait, en 1860, 1.252.000 élèves, soit 1 sur 57 habitants. Les écoles coûtent en ressources ordinaires et extraordinaires 5.600.000 fr.
Ne sachant lire ni écrire. [Hom. 5.055.000] [Fem. 6.805.000] [Tot. 11.858.000] à peu près 30 sur 100 qui savent lire.
La surveillance des écoles appartient exclusivement à l'Eglise.

TÉLÉGRAPHES. Longueur des lignes 12.260 kilom. (1875); nombre de bureaux 264; nombre de dépêches expédiées 1.590.823; nombre des dépêches reçues de l'étranger 75.557. Recettes 1.245.012 fr.

POSTES. Nombre de bureaux, 2.565 (1874); nombre de lettres, 75.500.000.

CHEMINS DE FER. En exploitation au 1er janvier 1876, 3.796 kilom.

CANAUX. Environ 500 kil. sans compter la canalisation de l'Èbre par laquelle Saragosse se trouve en communication navigable avec la mer.

SUPERFICIE
Espagne 494.946 kilom. carrés; les Baléares, 4.817; les Canaries, 7.273: — total, 507.036 kil. c. (55 hab. par kil. c.)

POPULATION
Espagne : 16.262.422 habit.; les Baléares, 289.225; les Canaries, 283.859; — total, 16.855.506 hab. (Nombre approximatif de la langue basque, 556.000 ind. (1875).

TABLE POLITIQUE ET ADMINISTRATIVE

16 ANCIENNES PROVINCES.	48 PROVINCES NOUVELLES DIVISIONS depuis 1845.	PRINCIPALES VILLES avec leurs habitants par mille.	SUPERFICIE POPULATION hab. par kil. carré.
NUOVA CASTILLA	MADRID....	7.762—487.482— 63	Madrid, 332.
	CIUDAD REAL.	20.305—264.649— 13	Ciudad Real, 12.
	CUENCA....	17.419—258.731— 14	Cuenca, 7.
	GUADALAJARA.	12.610—208.658— 17	Guadalajara, 6.
	TOLEDO. ...	14 468—342.272— 24	Toledo, 175.
ESTRAMAD.	BADAJOZ.. ..	22.500—431.922— 19	Badajoz. 22.
	CACERES ...	20.755—502.455— 15	Caceres, 12.
LEON	LÉON.	15.971—350.092— 22	Léon, 7.
	PALENCIA...	8 097—184.668— 23	Palencia, 13.
	SALAMANCA..	12.794—280.870— 22	Salamanca, 135.
	VALLADOLID.	7.880—242.384— 31	Valladolid, 60.
	ZAMORA....	10 711—250.968— 23	Zamora, 9.
ANTIQUA CASTILLA	AVILA....	7.722—175.219— 23	Avila, 6.
	BURGOS...	14.655—553.560— 24	Burgos, 14.
	SEGOVIA...	7.028—150.812— 21	Segovia, 7.
	SORIA....	9.955—158.699— 16	Soria, 15.
ANDALOUSIA	ALMERIA...	8.555—561.555— 42	Almeria, 27.
	CADIZ ...	7.276—426.499— 59	Cadiz, 62. Jerez, 55.
	CORDOBA...	15 442—582.652— 28	Cordoba, 45.
	GRANADA...	12.787—485.546— 38	Granada, 65.
	HUELVA...	10.676—196.469— 18	Huelva.
	JAEN....	15.426—592.100— 29	Jaen, 18.
	MALAGA...	7.515—505.010— 69	Malaga, 92.
	SEVILLA...	15.714—515.011— 38	Sevilla, 80.
MURCIA	ALBACETE...	15.466—220.973— 14	Albacete, 15.
	MURCIA...	11.597—459.067— 58	Murcia, 55.
VALENCIA	ALICANTE...	5.454—440.470— 81	Alicante, 51.
	CASTELLON..	6.556—296.222— 47	Castellon, 20.
	VALENCIA .	11.272—665.141— 59	Valencia, 108.
CATALOGNA	BARCELONA..	7.731—762.555— 98	Barcelone. 180.
	GERONA....	5.884—325.110— 55	Gérona, 8. Olot, 10.
	LERIDA....	12.565—350.348— 27	Lérida, 12.
	TARRAGONA.	6.549—350.385— 55	Tarragona, 56.
ARAGONA	HUESCA....	15.224—274.625— 18	Huesca, 10.
	TERRUEL. ..	14.229—252,201— 18	Terruel, 7.
	ZARAGOZA...	17.112—401.894— 23	Zaragoza, 56.
BISCAYA	AVALA ...	5.122—105.380— 33	Vitoria, 125.
	GUIPUZCOA..	1.885—180.743— 96	Saint-Sébastien, 15.
	LOGRONO...	5.038—182.941— 56	Logroño, 12.
	VISCAYA...	2.198—187.926— 85	Bilbao, 30.
NAVARRA	NAVARA....	10.478—518.687— 30	Pamplona, 22.
GALICIA	CORUNA....	7.973—630.504— 79	Coruna, 20.
	PONTEVRADA.	4.504—480.145—107	Pontevedra. 42.
SANTANDER	LUGO.	9.808—473.836— 49	Lugo, 8.
	ORENSE....	7.093—402.790— 57	Orenze, 5.
	SANTANDER.	5.471—241 581— 44	Santander, 21.
ASTURIA	OVIEDO. ...	10.596—610.883— 58	Oviedo, 9, Gijon, 6.
BALEARES	BALÉARES...	4.317—289.225— 60	Palma, 40,

ANDORRE

(RÉPUBLIQUE) (CAP. ANDORRE-LA-VIEILLE)

SITUATION ASTRON^que
42° 25' — 42° 40' lat. nord.
0° 40' — 0° 50' long. ouest.

CLIMAT
La vallée d'Andorre, entourée de hautes montagnes, et arrosée par plusieurs ruisseaux qui y prennent leur source, jouit d'un bon climat.

GOUVERNEMENT
La République est gouvernée par un *Conseil général* de 24 membres élus pour 4 ans, Ce Conseil a pour président un *premier syndic* assisté d'un *second syndic*; ils sont nommés tous les deux pour 4 ans par les membres du Conseil. Le POUVOIR EXÉCUTIF appartient au premier syndic, le POUVOIR JUDICIAIRE est exercé par deux viguiers et un juge civil. La France et l'évêque d'Urgel nomment chacun un viguier.

JUSTICE
Le juge civil est nommé alternativement par la France et par l'évêque d'Urgel. Le juge de paix aux Cabanes (Ariége) remplit actuellement ces fonctions.

CULTES
Religion catholique. Les autorités religieuses sont nommées par l'évêque d'Urgel durant 4 mois de l'année et, proposées par lui, nommées par le Pape durant les 8 autres mois.

INTERIEUR
Andorre est divisée en 6 paroisses : Andorre-la-Vieille, Canillo, En Camp, Massana, Ordino, S. Julian de Loria.

FINANCES
Les revenus consistent dans le produit du fermage des pâturages communaux, en un faible droit sur les bestiaux étrangers, et en un impôt personnel et foncier très-modique. Toutes les fonctions étant gratuites, ces revenus sont destinés à acquitter le tribut biennal dû à la France (960 fr.) et la redevance également biennale (891 fr.) payée à l'évêque d'Urgel, enfin à rémunérer le médecin, le chirurgien et le pharmacien.

GUERRE
ARMÉE. Il n'y a pas d'armée permanente, mais les citoyens doivent se réunir en armes, sur l'appel du viguier, lorsque la sécurité est ou paraît menacée.

COMMERCE
Élevage des mules et de l'espèce ovine et bovine. Récolte et fabrication du tabac.

SUPERFICIE
500 kilom. carrés (10 à 30 hab. par kilom. carré).

POPULATION
Varie entre 4 et 12.000 habitants.

(ROY.) GRANDE-BRETAGNE ET IRLANDE (CAP. LONDRES) LONDON

SITUATION ASTRONIQUE 50° — 58°,40' latitude Nord et 0°,06' — 15° longitude Ouest.

CLIMAT

ANGLETERRE. La température varie selon les différents points de la surface : à Londres, la température moyenne est de + 10°23; la plus basse + 3°, la plus haute + 17°48. La partie la plus chaude est la péninsule qui s'étend au S.-O., entre la Manche et le canal de Bristol. La quantité d'eau tombant est de 914 millimètres, dont 126 millimètres sous forme de rosée ou de brume.

ECOSSE. Température moyenne + 8°. Il tombe par an 60 cent. à 70 cent. de pluie sur la côte orientale, et 95 cent. à 98 cent. sur la côte occidentale.

IRLANDE. Température moyenne .8°89 dans le N., et 11°11 dans le S. Il y tombe une grande quantité de pluie, et l'atmosphère est souvent chargée de brouillards : on évalue, en effet, à 1 mètre 50 par an la quantité d'eau pluviale déversée sur le sol.

GOUV^NEMENT

CHEF DE L'ÉTAT

POUV. EXÉCUTIF

POUV. LÉGISL.

CHEF DE L'ETAT. Victoria I, reine de la Grande-Bretagne et d'Irlande, impératrice des Indes, née en 1819, avénement 1837. (Albert-Edouard, prince de Galles, né en 1841.) La Grande-Bretagne est une monarchie constitutionnelle et héréditaire pour les deux sexes. Le POUVOIR EXÉCUTIF est exercé par le chef de l'État, assisté par des ministres responsables (Cabinet). Le POUVOIR LÉGISLATIF est partagé entre le chef de l'État, la chambre des Lords et la chambre des Communes, dont la réunion forme le Parlement. La *chambre des Lords* (491 membres) est composée : 1° des pairs héréditaires; 2° des pairs dont la pairie est créée par le roi; 3° des prélats anglais, en vertu de leur dignité (english bishops); 4° des pairs élus à vie (irish peers); 5° des pairs élus pour la durée du Parlement (scottish peers). Il y a aussi 9 dames qui sont pairs de leur droit propre, mais qui n'ont pas siége à la chambre. La *chambre des Communes* composée de 652 membres (487 pour l'Angleterre, 105 pour l'Irlande, 60 pour l'Ecosse), élus par les villes, les comtés et par les universités. La loi électorale est basée sur l'acte de réforme du 15 août 1867 qui a donné le droit de vote à tout chef de ménage. *Cabinet.* Le nombre des membres du Cabinet est variable. En font toujours partie : le premier lord de la Trésorerie, le lord Chancelier, le Chancelier de l'Echiquier, les cinq secrétaires d'Etat; en outre, au moins 5, au plus 7 à 8 hauts fonctionnaires. — MINISTÈRES. Les ministères de la *Trésorerie*, de l'*Intérieur*, des *Affaires étrangères*, de la *Guerre*, de l'*Inde*, de l'*Amirauté* (de la *Marine*), du *Commerce*, de la *Justice*, Comité du conseil privé pour l'éducation.

ECOSSE. D'après le bill de réforme de 1832, l'Ecosse nomme 53 membres à la chambre des Communes, 30 pour les comtés, et 23 pour les cités, bourgs et villes. Les pairs écossais choisissent 16 d'entre eux pour les représenter à la chambre des Lords. Ces pairs ne siégent, ainsi que les membres des Communes, que pendant le Parlement.

IRLANDE. Le gouvernement local est entre les mains d'un lord-lieutenant nommé par la reine, et assisté dans ses fonctions d'un conseil privé. L'Irlande est représentée au Parlement par 105 membres, dont 64 pour les comtés, 39 pour les villes et les bourgs, et 2 pour l'université de Dublin.

JUSTICE

Il y a dans chaque comté un nombre indéterminé de *juges de paix* pris parmi les propriétaires les plus considérés de la contrée : ils ont des attributions administratives et judiciaires, et leur compétence embrasse le civil et le criminel. On compte environ 18.300 juges de paix. La justice civile *inférieure* (de 1re instance) est en outre exercée par les 60 *county courts* (tribunaux d'arrondissements). Les tribunaux supérieurs de droit commun sont au nombre de 4, siégeant à Westminster. Il y a aussi dans la cité de Londres 2 tribunaux de police où siégent le maire (à Mansion house) et un alderman (à Guildhall).

La liberté personnelle est assurée par la faculté, à toute personne arrêtée illégalement, de poursuivre devant les tribunaux le juge qui lui a refusé un *writ d'habeas corpus.*

CULTES

L'Eglise d'Angleterre est l'église protestante épiscopale (église anglicane), la reine est le chef suprême de cette église. Il y a deux archevéchés (Cantorbéry et York) et 28 évêchés. L'archevêque de Cantorbéry est le primat de l'Eglise. L'Eglise d'Ecosse est l'église protestante presbytérienne, dont tous les ministres sont égaux. L'église d'Irlande est l'église anglicane, dont les membres forment le sixième de la population; la plus grande partie des dissidents est catholique. Les évêques catholiques sont investis par le pape, sur la présentation de leurs collègues. Il existe en Grande-Bretagne et en Irlande un grand nombre de sectes protestantes dont voici les principales : Indépendants ou Congrégationalistes, Anabaptistes, Quakers ou Sociétés des Amis, Unitaires, Frères moraves, Méthodistes Wesleyens, Chrétiens bibliques, Frères, etc., etc.

INSTRUCT^ON PUBLIQUE

Des trois royaumes, l'ECOSSE est le plus avancé pour l'éducation populaire, bien que l'instruction soit maintenant obligatoire dans tout le royaume. L'instruction est donnée par les paroisses, les bourgs et les cités, les universités et les établissements particuliers. Pour l'*instruction primaire* on compte en Ecosse environ 1.933 écoles avec 219.444 élèves et en Irlande 6.914 écoles avec 1.021.700 élèves ; il y a en outre 135 fermes-écoles annexées à des écoles primaires. On comptait en Angleterre et dans le pays de Galles (1874) : 13.243 écoles avec 2.982.981 élèves. *Instruction secondaire.* Chacun des trois royaumes a son système propre, et c'est l'Ecosse qui obtient les meilleurs résultats. L'enseignement s'y donne dans des colléges communaux dit *burgh schools*, et dans des écoles ou cours spéciaux pour l'industrie et le commerce.

En IRLANDE l'instruction secondaire se donne soit dans des colléges dépendant des universités, soit dans des écoles fondées par des particuliers. L'ANGLETERRE possède un grand nombre d'écoles publiques secondaires : en première ligne figurent les grandes écoles d'Eton (800 élèves) de Harrow(520) et de Rugley (500); d'autres moins nombreuses sont situées à Londres, à Winchester et à Shrewsbury. L'*instruction supérieure* est donnée par les universités. Les plus célèbres sont celles d'Oxford et de Cambridge, en Angleterre; celles d'Edimbourg, de Glasgow et d'Aberdeen, en Ecosse, l'université de Dublin, l'université de la Reine, les colléges de Belfast, de Cork, Galway, de Rothfarnham et de Maynooth, en Irlande. *Ecoles militaires* : Angleterre, académie royale de Woolwich pour l'artillerie, collége royal de Sandhurst pour la cavalerie et l'infanterie, le Staff collége ou école d'état-major, également situé à Sandhurst.

INTÉRIEUR

BIENFAISANCE

Le royaume uni de Grande-Bretagne et d'Irlande comprend : L'ANGLETERRE avec le PAYS DE GALLES (*Wales*) l'ECOSSE, l'IRLANDE et les îles voisines, les ORCADES, les HEBRIDES, les SHETLAND, MAN, ANGLESEY, WIGHT et les ÎLES-ANGLO-NORMANDES. La principale division administrative est le COMTÉ; il y en a 40 en Angleterre, 12 pour le pays de Galles, 33 en Ecosse, et 32 en Irlande. Les comtés se divisent en *hundreds* et ceux-ci en *tithings*. Les principaux fonctionnaires du comté sont : le *lord-lieutenant*, assisté par un ou plusieurs adjoints, le *shérif*, les *juges de paix* et les *coroners*. Le lord-lieutenant est nommé par la couronne, il choisit ses adjoints qui forment avec lui *la lieutenance du comté.* Le shérif est nommé chaque année par la couronne, sur la proposition des juges des cours supérieures et des grands dignitaires de l'Etat. Le shérif est chargé du maintien de la paix publique et de l'exécution de la loi. Les *juges de paix* sont nommés par le chancelier, sur la proposition du lord-lieutenant. Le *coroner* représente dans une certaine mesure le ministère public en Angleterre; il est le mandataire de la couronne, bien qu'il soit élu par les francs tenanciers des comtés. Quelques-uns cependant sont nommés par le souverain et d'autres par quelques villes. Chaque comté a de 3 à 6 coroners.

BIENFAISANCE. On a dans chaque paroisse, ou dans plusieurs paroisses rassemblées en *unions*, des maisons de travail (workhouse) surveillées par les *bureaux de gardiens* qui sont à leur tour surveillés par un comité central, composé de commissaires permanents siégeant à Londres. Les pauvres valides qui refusent d'entrer dans ces maisons de travail ou d'accepter le travail qu'on leur offre sont privés de tout secours.

GRANDE-BRETAGNE ET IRLANDE (SUITE)

FINANCES — DÉPENSES — RECETTES — DETTE — MONNAIES

DÉPENSES	FR.
Dette publique (intérêts)	699.820.850
Fonds consolidés et charges	48.285.200
Liste civile et apanages	14.092.750
Services civils	333.346.275
Marine	284.109.575
Armée, etc.	393.742.925
Postes	78.980.450
Télégraphes	28.525.000
Administration de l'Inde	4.500.425
Frais de perception des recettes	90.429.225
Total	1.975.630.675

RECETTES	FR.
Douanes (Customs)	501.106.375
Accise (Excise)	710.201.300
Timbre (Stamps)	278.162.350
Impôt foncier	63.633.800
— sur le revenu	133.517.950
Postes	150.551.675
Télégraphes	40.176.250
Domaines (Crownlands)	12.207.375
Recettes diverses	112.839.025
Total	2.002.376.300

DETTE : Dette consolidée 19.048.247.825
Dette non consolidée 548.595.000
Total 19.596.842.825

MONNAIES : Or, livre sterling ou souverain = 20 shellings = 25 fr. environ ; 5 shellings ou couronne = 5 fr. 80. Argent, 1 shelling = 1 fr. 16. Cuivre, penny de 4 farthings = 0.10.

GUERRE — ARMÉE

Armée active. L'enrôlement volontaire est de 12 ans dans l'armée active, ou de 6 ans dans cette dernière et 6 ans dans la première réserve. L'armée active a pour auxiliaires la réserve, la milice, la yeomanry et les volontaires. *Milice.* Son service est limité aux Iles Britanniques, et le nombre des miliciens mis sur pied est fixé par le Parlement. Le contingent de chaque comté ou district est fixé par une ordonnance en conseil. S'il ne se présente pas dans un district un nombre suffisant d'hommes de bonne volonté, le secrétaire d'Etat de la guerre fait procéder à un tirage au sort, comprenant les hommes entre 18 et 35 ans. Dans ce cas, le remplacement est permis pour tout homme qui tombe au sort. *Yeomanry.* Cette milice se compose des propriétaires ruraux et des fermiers, qui, volontairement, forment un corps de cavalerie et supportent tous les frais d'habillement et d'équipement. *Volontaires.* Les volontaires forment des corps de fantassins, d'artilleurs et de cavaliers. Jusqu'en 1863, tout s'était fait par l'initiative individuelle, mais à cette époque le Parlement organisa cette institution sur des bases légales et permanentes.

MARINE — MAR. DE L'ETAT — STAT. NAVALES — MAR. MARCH.

MARINE DE L'ETAT : La flotte se compose de 60 navires blindés et d'environ 300 nav. à vapeur et 125 nav. à voiles. Sur ce nombre il y avait en activité, le 1ᵉʳ septembre 1877, 243 vaisseaux. *Personnel : Marine* total général 81.447 ; 5.459 officiers, dont 607 à demi-solde. 14.578 sous-officiers, 19.790 marins, chauffeurs, etc., et 7.000 mousses. Total 46.607 personnes. *Les troupes de la marine* comptent 14.000 hommes dont la moitié environ est à flot (1 div. d'artillerie de marine de 16 comp. 100 off. et 2.801 hom. (Portsmouth), 3 div. d'inf. (48 comp.) à Chatham, Portsmouth et Plymouth : 297 off. et 10.794 soldats. *La réserve de la marine* 20.840 hom., dont 440 off. Total 81.447 hom. de personnel. Dans les chantiers de construction et les établissements on compte en outre environ 18.450 hommes, dont 1.345 dans les colonies.

STATIONS NAVALES : *Stations de la Grande-Bretagne,* Sheerness (embouchure de la Tamise), Portsmouth, Devonport (Plymouth), Queenstown (Irlande), escadre de la Manche, garde-côte et 1ʳᵉ réserve. *Stations étrangères,* escadr. détachées, Méditerranée, Amérique du Nord et Antilles, Pacifique, Chine (Hongkong), Indes orientales, Australie, cap de Bonne-Espérance et côte occidentale de l'Afrique.

MARINE MARCHANDE : *Royaume-Uni.* Nombre de vaisseaux (1876), 25,479, jaugeant 6,265,000 tonnes avec 226.079 hommes d'équipage, dont 4.335 vapeurs, jaugeant 2,005.000 tonnes et 21.144 navires à voiles jaugeant 4,258,000 tonnes. *Colonies* (1876), 11.675 vaisseaux jaugeant 1.597.000 tonnes. *Total général :* 57.154 navir. jaugeant 7.850.000 tonnes avec 347.050 hommes.

ARMÉE	Officiers	Off. sans brevet tamb. et tromp.	Soldats
ARMÉE ACTIVE			
Etat-major général et départem.	1.379	90	
Garde à cheval	81	192	1.629
Cavalerie de ligne	538	1.178	9.907
Ecole d'équitation	7	15	205
Artillerie à cheval (garde)	112	208	2.591
Artillerie	735	1.652	17.168
Génie	592	721	4.162
Infanterie de la garde	240	410	5.250
Infanterie de ligne	3.515	7.247	65.040
Régiment de l'Inde	102	150	1.580
Corps colonial	22	61	566
Service des hôpitaux	24	262	1.288
Train, etc.	8	500	2.506
Total	7.005	12.734	109.292
Etablissements divers	112	461	89
Brigade de dépôts (en formation)		3.191	
MILICE			
Artillerie et infanterie	3.358	—	136.413
YEOMANRY			
Cavalerie	1.000	—	14.078
VOLONTAIRES			
Cavalerie	—	—	505
Artillerie	—	—	31.823
Génie	—	—	6.295
Infanterie (chasseurs)	—	—	128.669
Etat-major	269	—	1.189

Il y a en outre dans les colonies environ 23,000 soldats. (Voir les diverses colonies.)

VAISSEAUX DE GUERRE (ACTIFS)	
Vaisseaux de ligne cuirassés	4
Frégates et corvettes cuirassées	11
— non cuirassées	51
Chaloupes et petits vaisseaux	65
Total	111

BATEAUX A VAPEUR DE RÉSERVE ET VAISSEAUX DE NAVIGATION	
Bateaux à vapeur de première réserve	9
— — de réception et de dépôt	8
— — de navigation	11
— — d'arpentage	4
— — de transport des troupes	3
— — de transport, etc.	45
— — de cabotage	33
— — de réserve, etc.	8
Total	250

COMMERCE — IMPORTATION — EXPORTATION — CHEM. DE FER — POSTES — TÉLÉGRAPHES — PORTS

IMPORTATION : 10.505.225,000 fr.
EXPORTATION : 3,752,575,000 fr.
IMPORTATION des Colonies : 2,108,525,000 fr.
EXPORTATION des Colonies : 1,621,475,000 fr.

CHEMINS DE FER : En exploitation 27.152 kil., dont Angleterre 18,294, Ecosse 4,587, Irlande 3,471.

POSTES : Bureaux 13,447. Lettres 1,019,000,000 dont l'Angleterre 856,000,000, Ecosse 91,000,000, Irlande 72,000,000 ; journaux et imprimés 299,000,000 dont Angleterre 242,000,000, Ecosse 33,000,000, Irlande 24,000,000. Cartes postales 93,000,000.

TÉLÉGRAPHES : Dépêches 21,575,207, lignes 176,535 kil.

PORTS : Londres, Liverpool, Hull, Plymouth, Southampton, Bristol, Birmingham, Manchester, Sheffield, Leeds, New-Castle, Bradford, Brighton, Nottingham, Dundee, Édimbourg, Glasgow, Dublin, Belfast, Cork.

GRANDE-BRETAGNE ET IRLANDE (SUITE)

COMMERCE (SUITE) — POIDS ET MES.

POIDS ET MESURES : Depuis le 29 juillet 1864 l'usage du système métrique est facultatif en Angleterre. *Mesures de poids.* Livre avoirdupois (livre commerciale) = 453 gr. 59. Pour les métaux on se sert de la livre troy = 12 onces = 373 gr. 24; 144 livres avoirdupois = 175 livres troy; 192 onces avoirdupois = 175 onces. *Mesures de longueur.* L'unité est le yard qui se divise en 3 pieds ou 30 pouces = 914.58348 millim. L'unité usuelle est le foot (pied) tiers du yard = 30.479 449 cent. et se subdivise en 12 inches ou pouc. L'inch (pouce) = 25.39954113 millimètres. *Mesures itinéraires.* Le mille légal, ou statute mille. On compte 69.042 milles au degré. Le mille = 1.6093 kil. *Mesures de superficie.* L'unité est l'acre = 40.4671 ares. *Mesures de capacité.* L'unité est le gallon impérial = 4,5135 litres.

VILLES PRINC. AVEC LEURS HAB. PAR MILLE.

Londres 3.489, Glasgow 545, Liverpool 522, Manchester 358, Birmingham 372, Dublin 515, Leeds 292, Sheffield 273, Edimbourg 215, Bristol 200, Bradford 174, Newcastle 140, Dundee 139, Hull 157, Portsmouth 125, Leicester 114, Sunderland 108, Brighton 101, Aberdeen 96, Nottingham 94, Oldham 89, Norwich 85, Wolverhampton 75, Plymouth 72, Greenock 70, Paisley 49, Perth 27.

SUPERFICIE

314.951 kilom. carrés sav.: Angleterre 151.020, Ecosse 78.893, Irlande 84.252. (103 hab. env. p. k. c., Angleterre 160 h. par k. c., Ecosse 45 h. par k. c., Irlande 63 h. par k. c.).

POPULATION (1877)

33.444.419 h. savoir : ANGLET.*** 24.347.509, ECOSSE 3.360.715, IRLANDE 5.336.395. Selon les cultes : *Angleterre*, anglicans 11.781.000, dissidents 3.971.000, catholiques 1.058.000, israélites 59.000; *Ecosse* : anglicans 73.200, Eglise d'Ecosse 1.473000, dissidents 1.486 000, catholiques 320.000, israélites 6.400 env.; *Irlande* : cath. romains 4.150.867, anglicans 667.979, presbytériens 497.648, méthodistes 43.441, membres d'autres sectes 52.442. ANGLETERRE (1876) : mariages 201.835, naissances 887.464, décès 510.508; ECOSSE : mar. 26.565, naiss. 126.749, décès 74.122; IRLANDE : mariages 26.505, naiss. 140.458, décès 92.499.

TABLES ADMINISTRATIVES

ÉCOSSE

DIVISION GÉOG. et POLIT.	habitants	kil. car.	hab. kil
1. NORTHERN	127.191	9.152	13
Shetland	51.605		
Orkney	31.272		
Caithness	39.989		
Sutherland	25.686		
2. NORT-WESTERN	168.486	19.181	9
Ross et Cromarty	80.909		
Inverness	87.480		
3. NORTH-EASTERN	395.093	9.816	40
Nairn	10.215		
Elgin	43.598		
Banff	62.010		
Aberdeen	244.607		
Kincardine	34.654		
4. EAST-MIDLAND	557.013	10.702	52
Forfar	237.528		
Perth	127.741		
Fife	160.510		
Kinross	7.208		
Clackmannan	23.742		
5. WEST-MIDLAND	249.731	10.919	23
Stirling	98.179		
Dumbarton	58.859		
Argyll	75.655		
Bute	16.977		
6. SOUTH-WESTERN	1.185.093	5.935	199
Renfren	216.919		
Ayr	200.743		
Lanark	765.279		
7. SOUTH-EASTERN	469.936	4.802	98
Linlithgow	41.191		
Edinburgh	328.555		
Haddington	37.770		
Berwick	36.474		
Peebles	12.314		
Selkerk	14.001		
8. SOUTHERN	209.471	8.588	25
Roxburgh	53.965		
Dumfries	74.794		
Kirkenbright	41.852		
Wigtown	38.795		

IRLANDE

PROVINCES	habitants	kil. carr.	hab. kil
LEINSTER	1.335.966	19.756	68
MUNSTER	1.390.402	24.554	57
ULSTER	1.830.398	22.189	83
CONNAUGHT	845.995	17.775	47

TABLE DES COLONIES

POSSESSIONS	kil. carré	habit.
Gibraltar (1873)	5	25.143
Héligoland	5	1.915
Malte (1875)	569	147.506
En *Europe*	579	174.562
Iles de Bahama	13.960	39.162
Bermudes	106	13.502
Dominion du Canada	8.822.817	3.686.596
Iles Falkland	12.279	1.102
Guyane anglaise	221.242	193.491
Honduras	19.585	24.710
Jamaïque et îles Turks	10.885	508.052
Iles Leeward	1.843	120.786
Newfoundland	104.114	161.574
Trinité	4.545	109.658
Iles Windward	2.150	287.655
En *Amérique*	9.213.524	4.957.846
Iles Fiji	20.807	1.569
N. Galles du Sud	799.159	606.652
Nouv. Zélande	270.030	375.856
Queensland	1.730.721	181.288
Australie méridionale	985.720	210.442
Tasmania	67.894	105.665
Victoria	229.078	825.272
Australie occidentale	2.527.283	26.709
En *Océanie*	6.630.692	2.329.251

ANGLETERRE

COMTÉS	kil. car	habitants	hab. kil
Bedford	1.196	146.257	122.2
Berks	1.826	196.475	107.6
Buckingham	1.890	175.879	93.0
Cambridge	2.124	186.906	88.0
Chester	2.862	561.201	196.1
Cornwall	3.535	562.343	102.3
Cumberland	4.053	220.253	54.3
Derby	2.665	579.594	142.3
Devon	6.707	601.574	89.6
Dorset	2.558	195.537	76.4
Durham	2.519	685.089	271.9
Essex	4.292	460.436	108.4
Glocester	3.258	534.640	163.1
Hereford	2.164	125.370	57.8
Hertford	1.583	192.226	120.1
Huntingdon	928	63.708	68.6
Kent	4.207	848.294	201.6
Lancaster	4.954	2.819.495	591.7
Leicester	2.080	269.511	129.4
Lincoln	7.185	436.599	60.7
Middlesex	729	2.539.765	3621.0
Monmouth	1.491	195.448	131.1
Norfolck	5.481	438.656	80.0
Northampton	2.412	245.891	99.8
Northumberland	5.036	586.646	76.4
Nottingham	2.129	519.758	150.6
Oxford	1.913	177.975	93.0
Rutland	388	22.073	56.8
Salop	3.343	248.111	74.5
Somerset	4.238	463.485	109.3
Southampton	4.551	544.684	125.7
Stafford	2.948	858.326	291.1
Suffolk	3.835	548.869	90.9
Surrey	1.958	1.090.635	562.7
Sussex	3.792	417.456	110.0
Warwick	2.282	634.189	278.0
Westmoreland	1.964	65.010	35.1
Wilts	3.501	257.177	73.4
Worcester	1.911	558.857	177.5
York (East Riding)	3.111	241.672	77.8
— (City)	11	64.908	5900.7
— (North Riding)	5.465	231.817	43.0
— (West Riding)	6.918	1.851.172	268.0

PAYS DE GALLES (WALES).

	kil. car	habitants	hab. kil
Anglesey	785	51.040	66.4
Brecon	1.862	59.901	32.1
Cardigan	1.794	73.441	40.8
Carmarthen	2.454	116.710	47.5
Carnarvon	1.498	106.121	78.0
Denbigh	1.562	105.102	67.2
Flint	748	76.312	102.0
Glamorgan	2.216	597.859	179.5
Merioneth	1.569	46.598	29.0
Montgomery	1.956	67.625	153.5
Pembroke	1.626	91.998	55.2
Radnor	1.101	25.430	23.0

PAYS	kil. carr.	habitants
Ascension	88	27
Colonie du Cap	580.595	720.984
Gambie	179	14.190
Côte d'Or	43.059	408.070
Griqua Land occid.	43.076	45.277
Lagos	13.000	62.021
Ile Maurice	1.817	339.571
Natal	48.560	326.959
Ste-Hélène	422	6.241
Sierra Léone	1.212	55.575
En *Afrique*	731.517	1.325.140
Aden	20	22.707
Ceylan	65.975	2.459.542
Hong-Kong	80	121.985
Inde anglaise	2.358.955	190.840.848
Labouan	78	4.898
Perim	12	211
Straits Settlements	5.742	508.097
En *Asie*	2.426.842	195.758.288

POSSESSIONS ANGLAISES EN EUROPE

Gibraltar, Héligoland et Malte, Colonies de la Couronne, c'est-à-dire colonies dans lesquelles la Couronne exerce un contrôle général sur la législation et sur l'administration. GIBRALTAR : *Dépenses*, 1,050,000 fr. *Recettes*, 1,000,000 fr. *Armée*, 4,918 hommes. — MALTE : *Dépenses* 4,050,000 fr. *Recettes*, 4,575,000 fr. *Importation*, 214,625 fr. *Exportation*, 191,775 fr. *Armée*, 5,143 hommes.

GRÈCE [Hellas]

(ROYAUME)   (CAP. ATHÈNES)

SITUAT. AST. 55° 49' — 59° 17' lat. nord. 16° 38' — 25° 55' long. est.

CLIMAT Le climat au nord appartient aux régions tempérées du centre de l'Europe, le sud et l'est font partie de la zone subtropicale.

GOUVNEMENT / **POUV. EXÉCUTIF** / **POUV. LEGISL.** — CHEF DE L'ÉTAT. Georges I, roi, né en 1845 (maison de Slesvig-Holstein-Sonderbourg-Glücksbourg), avénement 1863 ; (Olga-Constantinovna, reine, née en 1851 ; Constantin, prince royal, né en 1868). La Grèce est une monarchie constitutionnelle et héréditaire. LE POUVOIR EXÉCUTIF est représenté par le roi. LE POUVOIR LÉGISLATIF est exercé par une seule chambre : *la chambre des députés*, 187 membres élus pour 4 ans, par le VOTE DIRECT de la nation. 7 MINISTÈRES : *les ministres de la justice, des cultes et de l'instruction publique, des affaires étrangères, de l'intérieur, des finances, de la guerre, de la marine.*

JUSTICE — LA COUR SUPRÊME (Aréopage) siége à Athènes. 4 COURS D'APPEL : Athènes, Nauplie, Patras, Corfou. COUR DES COMPTES à Athènes.

CULTES — La religion orthodoxe grecque est celle du pays. Elle est indépendante du patriarche de Constantinople ; elle est administrée par un Saint Synode siégeant à Athènes, présidé par un archevêque métropolitain. Le continent et l'Eubée se divisent en 4 archevêchés : Athènes, Chalkis, Phthiotide, Acarnanie et Etolie, et 4 évêchés. Le Péloponèse se divise en 6 archevêchés : Argolide, Patras et Elide, Mantinée et Cynurie, Messène, Morembasie, Sparte, et en 6 évêchés. Dans les îles de la mer Egée, 1 archevêché : Syra et Tenos, et 3 évêchés. Dans les îles Ioniennes, 5 archevêchés : Corfou, Céphalonie, Ste-Maure (Leucades), Zante, Cérigo. Pour les catholiques romains, il y a 2 archevêchés : Naxos et Corfou, et 4 évêchés.

INST. PUBL. — Les écoles publiques sont divisées en 4 classes : 1° les écoles communales ; 2° les anciennes écoles grecques ; 3° les gymnases ; 4° l'Université. Le nombre des professeurs, des écoles publiques et privées, s'élève à 500 env. Élèves, 64.061, dont 6.250 filles ; 8 gymnases avec 50 professeurs et 1.124 élèves. L'Université d'Athènes compte 1200 étudiants env. L'Arsakeion, excellent collége consacré à l'éducation des filles. On compte en outre 4 écoles de médecine, 1 de théologie, 1 école militaire, 1 d'agriculture et 1 école des arts.

INTÉRIEUR / **NOMES** — La Grèce se divise en 13 NOMES ou NOMARCHIES, y compris les Cyclades et l'Eubée, subdivisées en 59 *éparchies*. Les cantons de l'éparchie portent le nom de *dime* ou *dimarchies* et les diverses communes rurales qui les composent sont administrées par des *parèdres* ou *adjoints du dimarque*. Ils sont tous nommés par le roi et reçoivent une légère rétribution.

FINANCES

DÉPENSES / RECETTES / DETTE / MONNAIES / POSTES / TÉLÉGRAPHES / CHEMIN DE FER

DÉPENSES		RECETTES	
Dette	8.553.749	*Impôts directs*	11.605.000
Pensions (liste civile, 1.125.000)	4.943.800	*Contributions directes*	18.155.000
Ministère de la justice	3.016.045	*Etabl. publ.* (postes, 650.000; télég. 500.000)	1.155.000
— des cultes et instruction	2.111.949	*Domaines et vente des domaines*	5.580.000
— des affaires étrangères	1.127.196	*Recettes*	1.232.000
— de l'intérieur	4.802.743	*Arrérages*	1.500.000
— des finances	1.805.270	Total	39.247.000
— de la guerre	7.637.104		
— de la marine	2.114.705	DETTES { Dette extérieure	335.513.422
Frais d'administration, dépenses diverses	4.977.262	Dette intérieure	147.569.480
Total	41.067.825	Total	483.082.902

MONNAIES. L'unité monétaire est le *drachme*, il égale 1 franc, et se divise en 100 *leptas* (centimes). V. France.
POSTES. Bureaux, 136; lettres, 2.575.481 ; journaux, 1.300.019; dépêches offic., 670.914.
TÉLÉGRAPHES. Bureaux, 69. Lignes, 1600 kilom. Télégrammes (1874), 964.497, (1875) 254.205.
CHEMINS DE FER. En exploitat. la lig. d'Athènes au Pirée, 12 kil.

GUERRE

ARMÉE — Le service militaire est obligatoire. Les forces militaires se composent de *l'armée active* et de *la garde nationale* (1re et 2e réserve). La durée du service est de 12 ans, 3 ans dans l'armée active, 3 ans dans la 1re réserve et 6 dans la 2e. En temps de guerre on compte 30.000 hommes et 50 bouches à feu.

ARMÉE ACTIVE	offic.	soldats
Infanterie (15 bataillons)	580	9.971
Cavalerie (5 escadrons)	23	517
Artillerie (6 batteries à 5 pièces)	49	697
Gendarmerie	90	1.516
Pionniers	21	471
Employés au ministère de la guerre	186	542
Total	749	13.314

TABLE POLITIQUE

La superficie de la Grèce est de 50.123 kil. c.

	kil.car. popul. hab.kil.
GRÈCE CENTRALE	19.575—541.058— 17
L'ÉLOPONÈSE	21.568—645.380— 30
ILES DE LA MER EGÉE	6.568—205.846— 32
ILES IONIENNES	2.412—219.050— 91

ILES IONIENNES	
CORFOU	580— 72.450—125
PAXOS OU ANTIPAXOS	70— 3.600— 51
LEUCADE	475— 21.000— 44
CÉPHALONIE	757— 67.500— 89
ITHAQUE OU THÉAKI	110— 10.000— 91
ZANTE OU ZAKYNTHOS	420— 44.500—107

MARINE

MAR. DE L'ÉTAT / MARINE MARCH. — MARINE DE L'ÉTAT : 2 frégates blindées; 7 vapeurs à hélice ; 12 navires à voiles. Personnel, 71 officiers ; 581 hommes. MARINE MARCHANDE : 5.202 nav. jaugeant 250.077 tonnes, y compris 20 vapeurs, jaugeant 7.883 tonn. et 4.097 nav. jaugeant au-dessous de 60 tonn. — Equipage : 26.000 hommes env.

COMMERCE

IMPORTATION / EXPORTATION — IMPORTATION : 120 millions fr. (objets manuf., céréales, peaux, sucre, bois, bétail, riz, etc.). EXPORTATION : 75 millions fr. (coton, raisins dit de Corinthe, plomb, huile d'olive, figues, tabac, vin, vallonée (pour teindre), etc.

POIDS. ET MESURES

Le système métrique. Mais les dénominations ont été changées; on a également changé la valeur des composés du *kilo* ou *drachme* : *Tonne* : 1.500 kilogr.; *talent* : 150 kilogr.; *Mine royal* : 1,50 kilogr. *Drachme* : 1 kilogr. Le décigr. s'appelle *piki-royal* ; le décimètre, *palme* ; le centim. : *pouce* ou *centimetron* ; le millim. : *ligne* ou *millimetron*. Le kilomètre, porte le nom de *stadion royal*. Le myriamètre celui de *mille grec*. Le *stremma royal* = 1000 piki carrés ou mètres carrés = 10 ares. Le litre a conservé le même nom qu'en France, il se subdivise en 10 *kolitos* (décilitres), 100 *mystron* (centilitres), 1000 *kubus* (millil.). L'hectolitre de blé porte le nom de *kilo*.

POPULATION

1.437.894 hab. (1.389.955 Grecs; 37.598 Albanais (Arnautes); 1.217 Moldo-Valaques, etc. (Marins hors du pays, etc., env. 47.000 y compris). (29 hab. par kil. carré.)

VILLES PRINCIP — Athènes, 44.510 hab.; Syra (Hermopie), 21.000 hab. ; Patras, 19.641 hab.; Zante, 17.516 hab. ; Corfou, 15.452 hab.

TABLE ADMINISTRATIVE DE LA GRÈCE

NOMES	kil. c. popul., hab. kil.	ÉPARCHIES AVEC LEURS HABITANTS PAR MILLE
ARCADIE	3.255—131.740—40	Mantinée, 46.2 ; Kynuria, 26.7 ; Gartynia, 41.4 ; Megalopolis, 17.4.
LACONIE	4.546—103.851—24	Lacédémone, 46.4 ; Gythion, 15.9 ; Itylos, 26.5 ; Epidauros Limera, 18.9.
MESSÉNIE	5.176—130.417—41	Kalamae, 23.0 ; Messénie, 29.5 ; Pylia, 20.9 ; Triphylia, 29 ; Olympia, 25.9.
ARGOLIDE ET CORINTHIE	3.749—127.820—34	Nauplia, 15 ; Argos, 22.1 ; Corinthe, 42.8 ; Spezia, 19.9 ; Hydra et Trézène.
CYCLADES	2.399—123.295—51	Syros, 50.6 ; Kea, 8.7 ; Andros, 19.7 ; Tinos, 11, Naxos, 20 ; Thira, 21 ; Milos, 10.8.
ATTIQUE ET BÉOTIE	6.426—136.804—21	Attique, 76.9 ; Egine, 6.1 ; Mégare, 14.9 ; Thèbes (Thiva), 20.7 ; Livadi, 18.1.
EUBÉE	4.076— 82.541—20	Chalcis, 29 ; Xérochorion, 11.2 ; Karystia, 33.9 ; Skopelos, 8.4.
PHTHIOTIDE ET PHOCIDE	5.516—106.421—20	Phthiotis, 26.7 ; Parnassis, 20.4 ; Lakris, 20.9 ; Doris, 49.1.
ACARNANIE ET ÉTOLIE	7.835—121.695—16	Mis-olonghi, 19 ; Valtos, 14 ; Trichonia, 14.5 ; Eurytania, 55 ; Naupactia, 22 ; Vonitza, 19.
ACHAÏE ET ÉLIDE	4.942—149.561—50	Patras, 46.5 ; Aegialia, 12.8 ; Kalavryta, 39.2 ; Ilia (Elis), 51.
CORFOU	1.107— 96.940—88	Corfou, 25.7 ; Mesi, 21.8 ; Oros, 25 ; Paxi (Paxos), 3.6 ; Leucade ou Ste-Maure), 20.9.
CÉPHALONIE	781— 77.582—99	Krancea, 53.4 ; Poli, 17.4 ; Sami, 16.8 ; Ithaque, 9.9.
ZANTE	719— 44.557—62	Zacynthe (Zante), 44.6.

ITALIE

(ROYAUME) (CAP. ROME)

SITUATION ASTRONIQUE
46° 41' — 36° 38' latitude.
4° 13' — 16° 10' longitude.

CLIMAT
Palerme, moyenne, 18°; plus haut 38°; plus bas, 2°.
Naples, moy., 16°; pl. h., 40°; pl. b., 5°
Venise, moyenne, 13°; plus haut, 35°; plus bas, 1° 82.

PLUIE
A Palerme, moyenne 0m66; à Naples, 10m947 à la base des Apennins, 1m10; au sommet, 2m40.

GOUVERNEMENT / CHEF DE L'ÉTAT / POUV'EXÉCUTIF / POUV'LÉGISLAT

CHEF DE L'ÉTAT. Humbert Ier, roi, né en 1844 (maison de Savoie), avén. en 1878, reine Marie-Marguerite née le 21 novembre 1851 (Victor-Emmanuel, prince royal, né en 1869). LE POUVOIR EXÉCUTIF est représenté pa[r] le chef de l'État. L'Italie est un royaume héréditaire et constitutionnel. LE POUVOIR LÉGISLATIF est représen[té] par deux chambres : *Chambre des sénateurs*, les membres choisis par le roi (le nombre est illimité). *Chambr[e] des députés*, chacun des membres élu pour 5 ans. *Système électoral*: 508 collèges électoraux comprenant 400.0[00] électeurs. 9 MINISTÈRES : les ministères *de la justice, de la grâce et des cultes; des affaires étrangères; [de] l'intérieur; des finances; de la guerre; de la marine; de l'instruction publique; des travaux public[s] du commerce, de l'industrie et de l'agriculture.* CONSEIL D'ÉTAT : 1 président, 5 présidents de section

JUSTICE

Le premier degré est celui de la *judicature de paix*. Chaque commune a au moins un *conciliateur*, nomm[é] pour 5 ans par le gouvernement sur la présentation du *conseil municipal*. Le *préteur* rend la justice dan[s] les chefs-lieux des « mandements, » c'est le *juge de première instance*; il est assisté par un ou plusieu[rs] *vice-préteurs*. Au-dessus du préteur siègent les magistrats des 151 *tribunaux civils et correctionnels*, pui[s] viennent les juges des 24 *cours d'appel* et ceux des 4 *cours de cassation* (Florence, Naples, Palerme et Tu[-]rin), qui prononcent en dernier ressort. *Une cour des comptes* pour tout le royaume. Le pays est divisé e[n] 86 *districts de cours d'assises* et en 23 *districts de tribunaux de commerce*, également subordonnés au[x] cours d'appel et aux cours de cassation.

CULTES / CH. DE L'ÉGLISE CATHOLIQUE / CARDINAUX

La religion catholique, apostolique et romaine est la religion de l'État. Rome est la résidence du Pape Léon XII[I]
CHEF DE LA RELIGION CATHOLIQUE. Les 70 *cardinaux* sont les grands dignitaires de ce gouvernement de[s] âmes. Ils se divisent en 5 classes : les cardinaux qui résident à Rome (6), les cardinaux-prêtres à Rome et [à] l'étranger (50), les cardinaux-diacres (14). Lors de la vacance du Saint-Siège, le collège des cardinaux réuni[s] en conclave nomme le nouveau pontife choisi parmi les candidats âgés de plus de 55 ans; il faut en outre l'a[s]sentiment des gouvernements de France, d'Espagne, d'Autriche et d'Italie pour que le nouvel élu soit pro[-]clamé, et reçoive le pallium et la tiare.
L'Italie se divise religieusement en 47 *archevêchés*, subdivisés en 206 *évêchés* et prélatures indépendante[s]
La population ecclésiastique se compose d'environ 100.000 prêtres. Les couvents sont supprimés depuis 1866.

INTÉRIEUR / PROVINCES / ARRONDISSEMENTS / COMMUNES

L'Italie se divise en 69 PROVINCES; celles-ci se divisent en 284 *circondarii* (arrondissements ou circonscri[p-]tions). Les arrondissements sont subdivisés en 1.779 « *mandamenti* » (mandements) qui sont des division[s] purement judiciaires, et en 8.360 *communes*. Les provinces sont gouvernées par un *préfet* et par un *conse[il] de préfecture*. Le *sous-préfet* agit avec des attributions analogues dans les arrondissements; enfin le *sindac[o]* qui est le délégué du pouvoir dans la commune.

FINANCES / DÉPENSES / RECETTES / DETTE / MONNAIES

DÉPENSES

1° Ministère de la grâce, de la justice et des cultes; ord. : 27.504.752; extraordinaire : 329.400 ... **27.634.152**
2° Ministère des affaires étrangères, ordinaire : 5.891.881; extr. : 174.856. ... **6.066.737**
3° Ministère de l'intérieur, ordinaire : 52.754.361; extraord. : 3.301.820. ... **56.056.181**
4° Ministère des finances, ordinaire : 875.857.327; extraord. : 21.563.864 (intérêts et amortiss., 564.578.554; dette flottante, 156.033.711; pensions, 59.313.716; liste civile et apanages, 14.250.000). ... **897.421.191**
5° Ministère de la guerre, ordinaire : 170.246.468; extraord.: 25.423.000. ... **195.669.168**
6° Ministère de la marine, ordinaire : 40.459.778; extraord.: 1.191.000 ... **41.650.778**
7° Ministère de l'instruction publique, ord.: 21.271.937; extraord.: 775.324. ... **22.045.261**
8° Ministère des travaux publics, ord. 50.061.418; extraord.: 85.903.099. (Chemins de fer, ord.:1.880.800; extraord. : 57.997.659; télégraphes, ord.: 7.201.720; extraord. 50.000; postes : 19.209.274 ... **133.966.517**
9° Ministère de l'agriculture, de l'industrie et du commerce, ordinaire : 9.761.513; extraord.: 555.705. ... **10.117.218**

Total ... **1.390.607.205**

RECETTES

Impôt foncier sur les revenus	362.759.27
— sur les moutures	81.000.00
Droits de mutation	142.496.00
Droits sur la fabrication de l'alcool, etc.	3.200.00
Douanes, octrois	175.634.75
Régie (tabac, sels)	171.484.89
Loterie	75.400.00
Services publics et taxes diverses	17.576.14
Revenus des postes... 27.047.226 / des chemins de fer. 36.000.000 / des télégraphes.. 8.635.550	74.682.776
Recettes éventuelles	7.127.479
Revenus des biens de l'État	74.749.456
Remboursements, etc.	87.965.955
Recettes ordinaires	1.270.777.014
— extraordinaires	94.222.585
— des biens ecclésiastiques	55.410.000
Total	1.598.409.599

DETTES

Dette consolidée	7.180.815.599
Dettes séparément inscrites	1.183.280.045
— diverses, intérêts arriérés	406.472.540
— flottante	1.115.021.045
Total	9.885.589.226

Billets de la banque à cours forcés ... 1.484.400.000

MONNAIES. — L'unité monétaire est *la Lire* : 1 franc. (Voir page 84.)

GUERRE / ARMÉE / DIV. MILITAIRE / PLACES FORTES

ARMÉE	Offic.	en serv.	en congé	Total
État-major (dont 130 généraux). Administration, etc.	1.430	»	»	»
Infanterie de ligne.	4.840	97.458	123.341	220.799
Bersaglieri	760	16.255	21.147	37.402
Cavalerie.	898	18.669	15.437	34.106
Artillerie.	946	20.786	27.462	48.248
Génie.	223	4.702	4.916	9.618
Service sanitaire.	556	1.152	2.065	3.217
Service sédentaire.	127	1.614	»	1.614
A reporter.	9.580	160.636	194.368	355.004

ARMÉE	Offic.	en serv.	en congé	Total
Report.	9.580	160.636	194.368	355.004
Carabiniers (gendarmerie).	606	20.970	»	20.970
« Distretti » militaire.	1.438	15.398	10.567	25.965
Instituts et établiss. divers.	2.070	7.251	236	7.487
1° Armée permante	13.694	204.255	205.171	409.426
2° Réserve.	1.016	14.786	166.409	181.195
3° Milice mobile	2.610	»	277.265	277.265
4° Offic. de réserve.	1.516	»	»	»
Total général.	18.836	219.041	648.845	867.886

Tous les hommes valides sont obligés de servir de 21 à 39 ans.

DIVISIONS MILITAIRES : 7 corps d'armée; 16 *divisions territoriales* subdivisées en 63 *districts militaires*.

PLACES FORTES : Mantoue, Peschiera, Legnano, Venise, Malghera, Palma, Rocca-d'Anfo, Alexandrie, Cassale, Gênes, Plaisance, Ferrare, Ancône, Gaëte, Capoue, Tarente, Messine.

ITALIE

MARINE DE L'ÉTAT

MARINE DE L'ÉTAT	Nombres	Canons	Chevaux
Navires blindés	18	152	38.881
— à hélice	19	117	17.070
— à aubes	10	46	7.180
Transp. à hélice	15	44	5.072
— à aubes	6	»	854
Total . . .	66	359	93.065

MARINE — MARINE DE L'ÉTAT — STATIONS NAVALES — MARINE MARCHANDE

PERSONNEL : 425 offic. y compris 12 amiraux, 63 offic. mécaniciens, 50 offic. des arsenaux, 95 offic. comptables, 113 offic. de l'inf. de marine, 46 offic. constructeurs, 183 offic. du commissariat, 118 employés civils, 7.260 sous-offic. et matelots, 2.520 sold. de marine. STATIONS NAVALES : Spezia, Gênes, Naples, Castellamare di Stabbia, Venise, Ancône, Tarente. MARINE MARCHANDE : 142 vap. jaugeant 57.881 tonnes, 10.903 nav. à voiles, jaug. 1.020.488. Pour les services des ports et des côtes. 9.043 navires. Barques de pêch., 15.936, jaug. 48.785 tonnes.

INSTRUCTON PUBLIQUE

Écoles primaires (1875) 43.580. — 1.639 107 enfants. — d'adultes (1869) 4.619. — 153.235 personnes. — second. (lycées, gymn.) 512. 25.408 personnes. Universités, 22. — 10 524 personn. Env. 35 Italiens sur 100 sav. lire.

TRAVAUX PUBLICS — CHEM. DE FER ET CANAUX — TÉLÉGRAPHES — POSTES

CH. DE FER (1877) en expl. 7.894 k. (privé, 6.079 k., à l'Etat, 1.625 k.) Id. en construction, 670 k. (privé 529 k., à l'Etat, 541 k.) CANAUX et RIVIERES NAVIGABLES : 2 990 kil. TÉLÉGRAPHES : 22.349 kil., non compris 178 kil. de câbles sous-marins. *Bureaux :* 1.788, non compris 35 bureaux sémaphoriques. *Dépêches :* 5.547.570. POSTES : *Bureaux* (1875) 5.010. *Lettres* (1875) 119.891.126. Imprimés : 113.849.558. L'Italie fait partie de l'*Union générale des postes*.

BIENFAISANCE

BIENFAISANCE : 19,855 œuvres et institutions de bienf., 155 hospices de maternité, 52 maisons d'aliénés ; 855 salles d'asile, avec 102,818 enfants des deux sexes. sociétés de secours 445, avec 121,653 membres.

COMMERCE — IMPORTATION — EXPORTATION — PORTS — POIDS & MESᵗᵉˢ

IMPORTATION . . 1.550.000,000 fr (Céréales, tabac, denrées coloniales, vins, soie, tissus, corderies, matières textiles, etc.) EXPORTATION . . 1.217.000.000 fr. (Matières textiles, objets manufacturés, marbre, soie, fruits, vins, etc.) PORTS : Gênes, Venise, Ancône, Brindisi, Bari, Barletta, Malfetta, Reggio, Naples, Civita-Vecchia, Livourne, Castellamare di Stabbia, Spezia, Messine, Catane, Palerme, Syracuse, Girgenti, Marsala. POIDS ET MESURES (Syst. métriq.)

SUPERFICIE

296.015 kil. carrés dont 155.500 cultivés, 71.000 pâturages et prairies, 51.515 forêts, 40.000 terrains incultes.

POPULATON

27.482.174 habit dont 27.022,635 cathol., 58.800 protest., 35.500 israél., 365.224 d'autres cultes. (92 habitants par kil. carré.)

NAISSANCES

Environ 1 million par an (1873) : 1.013.559 ; 1874 : 978,649 ; 1875 : 1.035.577.)

MARIAGES

Environ 200.000 par an (1875 : 214 900 ; 1874 , 207.997 ; 1875 : 230.486.)

DÉCÈS

Environ 810.000 par an (1875 : 842 524 ; 1874 : 854.244 ; 1875 : 845 161.)

TABLE POLITIQUE ET ADMINISTRATIVE

DIVISIONS TERRITORIALES	69 PROVINCES	SUPERFICIE	POPULATION	Habitants par kilom. c.	PRINCIPALES VILLES Avec leurs hab. par mille
PIEMONTE (Piémont)	Novara (Novare) .	6.844—	624.985—	95	Novara, 14.4.
	Torino (Turin) . .	10.270	972.986—	97	Torino, 192.5.
	Alessandria (ie)	5.055—	695.561—	135	Alessandria, 28.4.
	Cuneo (Coni) . . .	7.156—	618.232—	87	Cuneo, 12.8.
LOMBARDI (Lombardie)	Sondrio	5.260—	111.241—	54	Sondrio, 5.5.
	Como (Come) . . .	2.717—	477.642—	276	Como, 11.6.
	Bergamo (Bergame)	2.660—	368.152—	158	Bergamo, 22.6.
	Milano (Milan) . .	2.995—	1.009.794—	357	Milano, 199.
	Brescia	4.621—	456.025—	99	Brescia, 40.5.
	Pavia (Pavie) . .	3.550—	448.455—	155	Pavia, 28.7.
	Cremona (Cremone)	1.736—	540.595—	175	Cremona, 28,
	Mantova (Mantoue)	2.216—	288.942—	130	Mantova, 50.
LIGURIA (Ligurie)	Porto Maurizio.	1.210—	127.055—	105	Portᵒ Maurizio,6.5
	Genova (Gênes). .	4.114—	716.759—	174	Genova, 150.5.
VENEZIA (Vénétie)	Verona (Vérone) .	2.854—	367.457—	129	Verona, 60.
	Vicenza (Vicence)	2.696—	365.161—	135	Vicenza, 33.5.
	Belluno (Bellune)	3.271—	175.282—	54	Belluno, 18.6.
	Padova (Padoue) .	2.086—	564.450—	175	Padova, 55.6.
	Rovigo	1.689—	200.855—	119	Rovigo, 9.6.
	Treviso (Trévise)	2.431—	352.558—	145	Treviso, 22 2.
	Udine	6.451—	481.586—	75	Udine, 25.2.
	Venezia (Venise).	2.199—	357.558—	155	Venezia, 128.1.
EMILIA (Emilie)	Piacenza	2.500—	225.775—	90	Piacenza, 54.9.
	Parma (Parme) . .	3.240—	264.581—	82	Parma, 44.9.
	Reggio	2.288—	240.655—	105	Reggio, 21.2.
	Modena (Modène) .	2.502—	275.251—	109	Modena, 50.9.
	Ferrara (Ferrare)	1.216—	213.569—	97	Ferrara, 28 5.
	Bologna (Bologne)	5.604—	439.252—	122	Bologna, 89.1.
	Ravenna (Raven.).	1.922—	221.115—	115	Ravenna, 19.1.
	Forli	1.855—	234.090	126	Forli, 17 7.
MARCHES	Pesaro et Urbino.	2.965—	215.072—	72	Pesaro, 10.8.
	Ancona (Ancône) .	1.916—	262.549—	156	Ancona, 28.4.
	Macerata.	2.757—	256.994—	87	Macerata, 10.4.
	Ascoli Piceno. . .	2.096—	205.004—	97	Ascoli Piceno,11.1
UMBRIA (Omb.)	Umbria (Ombrie).	9.655—	549.601—	57	Perugia, 14.9.
TOSCANA (Toscane)	Massa et Carrara.	1.760—	161.944—	92	Carrara, 6.8.
	Lucca (Lucques).	1.494—	280.599—	193	Lucca, 22.
	Firenze (Florence)	5.861—	766.824—	151	Firenze, 125.5.
	Livorno.	526—	118.831—	565	Livorno, 80.9.
	Pisa (Pise)	3.056—	265.959—	87	Pisa, 25.9.
	Arezzo	3.306—	254.645—	71	Arezzo, 11.1.
	Siena (Sienne) . .	3.793—	206.446	55	Siena, 28.
	Grosseto	4.455—	107.457—	25	Grosseto, 5.9.
ROMA (Rome)	Roma (Rome). . .	11.790—	856.704—	71	Roma, 219.6.
ABRUZZO & MOL (Abruzzes)	Abruzzo Ult. 1ᵉʳ..	3.525—	246.004—	74	Teramo, 9.6.
	Abruzzo Ult. II..	6.500—	532.784—	51	Aquila degli Ab.12
	Abruzzo Citer. .	2.861—	559.986—	119	Chieti. 12.9.
	Molise	4.604—	364.208—	79	Campobasso, 15.4
CAMPANIA (Campanie)	Terra di Lavoro.	5.975—	697.405—	117	Capua, 12.5.
	Benevento	1.752—	252.008—	121	Benevento, 16.5.
	Napoli (Naples).	1.111—	907.752—	817	Napoli, 415.6.
	Principauté Cit .	5.481—	541.758—	99	Salerno, 21.
	Principauté Ult.	3.649—	375 691—	105	Avellino, 15.5.
APULIA (Pouilles)	Capitanata	7.652—	322.758—	59	Foggia, 54.2.
	Terra di Bari .	5.958—	604.540—	102	Bari, 49.4.
	Terra d'Otranto.	8.550—	495.591—	58	Lecce, 17.9.
BASILICATA	Basilicata. . . .	10.676—	510 543—	48	Potenza. 15.5.
CALABRIA (Calabres)	Calabria Citer.	7.558—	440.468—	60	Cosenza, 11.7.
	Calabria Ult. 1ᵉʳ.	5.975—	412.226—	69	Reggio, 15.7.
	Calabria Ult. II.	5.924—	555.608—	90	Catanzaro, 17.2.
SICILIA (Sicile)	Messina (Messine)	4.579—	420.649—	92	Messina, 70.5.
	Palermo (Palerm).	5.087—	617.678—	121	Palermo, 186.2.
	Trapani.	3.146—	256.588—	75	Trapani, 26.9.
	Caltanisetta . . .	3.768—	250.066—	61	Caltanisetta 21.5
	Girgenti	3.861—	289.018—	75	Girgenti, 15.9.
	Catania (Catane)..	5.102—	495.415—	97	Catania, 85.5.
	Noto (Syracuse).	5.697—	294.885—	80	Siracusa, 17.4.
SARDAIGNA (Sardaigne)	Sassari	10.720—	243.452—	25	Sassari, 50.5.
	Cagliari	13.550—	595.208—	29	Cagliari, 29.9.
ILES	ÎLES : Lipari, 52 kil. carrés, 14.000 habit.; Vulcano, 25 k. c., 100 h.; Panaria et ilots voisins, 20 k. c., 200 h.; Stromboli, 20 k. c., 500 h.; Salina, 28 k c., 4.500 h.; Felicudi, 15 k.c., 800 h.; Alicudi, 8 k. c., 500 h ; Elbe, 220 k. c., 21.000 h.; Panteleria, 105 k. c., 6.000 h.; Linosa, 12 k. c., 900 h.; Lampedusa, 8 k. c., 600 h.				

PAYS-BAS

(ROYAUME)   **PAYS-BAS**   (CAP. LA HAYE)

SITUATION ASTRONOMIQUE : 50° 43' — 53° 37' lat. N. ; 1° — 4° 51' long. E.

CLIMAT : Température moy. est de 19°, temp. plus haute 35°, temp. plus basse 11°.

PLUIE : En moy. il pleut 5 jours par sem., la plus gr. quant. de pluie qui tombe annuellem. ne dépasse pas 29 centim.

GOUVERNEMENT — CHEF DE L'ÉTAT — POUV. EXÉCUT. — POUV. LÉGISLAT. — CHEF DE L'ÉTAT. Guillaume III, roi, né en 1817 (maison de Nassau), avénem. 1849. (Guillaume, prince d'Orange, né en 1840.) La monarchie des Pays-Bas est constitutionnelle et héréditaire. LE POUVOIR EXÉCUTIF est exercé par le *roi* assisté par des ministres responsables et par un *Conseil d'Etat* dont il nomme les membres (présid. le roi ; 17 memb.). *Conseil de cabinet* (présid. le roi ; 9 memb. dont les 7 ministres). LE POUVOIR LÉGISLATIF s'exerce par le roi et les Etats généraux, divisés en 2 Chambres. 1re *Chambre* (39 memb. choisis parmi les plus imposés, élus pour 9 ans par des Conseils généraux). 2e *Chambre* 80 memb. (1 par 45.000 hab.) élus par tout Néerlandais domicilié, majeur et payant un impôt direct de 20 à 160 flor. — La 1re Chambre se renouvelle par tiers tous les 3 ans ; la 2e, par moitié tous les 2 ans. — 7 MINISTÈRES : les ministères de la Justice, des Affaires étrangères, de l'Intérieur, des Finances, de la Guerre, de la Marine, des Colonies.

JUSTICE — LA HAUTE COUR DE JUSTICE se compose d'un président, d'un vice-président et de 14 conseillers formant 2 chambres (civile et criminelle). Il y a, en outre, 11 *cours provinciales*, 34 *tribunaux d'arrondissement*, 150 *justices cantonales* (juge unique, remplacé en cas de besoin par des suppléants). Haute cour de justice militaire ; haute cour de noblesse.

CULTES — 5 CULTES reconnus et entretenus par l'Etat : *le culte protestant* (1 synode de l'Eglise réformée, 1 synode de l'Eglise évangélique luthérienne, société générale des Mennonites), *le culte catholique romain* (1 archevêque à Utrecht et 5 évêques), le culte de l'ancienne Eglise catholique épiscopale (1 archevêque et 2 évêques), *le culte israélite* et le culte israélite portugais.

INSTRUCT. — Il existe 3.694 *écoles primaires* avec 8.771 *instituteurs*, 1.514 *institutrices* et 422.387 *élèves* (dont 229.489 garçons). De plus 975 *salles d'asile* fréquentées par 28.494 garçons et 25.800 *filles*. Les écoles latines (colléges) et les *gymnases* (lycées) sont au nombre de 65 avec 254 *professeurs* et 1.777 *élèves*. Les 3 *universités* (Leyde, Utrecht, Groningue) comptent 1.283 *étudiants*.

INTÉRIEUR — PROVINCES — CHEM. DE FER — Le pays est divisé en 11 PROVINCES, administrées par des *commissaires du roi et des Etats provinciaux* élus, qui nomment des comités pour administrer dans l'intervalle de leurs sessions. Les provinces sont subdivisées en *communes* administrées par des *bourgmestres* nommés par le roi et par des *conseillers municipaux* élus. — CHEMINS DE FER : En exploitation, 1.695 kilom., dont 975 kilom. à l'Etat (1877).

BIENFAISANCE — La BIENFAISANCE publique est régie par la loi du 28 juin 1854, qui fixe le domicile de secours au lieu de la naissance. Les institutions de bienfaisance sont : 1° *les inst. de l'Etat, des provinces et des communes* ; 2° *les inst. des corporations religieuses* ; 3° *les inst. particulières* ; 4° *les inst. mixtes*. Les premières ne distribuent des secours qu'en cas d'insuffisance des autres. Les institutions étaient en 1869 au nombre de 5.494 dont 3.950 pour secours à domicile, 716 hospices pour vieillards, orphelins, etc., 64 hôpitaux, 11 maisons d'aliénés, 90 maisons ou ateliers de travail. Elles ont secouru en 1869 : 148.951 ménages et 81.089 célibataires ; le montant des secours a été de 22.705.836 fr.

FINANCES — DÉPENSES — RECETTES — DETTE — MONNAIES

DÉPENSES		RECETTES	
Maison du roi	1.837.500 fr.	Impôt direct	49.016.574 fr.
Autorités supér.	1.273.946	Accise	70.571.000
Justice	7.688.020	Timbre, etc.	41.525.480
Affaires étrangères	1.382.161	Domaines, douanes, etc.	15.546.298
Intérieur (chem. de fer, 21.210.000 fr.)	55.105.596	Postes	6.950.000
Finances (cultes, 4.518.580)	43.164.293	Télégraphes	1.543.500
Guerre	48.857.462	Loterie	905.000
Marine	29.201.296	Recettes diverses, droits, etc.	15.705.915
Dette publique	56.149.076	Colonies	20.947.251
Colonies	3.183.789	Chemins de fer	3.134.880
Dépenses imprévues	105.000		
Total	**247.648.079 fr.**	**Total**	**225.425.878 fr.**

MONNAIES. *Or* : ducat = fr. 11,83 ; Guillaume d'or = fr. 20,86. — *Argent* : florin de 100 cents = fr. 2,10 ; rixdaler = 2 florins et 1/2.

DETTES	
Dette nationale	1.915.605.519
— ne portant pas d'int.	21.000.000
Total	1.936.605.519

GUERRE — ARMÉE — PLACES FORTES — L'ARMÉE se compose de : *l'armée permanente*, les *scutterijs* (espèce de garde nationale) et le *ban général*. Pour l'armée permanente on est inscrit à l'âge de 19 ans, on tire au sort à 20 ans ; durée du service, 5 ans. Le service est obligatoire, cependant le remplacement est admis. Les *schutterijs* sont formés par tous les citoyens âgés de 25 ans ; durée du service, 10 ans, dont 5 ans en service actif. Le *ban général* comprend tous les citoyens capables de porter les armes jusqu'à 50 ans. Il n'est convoqué que dans le cas de grand danger.

MARINE — MARINE DE L'ÉTAT — MARINE MARCHANDE

MARINE DE L'ÉTAT

VAPEURS		BATEAUX A VOILES	
1 frégate à hélice	51 can.	1 batterie flottante	15 can.
2 béliers à tourelles	16 —	2 frégates	12 —
4 — cuirassés	16 —	1 vaisseau de ligne	19 —
12 monitors	25 —	5 corvettes	24 —
19 canonnières	21 —	2 bricks	8 —
11 corvettes / 25 goélettes	195 —	6 canonnières	12 —
14 vapeurs à aubes	52 —	1 goélette	4 —
86 vapeurs avec	**576 can.**	**18 bateaux à voiles**	**94 can.**

Equipages : 658 offic. dont 9 amiraux ; 121 offic., médecins et 121 offic. d'admin. 4.996 homm. — *Infanterie de marine*. 52 offic., 2.121 sous-off. et sold.

MARINE MARCHANDE : 84 vapeurs jaugeant 162.857 m. c., et 1.702 nav. à voiles, jaugeant 1.025.107 m. c. Total, 1786 navires, jaugeant 1.187.964 m. c.

ARMÉE PERMANENTE (Guerre)

	offic.	soldats
Etats-majors	194	»
Infanterie	1.120	43.862
Cavalerie	184	4.522
Génie	26	1.002
Artillerie	442	11.278
Maréchaussée	40	565
Total	1.976	60.827

PLACES FORTES. — Amsterdam, Deventer, Zwolle, Zutphen, Groningue.

COLONIES — Les Pays-Bas possèdent : 1° une grande partie des îles de la Sonde, etc. (Voir MALAISIE, page 80) qui comptent 24.570.630 hab. et 1.592.551 kilom. carrés ; 2° différentes îles dans les Antilles (Voir les ANTILLES) qui comptent 41.024 hab. et 1.125 kilom. carrés, et 3° Surinam ou Guyane hollandaise, dans l'Amérique du Sud, qui compte 69.520 hab. et 119.521 kilom. carrés.

TABLE ADMINISTRATIVE

PROVINCES	kil. c.	populat.	h. k.	VILLES PRINC. HAB. PAR MILLE
Brabant Sept.	5.128	451.695	87.9	Tilburg, 23 ; Bois-le-Duc, 24.
Gueldre	5.087	448.820	58.1	Arnhem, 37 ; Nymegen, 23.
Hollande Mérid.	2.991	748.162	25.0	La Haye, 100 ; Rotterdam, 132.
Hollande Sept.	2.750	629.513	25.0	Amsterdam, 290 ; Haarlem, 34.
Zélande	1.705	185.628	105.5	Middelbourg, 16.
Utrecht	1.385	184.084	111.2	Utrecht, 65.
Frise	3.273	315.804	96.4	Leuwarden, 27.
Over-Yssel	3.322	263.144	79.8	Zwolle, 21.
Drenthe	2.665	112.224	42.1	Hoogeveen, 11.
Limbourg	2.205	252.562	105.4	Maëstricht, 29.
Groningue	2.292	238.662	104.1	Groningue, 40.

COMMERCE — IMPORTATION — IMPORTATION. 1.509.576.600 fr. (céréales, denrées colon., semences, fruits, matières brutes, matières textiles, objets manufact., drogueries, huiles, combustibles, minerai, pierres, bois).

PAYS-BAS (SUITE)

COMMERCE **EXPORTATION** **POSTES** **TELEGRAPHES** **POIDS ET MES.** **PORTS**	EXPORTATION. 1.131.837.000 fr. (Beurre, fromage, bétail, poissons, harengs.) POSTES. Bureaux 1.282 ; lettres 58.350.898 ; journaux et imprimés, 37.408.368 fr. (1876). TELEGRAPHES. Bureaux 333, dont 162 à l'Etat; lignes 3.470 kilom.; dépêches 2.376.990 fr. (1876). POIDS ET MESURES. Les mêmes que ceux de France, sous les noms suivants : *mijl* = kilom., *elle* = mètre, *bunder* = hectare, *wisse* = stère, *mud* ou *zak* = hectog. (30 mudden = 1 last) *vat* = hectolitre, *kan* = litre, *pond* = kilogramme. PORTS. Amsterdam, Rotterdam, La Haye.
VILLES PRINCIP	(Voir la Table administrative.)
SUPERFICIE	32.859 kilomètres carrés (113 habitants environ par kilomètre carré).
POPULATION	3.899.527 habitants dont 2.195.281 protestants, 1.313.038 catholiques, 68.003 juifs. — Naissances 149.820. — Mariages 31.699. — Décès 97.796.

(GRAND-DUCHÉ) LUXEMBOURG (CAP. LUXEMBOURG)

SITUATION ASTRONOMIQUE	49°,26' — 50°,11' latitude N. 3°,24' — 4°,11' longitude E.
CLIMAT	La plus haute température observée est + 38°; la température la plus basse — 24°.

GOUVNEMENT **POUV. EXÉCUT.** **POUV. LÉGISL.**	CHEF DE L'ETAT. Guillaume III, grand-duc, roi des Pays-Bas. (Voir ces pays.) Monarchie constitutionnelle et héréditaire. En dehors de la personne du prince, le grand-duché de Luxembourg n'a rien de commun avec le royaume batave. Le souverain est représenté par un prince de sa famille qui porte le titre de : *Lieutenant du roi Grand-Duc.* — Le POUVOIR EXÉCUTIF est entre les mains du Chef de l'Etat et le POUVOIR LEGISLATIF est entre les mains de la Chambre des députés, sauf la sanction du souverain. La Chambre des députés se compose de 141 membres qui sont élus pour 6 ans par les cantons (au nombre de 13), et dont on renouvelle la moitié tous les 3 ans. Les élections sont directes. — Le Conseil du gouvernement est responsable, il se compose d'un MINISTRE chargé de la direction des *affaires étrangères*, et de 3 DIRECTEURS GÉNÉRAUX : de la *justice*, de l'*intérieur*, des *finances*. — Conseil d'Etat, présidé par un président et un vice-président.
JUSTICE	La Cour supérieure de justice siége à Luxembourg. La peine de mort est abolie en matière politique.
CULTES	La religion catholique romaine est celle du pays; tous les autres cultes sont libres. A la tête de l'Eglise catholique est un vicaire apostolique.
INTÉRIEUR	Le pays est divisé en 4 districts : Luxembourg, Diekirch, Grevemacher, Mersch. Les communes élisent leurs conseils municipaux, hors desquels le roi peut nommer les bourgmestres. Il sanctionne les impositions communales.

DÉPENSES (1877)	Fr.	RECETTES (1877)	Fr.
Liste civile.	200.000	Excédant de 1876.	700.000
Administration supérieure, etc.	208.970	Contributions directes, etc.	1.701.500
Affaires étrangères	23.400	Douanes	1.056.000
Justice.	299.364	Enregistrement	1.398.500
Cultes.	397.250	Domaines.	559.000
Guerre.	505.900	Postes.	320.000
Pensions, travaux publics, etc.	1.323.460	Télégraphes	38.000
Instruction publique	425.500	Prisons.	161.000
Intérieur (Prisons 214.000 fr.).	716.130	Recettes diverses. (Chem. de fer 20.500 fr.)	1.538.300
Dette publique.	604.000		
Dépenses diverses.	2.386.080		
Total.	7.092.054	Total.	7.252.300

FINANCES — **DÉPENSES** — **RECETTES** — **DETTE** — **MONNAIES**

DETTE PUBLIQUE. 12 millions de francs pour la construction des chemins de fer.
MONNAIES. Les monnaies, poids et mesures en usage, sont ceux des Pays-Bas. On compte aussi en *franc* et en *marck* (Allemagne).

GUERRE	ARMEE ACTIVE. 1 bataillon de chasseurs de 4 compagnies. Il compte 13 officiers et 500 hommes. La gendarmerie se compose de 5 officiers et 119 sous-officiers et soldats.
COMMERCE **CHEM. DE FER** **POSTES** **TELEGRAPHES** **POIDS ET MES.**	Le grand-duché fait partie de l'Union douanière allemande (Zollverein). CHEMINS DE FER. En exploitation, 273 kilomètres. POSTES. Lettres environ 700.000; journaux 450.000 et mandats de poste 12.000, sans compter les lettres contenant des valeurs. TELEGRAPHES. Environ 50.000 dépêches. POIDS ET MESURES. (Voir plus haut.)
VILLE CAPITALE	Luxembourg (capitale) 15.930 habitants.
SUPERFICIE	2.587 kilomètres carrés.
POPULATION	205.158 habitants. Selon les cultes (1875) 203.623 catholiques, 833 protestants, 661 israélites. Le français et l'allemand sont également parlés dans le grand-duché. Le français seul est parlé dans l'assemblée des Etats.

ZOLLVEREIN

Le territoire de l'Union douanière et commerciale allemande dite ZOLLVEREIN (union douanière) coïncide depuis l'empire d'Allemagne, avec les frontières de l'empire, à l'exception du grand-duché de Luxembourg et de la commune autrichienne de lungholz, au sud de Kempten. Restent exclus du Zollverein les territoires ports-francs de Hambourg et d'Altona, de Brême, de Bremerhaven, de Geestemunde et de Braque et de quelques communes du grand-duché de Bade sur la frontière du canton de Schaffouse. Les autorités suprêmes du Zollverein siégent dans chacun des Etats respectifs ; pour les Etats de la Thuringe, l'inspecteur général siége à Erfurt.

Pour l'Importation et l'Exportation voir Commerce de l'Allemagne (page 12).

TABLE DE LA SUPERFICIE ET DE LA POPULATION DES PAYS QUI FORMENT LE ZOLLVEREIN

	KILOMÈTRES CARRÉS	HABITANTS
L'empire d'Allemagne sauf les territoires désignés ci-dessus	540.241	42.156.464
Le grand-duché de Luxembourg.	5.587	205.158
La commune de lungholz	6	217
Total.	545.834	42.361.839

PORTUGAL

(ROYAUME)   **PORTUGAL**   (CAP. LISBONNE)

SITUATION ASTRONOMIQUE
42° 9' — 37° latitude nord.
11° 50' — 8° 30' longitude ouest.

CLIMAT : Moyenne ...... 23° ; Plus bas ...... 2° ; Plus haut ...... 40°

PLUIE : Moyenne, 0m750 dans l'année.

GOUVERNEMENT — CHEF DE L'ÉTAT — POUV. EXÉCUTIF — POUV. LÉGISLAT.
CHEF DE L'ÉTAT. Louis I, roi, né en 1838, avénement 1861. (Marie-Pie, reine, née en 1847 ; leur fils Charles, prince royal, né en 1863.) Le Portugal est une monarchie constitutionnelle et héréditaire pour les deux sexes. LES POUVOIRS EXÉCUTIF et dirigeant appartiennent exclusivement à la couronne ; celle-ci partage en outre le POUVOIR LÉGISLATIF avec les deux chambres : *Chambre des pairs*, nommée à vie par le roi (env. 100 membres) ; *Chambre des députés* (108 memb.), dont les membres sont nommés par élection. SYSTÈME ÉLECTORAL : tout Portugais qui, dès 25 ans, paye 5 fr. 55 de contributions directes et 27 fr. 75 de contribution foncière, est électeur, excepté les gradés de l'Université, les prêtres et les officiers qui jouissent de ce droit à 21 ans. 7 MINISTÈRES, les ministères *de la justice et des cultes, des affaires étrangères, de l'intérieur, des finances, de la guerre, de la marine et des colonies, des travaux publics, du commerce et de l'industrie.* CONSEIL D'ÉTAT · 12 membres nommés à vie.

JUSTICE
La contrée est divisée en deux grands *districts judiciaires* ou *cours d'appel* (Lisbonne, Porto) qui se subdivisent en juridictions correspondant aux circonscriptions territoriales. 142 juges de droit (*comarcas*) ; 809 juges de paix et 5.958 juges de paroisse. 5 *cours d'appel* pour les colonies (Angola). *Cour suprême de justice* à Lisbonne.

CULTES
La religion catholique romaine est la religion de l'État, mais l'exercice du culte protestant est toléré. Les affaires ecclésiastiques sont administrées par le patriarche de Lisbonne, par les deux archevêques de Braga et d'Evora, et par 14 évêques.

INTÉRIEUR — PROVINCES — INSTRUC. PUBL.
Le Portugal est divisé en 17 PROVINCES ou *districts*, ceux-ci se divisent en *concelhos* (conseils) qui contiennent en moyenne chacun 13 *freguezias* (paroisses), subdivisions à la fois religieuses et civiles.
INSTRUCTION PUBLIQUE. 1.788 écoles avec 80.000 élèves env. (1864), 5 facultés avec 46 professeurs et 900 étudiants env., 1 université : Coïmbra. 50 sur 100 env. savent lire et écrire.

FINANCES — DÉPENSES — RECETTES — DETTE — MONNAIES

DÉPENSES	
Dette publique	59.255.510
Services généraux des ministères :	
De la justice et des cultes	3.148.802
Des affaires étrangères	1.420.317
De l'intérieur (instruction publ., 4.875.825 ; sûreté publ., 2.229.987 ; bienfaisance publique, 1.555.746)	11.777.015
Des finances (liste civile et apanages, 3.197.600)	25.551.550
De la guerre	20.711.477
De la marine	8.767.102
Des travaux publics (chemins de fer, 2.914.934 ; télégraphes, 1.172.018 ; postes, 2.168.757)	17.568.686
TOTAL	147.978.237

RECETTES	
Impôts directs	31.928.285
Enregistrement	15.145.760
Contributions indirectes	76.374.050
Biens nationaux	11.850.555
Intérêts d'obligations de la dette publique au trésor	6.192.465
TOTAL	141.467.889

DETTE	
Dette intérieure	1.185.515.880
Dette extérieure	760.755.240
Dette à convertir	10.681.882
TOTAL	1.956.753.002

MONNAIES. L'unité monét. est le *milreis* en or : 5 fr. 60 c., et en argent : 5 fr. 09 c.

GUERRE — ARMÉE — DIVISIONS MILITAIRES — PLACES FORTES

ARMÉE	Offic.	Soldats
État-major général	74	»
Infanterie (18 régim.)	1.021	23.554
Cavalerie (8 régim.)	256	4.272
Artillerie (3 régim.)	175	2.935
Génie (1 bataillon)	61	816
Garde municip. (14 comp)	58	1.712
Corps médic. (G). Adminis	16	400
Compag. de discipline	12	375
Total	1.671	34.062

On compte en outre : 20 officiers dans les établissements d'instruction ; 135 dans les colonies ; 107 dans diverses commissions ; 19 dans les forts de 1re classe ; 88 en disponibilité.
DIVISIONS MILITAIRES, 5 : chacune commandée par un général. 5 subdivisions pour les îles ; chacune commandée par un colonel. — Tous les jeunes gens de 21 ans sont obligés de servir ou dans l'armée (5 ans) et dans la 1re réserve (5 ans), ou dans la 2e réserve (8 ans), c'est le tirage au sort qui en décide. PLACES FORTES : Elvas, Abrantès, Valença, le fort São Julião, citadelle de Peniche.

TABLE POLITIQUE ET ADMINISTRATIVE

6 Anciennes Provinces	17 Provinces et Districts	Superficie — Population — habit. par kil. carré	Villes principales avec leurs habitants par mille
MINHO	Braga	2.758—321.622—118	Braga, 19.5.
	Porto	2.291—439.515—192	Porto, 89.
	Vianna do Castel.	2.242—209.864—91	Vianna do Castello, 9
TRAS OS MONTES	Bragança	6.657—155.758—24	Bragança, 5.1.
	Villa-Real.	4.448—212.095—47	Villa-Real, 5.1.
ALEMTIJO	Beja	10.869—157.784—15	Beja, 7.1.
	Evora	7.085—97.053—14	Evora, 13.
	Portalègre	6.435—95.504—15	Elvas, 12.
BEIRA	Aveiro	2.909—256.544—88	Aveiro, 7.
	Coïmbra	3.884—289.266—74	Coïmbra, 18.
	Viseu	4.975—570.171—74	Viseu, 7. Lamego, 8.
	Guarda	5.551—214.365—38	Guarda, 4.2.
	Castello-Branco	6.620—165.938—25	Castello-Branco, 6.6.
ESTRAMADURA	Leiria	5.478—181.164—53	Leiria, 5 4.
	Lisbonne	7.460—451.691—62	Lisbonne, 250.
	Santarem	6.862—205.856—51	Santarem, 8.
ALGARVE	Faro	4.850—188.422—33	Faro, 10. Tavira, 10.

MARINE — MAR. DE L'ÉTAT — MAR. MARCHAN. — COLONIES

MARINE DE L'ÉTAT				
Vapeurs	chev	can.	Navires à voiles	can.
1 corvette blindée	500	2	1 frégate	25
10 corvettes	2520	102	4 schooners	4
8 canonnières	740	50	2 chaloupes canonnières	2
5 vapeurs	200	6		
5 transports	495	4	5 transports	5
27 vapeurs	4255	141	12 navires à voiles	36

En construction une canonnière à vapeur. — *Personnel* : 238 officiers (dont 7 amiraux), 22 médecins, 6 aumôniers, 9 ingénieurs, 55 officiers et aspirants d'administration, 68 garde-marine, 3.475 matelots.

MARINE MARCHANDE : 39 vapeurs jaugeant 15.681 m. c., et 556 navires à voiles jaugeant 109.845 m. c.

COLONIES : Cap Vert, Sénégambie, St-Thomé et Principe, Angola, Banguela, Massamedes, Ambriz, Mozambique (voir Afrique), Macao (voir Chine), Goa, Salcite, Damão, Timor (une partie), Kambing (voir Asie).

TRAV. PUBL — COMMERCE — IMPORT. EXP. — CHEMIN DE FER — TÉLÉGRAPHES — SUPERFICIE — POPULATION
IMPORTATION : 158.681.000 fr. (Céréales, denrées colon., animaux, matières text., minéraux, métaux, etc.).
EXPORTATION : 128.794.400 fr. (Vin, huile, fruits, soufre, sel, poissons, liège, bois, etc.).
CHEMINS DE FER (1876) : en exploitation, 968 kil. ; en construction, 296 kil. ; lignes industrielles pour les mines et les forêts en exploitation, 85 kilom. ; et en construction, 77 kilom. (1877).
TÉLÉGRAPHES : Bureaux, 157. Lignes, 3.608 kilom. Dépêches, 582.827.
POSTES : Bureaux sur le continent, 629 ; lettres, 10.470.152 ; journaux, 6.021.744 ; bureaux dans les colonies, 56.
PORTS : Lisbonne, Porto, Setubal, Coïmbra, Ponta, Delgado, Porto Santo, Funchal, Ribeira Grande.
SUPERFICIE : 89.555 kilom. carrés ; avec les Açores et Madeira, 92.751. Les colonies, 1.825.628 kilom. c.
POPULATION : 4.298.881 habitants ; avec les Açores et Madeira, 4.677.562 hab. Les colonies, 3.201.853 habitants (46 hab. par kilom. carré).

ROUMANIE

(PRINCIPAUTÉ) — (CAP. BUCAREST)

SITUATION ASTRONOMIQUE : 48° 12' — 43° 37' latitude nord. 20° 10' — 27° 50' longitude est.

CLIMAT : Températ. moyenne de Bucarest, 8°, la plus haute, 45°. — la plus basse, — 30° centigrade.

GOUVERNEMENT — POUV. EXÉCUT. — POUV. LÉGISL.

CHEF DE L'ÉTAT. Charles Ier (prince Domnitor), né en 1839 (Maison Hohenzollern), avénement en 1866 (Elisabeth, princesse, née en 1843). Le prince gouverne d'après les formes constitutionnelles, le POUVOIR EXÉCUTIF est personnifié en lui. Le POUVOIR LÉGISLATIF est composé de deux Chambres : le Sénat (76 membres) et la Chambre (157 membres) dont 82 de Valachie et 75 de Moldavie. La Roumanie, formée des deux anciennes principautés-unies de Moldavie et de Valachie, s'est constituée en un État unitaire et semi-indépendant, sous la protection des grandes puissances européennes, et reconnaissant l'ancienne suzeraineté du sultan par un tribut de moins d'un million de francs.

7 MINISTÈRES : Les ministères de la justice, des affaires étrangères, de l'intérieur, des finances, de la guerre, de l'instruction publique et des cultes, de l'agriculture, du commerce et des travaux publics.

JUSTICE

Judiciairement le pays est divisé en 4 circonscriptions de cours d'appel, ayant pour chefs-lieux : Bucarest, Jassi, Fokchani, Craïova. 32 tribunaux de 1re inst. et 32 cours d'assises siégeant aux chefs-lieux des districts. La cour de cassation siége à Bucarest.

INTÉRIEUR

La Roumanie est divisée en 33 DISTRICTS ou départements, ceux-ci en 164 plasi (arrondissements), 62 communes urbaines et 3.080 communes rurales.

FINANCES — DÉPENSES — RECETTES — DETTE — MONNAIES

DÉPENSES	
Ministère de la justice	3.772.160
— des affaires étrangères	729.189
— de l'intérieur	8.351.676
— des finances (conseil des ministres, 42.847)	54.939.939
— de la guerre	16.550.991
— de l'instruction publique et des cultes (dont l'instruction publique, 6.161.915)	7.910.690
— de l'agriculture, du commerce et des travaux publics. (Postes, 1.421.245. Télég., 1.231.152.)	5.119.782
Total	97.394.427

RECETTES	
Contributions directes	28.638.602
— indirectes	31.403.000
Domaines et forêts	20.293.542
Postes, télégraphes et chemins de fer de l'État	3.520.000
Recettes diverses	7.649.927
Avances sur le produit de la vente des biens de l'État	2.729.815
Revenu du pénitencier de Margineni	448.963
Vente des domaines de l'État	5.208.578
Total	97.894.427

DETTE, 515.841.278 fr. ; BUDGET (1877), DÉPENSES, 86.291.617 fr. ; RECETTES, 80.457.172 fr.

MONNAIES. L'unité monétaire est le ley : 1 franc.

GUERRE — ARMÉE — MARINE

L'ARMÉE se compose : 1° de l'armée permanente ; 2° de l'armée territoriale ; 3° de la milice ; 4° de la garde civique pour les communes urbaines, et de la levée en masse (gloata) pour les communes rurales. Service obligatoire de 20 à 46 ans, dont 8 ans dans l'armée permanente.

MARINE. 3 vapeurs, 6 chaloupes canonnières. Équipages : 20 officiers et 246 hommes.

	Off.	Troupe	Chevaux
I. *Armée permanente :*			
État-major	155	»	106
Intendance et administration	111	679	179
Infanterie (8 rég. de ligne, 4 bat. de chasseurs)	471	10.790	92
Cavalerie (2 rég. de 5 escadrons	74	1.264	979
Artillerie (2 rég. de 8 batteries à 6 pièces)	84	1.995	954
Génie (1 bat. de sapeurs et 1 rég. de pompiers)	141	2.206	581
Gendarmerie (2 comp. et 2 escad.)	16	525	245
Écoles militaires	21	457	81
Officiers de santé	67	»	4
II. *Armée territoriale :* Total	1.118	17.914	3.221
Infanterie (Dorobanzes, 8 rég. de 4 bat.)	385	35.116	592
Cavalerie (Calarasi) 8 rég.	172	11.128	11.308
Artillerie (32 batteries et le corps de pompiers)	140	8.457	6.000
III. *Milice :* Total	693	52.681	17.700

Infanterie (32 bat.) ; cavalerie (30 escad.) d'un total de 47.750 hommes.

CULTES — INSTRUCTION PUBLIQUE

CULTES. Tous les cultes sont libres, mais la religion grecque orthodoxe est déclarée religion dominante, et les chrétiens seuls peuvent être naturalisés Roumains. Les chefs de l'Église sont les archevêques de Bucarest et de Jassy et 6 évêques. Pour le culte catholique romain il y a un évêque à Bucarest. Le clergé séculier compte 9.800 prêtres et le clergé régulier, 8.750 religieux et religieuses.

INSTRUCTION PUBLIQUE libre, gratuite et obligatoire. Écoles primaires, 2.575, avec 82.651 élèves ; écoles second. 57, avec 4.703 élèves ; établissements d'instruct. supér. 10 (dont 2 universités : Jassi, Bucarest) avec 1.404 élèves.

COMMERCE — IMPORTATION — EXPORTATION — POSTES — TÉLÉGRAPHES — CHEM. DE FER — POIDS & MES.

IMPORTATION (environ 92.363.000 francs) : Céréales, animaux, marchandises manufacturées.

EXPORTATION (environ 135.585.000 francs) : grains, semence de navette, farine, etc., etc.

POSTES. Bureaux, 236 ; lettres particulières, 5.072.686 ; lettres officielles, 966.479. — TÉLÉGRAPHES. Bureaux de l'État, 83 ; de chemins de fer, 84 ; lignes, 4.046 kilom. ; dépêches, 847.695.

CHEMINS DE FER en exploitat. 1875 : 1.528 kil. ; en construct., 150 kil. POIDS ET MESURES (système métrique. Voir page 84).

SUPERFICIE

SUPERFICIE 120.250 kilomètres carrés, dont Valachie 70.150 et Moldavie 50.100 (cultivés 22.750, prairies et pâturages 38.500, forêts 20.000, terrains incultes 58.000) ; 43 habitants par kil. carré ; la Valachie 45, et la Moldavie 59.

POPULATION — NAISSANCES — MARIAGES — DÉCÈS

POPULATION 5.180.000, dont la Valachie 3.220.000 et la Moldavie 1.960.000. Parmi ces habitants on compte 4.760.000 Roumains, 90.000 Bulgares, 40.000 Russes et autres Slaves, 50.000 Hongrois, 130.000 Tsiganes, 100.000 Juifs et 10.000 Arméniens. Étrangers établis en Roumanie : 30.000 Autrichiens de diverses langues, 10.000 Grecs, 5.000 Allemands, 1.500 Français et 6.000 d'autres nationalités. On évalue que le nombre des Roumains dans le monde entier s'élève à 8.995.000 âmes (2.896.000 en Austro-Hongrie, 600.000 en Bessarabie et autres provinces russes, 160.000 en Serbie, 275.000 en Turquie, 4.000 en Grèce, etc.)

NAISSANCES (1873) 145.804. MARIAGES, 29.257. DÉCÈS, 146.031.

TABLE ADMINISTRATIVE

VALACHIE

Avec leurs habitants par mille

DÉPARTEMENTS	CHEFS-LIEUX
Ardjeche, 16.7.	Pitesti, 15.
Braïla, 68.	Braïla, 26.
Buzco, 144.	Buzco, 11.
Dimbovitza, 142.	Tergovist, 5.
Dolje, 250.	Craïova, 22.
Gorwju, 145.	Tergutjile.
Jalomitza, 84.	Calares. 4.
Mehedintzi. 193.	Tchernetz.
Mutchel, 82.	Campu-Lungu, 11.
Olfove, 516.	Bucarest. 200.
Otto, 105.	Slatina, 5.5.
Prahova, 220.	Ploïesti, 30.
Romanetzi.	Caracal. 5.6.
Rimnik-Sarat, 91.	Rimnik-Sarat, 7.
Rimnik-Valcea, 156.	Rimnik-Valcea, 5.2.
Sacieni, 556.	Bukavii.
Toleorman, 148.	Limnicea.
Vlachka, 141.	Giurgiu, 15.

MOLDAVIE

DÉPARTEMENTS	CHEFS-LIEUX
Bacau, 181.	Bacau, 15.
Dorohoi, 122.	Mchaïleni.
Bolochani, 151.	Bolochani, 40.
Faltciu, 88.	Hochi, 18.
Jassy, 182.	Jassy, 90.
Covurlui, 117.	Galatz, 80.
Niamtzu, 154.	Piatra, 20.
Putna, 161.	Fokchani, 20.
Roman, 105.	Roman, 17.
Sutchava, 125.	Falticheni, 15.
Tckutch, 115.	Tckutch. 8.1.
Tutova, 127.	Berlad. 26.
Vaslui, 104.	Vaslui. 7.8.

BESSARABIE-MOLDAVIE

DÉPARTEMENTS	CHEFS-LIEUX
Ismail, 42.	Ismaïl, 21.
Kagoul, 30.	Bolgrad, 26.

RUSSIE [Rossia] CAP. St-PÉTERSBOURG

(EMPIRE)

SITUATION ASTRONOMIQUE	15° 20' 62° long. est. 40° 70' lat. nord.

CLIMAT — La température de la Russie est beaucoup plus rigoureuse que celle de tout autre pays situé entre les mêmes parallèles. Seul le sud de la Crimée offre un climat doux. *Pluie :* la moyenne de pluie qui tombe annuellement à Saint-Pétersbourg est de 0m42, à Astrakan de 0m15.

GOUVERNEMENT — CHEF DE L'ÉTAT — CHEF DE L'ETAT Alexandre II Nicolajewitch, empereur, né en 1818, avén. 1855 (Marie-Alexandrowna), impératrice, née en 1824 ; Alexandre Alexandrovitch, césarewitch (prince héréditaire), né en 1845). La Russie est une monarchie héréditaire pour les deux sexes et absolue. L'empereur est le chef et le législateur de la Russie. Ses attributions politiques comprennent toute la législation, toute l'administration et toute la direction intérieure et extérieure des affaires. Il consulte pour les affaires législatives *le Conseil de l'empire*, et pour les affaires administratives *le Comité des ministres*, 1 président et 18 membres. Le Conseil de l'empire est composé des ministres et des membres à vie, choisis par l'empereur. Ce conseil se divise en trois sections ou départements : législation, affaires civiles et économie de l'Etat. Le Comité des ministres est composé des présidents des départements du Conseil de l'empire, des ministres et des personnes nommées par l'empereur. Les affaires extérieures sont réservées au *Cabinet de l'empereur*. La *Chancellerie privée de l'empereur* s'occupe des affaires soumises directement à l'empereur, et est divisée en 4 sections. *Le Sénat* se compose des membres nommés à vie par l'empereur et choisis parmi les hauts fonctionnaires. Il est divisé en 10 départements dont 5 siègent à Saint-Pétersbourg, 3 à Moscou, 2 à Varsovie. Le Sénat juge en dernière instance les crimes d'Etat, revise les jugements rendus par les tribunaux de province, etc. 10 MINISTÈRES : comité des ministres, les ministères de la cour, des affaires étrangères, de la guerre, de la marine, de l'intérieur, de l'instruction publique, des finances, des domaines, des voies et communications.

JUSTICE — Le pouvoir judiciaire est exercé par les tribunaux de « *Volosth* », par les *tribunaux de police des villes*, par les *juges de paix*, par les *assemblées de juges de paix*, par les *tribunaux de district*, par *les cours de justice* et *par le Sénat* en qualité de cour suprême de cassation. La *cour de cassation* siège à Saint-Pétersbourg Les cours de justice correspondent aux cours d'appel en France. Il en existe actuellement 7 : Saint-Pétersbourg, Moscou, Kharkow, Odessa, Saratow, Kasan et Tiflis. A chacune des cours de justice ressortissent plusieurs tribunaux *d'arrondissement* composés de chambres civiles et de chambres criminelles. La juridiction territoriale d'un tribunal d'arrondissement comprend plusieurs districts. *Les juges de paix* sont élus par toutes les classes de la population et confirmés par le gouvernement. Chaque *chef-lieu de gouvernement* et chaque *district* forme un *arrondissement de justice de paix*, qui se divise en *sections*. Le nombre des juges de paix n'est pas déterminé. Il existe dans les deux capitales et dans les grandes villes des *tribunaux de commerce*.

CULTES — SAINT-SYNODE — La religion de l'empire est *le rite grec*, appelé la foi catholique orthodoxe, mais les autres cultes, ainsi que les païens, jouissent d'une égale liberté. L'église russe est séparée du patriarcat de Byzance depuis 1589. Elle est gouvernée par un collège dit TRÈS-SAINT-SYNODE. La synode se compose d'un président et de 5 membres sous l'autorité de l'empereur et en vertu de sa délégation. L'église gréco-russe est divisée en 3 *eparchies* ou diocèses de première classe, 20 de deuxième classe et 52 de troisième classe. Le clergé se divise en *clergé séculier ou blanc* et en *clergé régulier ou noir*. Ce dernier est soumis au célibat ; il vit dans les couvents, et c'est dans son sein que sont choisis les prélats. Le clergé séculier se composait en 1872 de 107,756 individus, les couvents étaient au nombre de 552 dont 555 couvents d'hommes et 149 de femmes. Ils renfermaient 5,810 moines et 3,280 nonnes avec 5,617 frères convers et 11,258 sœurs converses.

INSTRUCT. PUBLIQUE — L'empire est divisé en 10 districts scolaires. Il existe 9 *Universités :* Saint-Pétersbourg, Moscou, Kharkoff, Kasan, Dorpat, Kieff, Helsingfors, Varsovie et Odessa. Indépendamment de ces grands établissements qui comptent environ 6,800 étudiants et 600 auditeurs libres, les facultés les plus suivies sont celles de droit et de médecine, 2,400 étudiants y sont admis gratuitement. On compte encore l'*Institut impérial d'histoire et de philosophie* fondé à Saint-Pétersbourg en 1867 et encore beaucoup d'autres écoles spéciales. En 1872, l'Etat a fondé des écoles commerciales et industrielles. Il y avait la même année 125 *gymnases* et 25 *progymnases* où l'on enseigne le grec et le latin ; le nombre des élèves était de 42,791. Les dépenses s'élevaient à 17,870,576 fr., dont 12,865,548 à la charge de l'Etat. Pour les filles, il y avait 54 *gymnases*, 108 *progymnases* et 24 autres écoles, on y comptait 25,400 élèves. L'instruction primaire supérieure se donne dans les écoles de district (474), et l'instruction primaire élémentaire dans les écoles paroissiales (1124) et les écoles de village. On évalue le nombre de ces dernières à 43,053 et celui des élèves à 1,525,000. On évalue à 2 sur 100 la moyenne proportionnelle des Russes sachant lire et écrire.

INTÉRIEUR — GOUVERNEM. POSTES TÉLÉGRAPHES — La Russie proprement dite est divisée en 50 GOUVERNEMENTS et PROVINCES. Chaque gouvernement ou province se divise en *districts*. Les gouvernements sont administrés par des *gouverneurs assistés d'un conseil* ayant voix consultative, composé d'un vice-gouverneur, de conseillers et d'assesseurs. Les provinces frontières sont régies par des *gouverneurs* et par des *gouverneurs généraux*. Les bourgeois des villes, divisés en plusieurs catégories, composent le *conseil municipal* et élisent leurs *maires*, *leurs anciens* et *les assesseurs* dans les divers tribunaux. Les paysans se réunissent en *assemblée communale*, qui administre les biens et fait la police de la commune, leurs décisions sont exécutées par le *starchina* (maire). *Des assemblées de canton* relient les villes et les communes aux districts. Depuis 1865, il a été créé des *assemblées territoriales* de gouvernements et de districts, composées de propriétaires et de représentants des villes et des communes qui régissent elles-mêmes toutes les affaires locales économiques, telles que redevances, routes, bienfaisance publique, instruction primaire, assurances d'incendie, etc. POSTES : Bureaux 5,412, lettres expédiées 71,914,618, journaux et imprimés 48,184,025, cartes postales 1,419,094. Total 121,517,755. TÉLÉGRAPHES : bureaux (1875), 1,765, dont 766 à l'Etat, lignes 65,373 kilom. Dépêches (1875), 4,178,524. Dépenses, 18,475,450 fr. Recettes, 20,047,505 fr.

FINANCES — DÉPENSES RECETTES DETTE MONNAIES

DÉPENSES	fr.
Dette publique	435.059.484
Grands corps de l'Etat, Saint-Synode	48.283.084
Maison de l'empereur	56.222.296
Affaires étrangères	11.898.276
Guerre	726.150.020
Marine	99.475.140
Finances	175.410.756
Domaines de l'empire	73.759.648
Intérieur	212.840.280
Instruction publique	62.917.040
Voies et communications	74.255.424
Justice	59.111.028
Contrôle de l'empire	8.919.472
Direction des haras	5.204.564
Administration du Transcaucase	28.686.928
Total	2.054.185.200
Non valeurs dans les rentes	8.000.000
Dépenses d'ordre	91.682.508
Dépenses extraord. (Ch. de fer, etc.)	40.290.516
DETTE provenant de l'émancipation des paysans	1.568.709.016
Total général	5.762.865.040

RECETTES	
Impôts directs	554.469.004
Impôts indirects	1.204.085.864
Droit régal. (Postes 45.725.572, Télégraphes 21.564.000)	90.175.784
Biens de l'Etat	119.815.204
Recettes diverses	175.426.620
Revenus du Transcaucase	29.470.508
Total	2.154.138.584
Recette d'ordre	91.682.508
Ressources spéciales (construction de Chemins de fer, etc.)	40.290.516
Total général	2.285.111.208

DETTE	
Dette extérieure	1.737.358.016
Dette intérieure	1.857.571.740
Dette consolidée	5.614.909.756
Dette non inscrite	5.298.571.572
Dette de la Banque de l'empire	5.185.812.172
Total général	10.097.095.500
Créances	2.850.088.004
Dette réelle	7.267.005.496

RUSSIE (SUITE)

FINANCES (SUITE) MONNAIES

MONNAIES : L'unité monétaire est le *rouble* argent à 100 kopecks = fr. 3,99 97 (4 fr.). *Monnaies :* OR, demi-impériale de 5 roubles = fr. 20,67. Pièce de 5 roubles en proportion. ARGENT, *rouble* de 100 kopecks = 4 fr., *Poltinnik* de 50 kop. et *tchetverlak* de 25 kop. en proportion. *Abassis* de 20 kop., *florin polonais* de 15 kop., *grivenik* de 10 kop. et *pietak* de 5 kop. en proportion.

GUERRE ARMÉE DIVISIONS MIL. PLACES FORTES

L'ARMÉE de l'empire se compose de l'*armée active* et de l'*armée territoriale* (opaltchinie). L'armée active comprend l'armée de terre et l'armée de mer. L'armée de terre se compose : 1° des troupes régulières; 2° de la réserve; 3° des Cosaques; 4° des troupes formées d'étrangers. L'*armée territoriale* (opaltchinie) comprend tous les hommes valides entre 20 et 40 ans qui ne servent pas dans l'armée active. Tout Russe en pleine jouissance de ses droits civils est obligé de servir à partir du 1er janvier de l'année dans laquelle il a eu 21 ans révolus. La durée totale du service dans la Russie d'Europe est de 15 ans, dont 6 dans l'armée active; dans la Russie d'Asie 10 ans, dont 7 dans l'armée active. C'est le tirage au sort qui décide de l'entrée des conscrits dans l'armée. Des engagés volontaires sont reçus dans l'armée dès l'âge de 17 ans. DIVISIONS MILITAIRES : l'empire est divisé en 14 régions militaires, dont 10 en Europe, 1 en Finlande, 3 en Asie et 1 au Caucase. (Voir la table.) L'armée étant en voie de réorganisation, nous donnons seulement l'effectif pour l'armée régulière au 1er janvier 1872. 760,000 hommes dont 28,000 off. de tous grades et 732,000 sous-off. et soldats, formant 832 bataillons d'infanterie et 281 escadrons de cavalerie. Les 732,000 sous-off. et soldats se divisent ainsi : Infanterie 572,000, cavalerie 61,700, artillerie 80,500, génie 17,400. A ces chiffres s'ajoutaient 560,000 hommes en congé, lesquels pouvaient être rappelés en cas de guerre. COSAQUES. En cas de besoin, tout Cosaque, depuis l'âge de 20 ans jusqu'à 40 ans, est astreint au service militaire. En temps ordinaire, le nombre varie; en temps de guerre, il est de 154 régiments de cavalerie. Ils ne payent aucun impôt au gouvernement, auquel ils ne doivent que le service militaire. Tout homme est tenu de s'équiper, de s'habiller et de s'armer à ses propres frais. Le nombre des Cosaques en état de porter les armes peut être estimé à 507,000 hommes. PLACES FORTES : Kronstadt 47,166 habitants, Revel, Riga, Nikolaiew 75,681 hab., Orenbourg, Sébastopol.

MARINE MARIN. DE L'ÉT. MARINE MARC.

MARINE DE L'ÉTAT : Les forces navales se composent de 225 navires de tout rang, dont 196 à vapeur et 29 à voiles, portant 1,464 bouches à feu. Il y a 8 frégates cuirassées, 5 batteries blindées, 13 batteries cuirassées, 5 vaisseaux, 12 frégates et 15 corvettes, dans le total sont compris 6 navires blindés et 2 vapeurs armés en construction. L'escadre de la Baltique comprend 137 navires; de la mer Noire, 51 nav.; de la mer Caspienne, 19 nav.; du lac d'Aral, 6, et de la mer Blanche, 30. L'*effectif* de la marine militaire est de 89 amiraux, vice-amiraux et contre-amiraux, 4,000 off. et 25,950 soldats et matelots. Il y a deux amirautés, l'une à Saint-Pétersbourg pour la flotte de la Baltique, et l'autre à Nicolaïef pour la flotte de la mer Noire. *Les principaux chantiers de construction* sont dans ces deux villes et à Okhta, Kronstadt, Kherson et Arkhangel. MARINE MARCHANDE : 1,785 nav. à voiles, jaugeant 591,000 tonnes et 151 vap. jaugeant 106,000 tonnes.

VOIES ET COMMUNICATIONS CHEMIN DE FER CANAUX

CHEMINS DE FER (1877) : En exploitation 20,879 kilom., dont en Russie d'Europe 19,000 kilom., au Caucase 1,003, et en Finlande 876. En construction 2,156 kilomètres, en Russie d'Europe. CANAUX 1381 kilomètres, fleuves navigables 50,537 kilomètres. Total 31,718 kilomètres pour la navigation intérieure de la Russie.

COMMERCE IMPORTATION EXPORTATION PORTS

IMPORT. (1875) : 2,424,224,000 fr. (coton, laine, machines, métaux ouvragés, tissus, café, boissons, thé, couleurs, huiles, etc.). EXPORTATION : 1,527,808,000 fr. (céréales, lin, laine, suif, chanvre, soies de porc, cuir, bétail, métaux non ouvragés, graines oléagineuses, etc.). PORTS sur la mer Baltique, St-Pétersbourg, Riga (100,000 hab.), Revel sur la mer Noire, Odessa (159,462 hab.), Kherson sur la mer Caspienne, Astrakhan.

SUPERFICIE

Russie proprement dite 4,909,194 kilomét. carrés, *Royaume de Pologne* 127,347 kil. c., *Grand duché de Finlande* 373,356 kil. c. *Lieutenance du Caucase* 447,643 kil. c. *Sibérie* 12,495,110 k. c. *Asie centrale* 3,381,168 kil. c. *Total pour l'empire de Russie* 21,733,968 kil. c. *Hab. par kil. carré :* Russie 15, Pologne 55, Finlande 5, Caucase 11, Sibérie 0,2, Asie centrale 1,3, empire de Russie environ 4.

POPULATION

Russie proprement dite 65,704,559 habitants, *Pologne* 6,026,421, *Finlande* 1,882,622, *Caucase* 4,893,332, *Sibérie* 3,428,867, *Asie centrale* 4,650,213. *Total pour l'empire de Russie* 86,386,000 h. On a dans l'empire 72,405,785 *chrétiens,* dont 61,158,598 dans la Russie proprement dite, 5,210,517 dans la Pologne, 2,748,681 dans le Caucase, 3,046,068 dans la Sibérie et 322,321 dans l'Asie centrale; 2,797,880 *israélites,* dont 2,759,181 dans la Russie d'Europe; 7,428,658 *mahométans,* dont 2,364,081 dans la Russie d'Europe; 565,809 *païens,* dont 238,370 dans la Russie d'Europe. La population de Finlande est presque tout entière luthérienne.

TABLE ADMINISTRATIVE

GOUVERNEMENTS	kil. car.	HABITANTS.	hab. kil	CIRCONSCR. MILIT.	CHEFS-LIEUX, H. P. M.
Arkhangel	858.361	281.112	0.52	St-Pétersbourg..	Arkhangel, 19.
Astrakhan	224.471	601.514	2.6	Kazan	Astrakhan, 48.
Bessarabie	36.581	1.078.932	29.6	Odessa	Kichinef, 94.
Courlande	27,286	619.154	22.6	Vilna	Mittau, 23.
Provinces du Don	160.382	1.086.264	6.7		
Ekaterinoslaf	67.720	1.382.500	19.9	Odessa	Ekaterinoslaf, 20.
Esthonie	20.247	525.961	15.5	St-Pétersbourg..	Revel, 29.
Grodno	38.759	1.008.521	26.0	Varsovie	Grodno, 26.
Iaroslaf	35.613	1.000.748	28.1	Moscou	Iaroslaf, 28.
Kalouga	30.925	996.252	32.2	—	Kalouga, 33.
Kazan	63.715	1.704.624	26 9	Kazan	Kazan, 86.
Kharkof	54.494	1.698.015	31.1	Kharkof	Kharkof, 81.
Kherson	71.282	1.596.809	22.4	Odessa	Kherson, 46.
Kief	50.990	2.175.152	42.6	Kief	Kief, 80.
Kostroma	84.693	1.176.097	25.8	Moscou	Kostroma, 22.
Koursk	46.455	1.954.807	42.0	Kharkof	Koursk, 29.
Kofno	40.641	1.156.041	28.5	Vilna	Kofno, 24.
Livonie	47.029	1.000.876	21.2	—	Riga, 99.
Minsk	91.557	1.182.250	12.9	—	Minsk, 30.
Mohilef	48.046	947.625	19.9	—	Mohilef, 40.
Moscou	55.502	1.772.624	35.0	Moscou	Moscou, 602.
Nijni-Novgorod	51.273	1.271.564	24.7	—	Nijni-Novgorod, 44.
Novgorod	122.337	1.011.445	8.2	—	Novgorod, 18.
Donetz	148.761	296.302	1.9	St-Pétersbourg..	Petrozavodsk, 2.
Orel	46.726	1.596.881	36.6	Kharkof.	Orel. 44.
Orenbourg	191.364	900.547	4.6	Orenbourg	Orenbourg, 28.
Oufa	124.812	1.564.925	11.2	—	Oufa...
Pensa	58.840	1.175.186	30.2	Kazan	Pensa, 28.
Perm	332.157	2.198.666	6.6	—	Perm, 20.
Podolie	42.018	1.933.188	46.0	Kief	Kamenez, 21.
Poltava	49.895	2.102.814	42.1	Kharkof	Poltava, 32.
Pskof	44.208	773.701	17.5	St-Pétersbourg...	Pskof, 17.
Rjasan	42.098	1.477.435	35.0	Moscou	Rjasan, 23.
Samara	155.914	1.857.081	11.7	Kazan	Samara, 52.
St-Pétersbourg	53.767	1.525.471	24.6	St-Pétersbourg...	St-Pétersb., 668.
Saratof	84.492	1.751.268	20.7	Kazan	Saratof, 83.
Simbirsk	49.495	1.205.881	24.4	—	Simbirsk, 23.
Smolensk	56.044	1.140.015	20.3	Moscou	Smolensk, 23.
Tambof	65.520	2.150.971	32.5	—	Tambof, 56.
Tauride	63.555	704.997	11.0	Odessa	Simferopol, 17.
Toula	30.965	1.167.878	37.7	Moscou	Toula, 57.
Tschernigof	52.401	1.659.600	31.6	Kharkof	Tschernigof.
Tver	65.350	1.328.881	25.4	Moscou	Tver, 29.
Viatka	153.107	2.406.024	15.7	Kazan	Viatka, 15.
Vilna	42.307	1.001.909	23.5	Vilna	Vilna, 65.
Vitebsk	45.166	888.727	15.0	—	Vitebsk, 28.
Vladimir	48.856	1.239.923	25.7	Moscou	Vladimir, 15.
Volhynie	71.859	1.704.018	23.7	Kief	Shitomir, 59.
Vologda	402.723	1.003.059	2.4	Moscou	Vologda, 19.
Voronèje	65.885	2.152.696	32.6	Kharkof	Voronèje, 43.

(ROYAUME) RUSSIE — POLOGNE (CAP. VARSOVIE) [Warszawa]

SITUATION ASTRONOMIQUE { 50°,51' — 55° latitude N. et 15°,50' — 22° longitude E.

CLIMAT { La température moyenne est d'env. + 8° Le froid est très-rigoureux à cause des grandes tempêtes de l'est.

GOUV^{NEMENT} **PROVINCES** { Le pays est gouverné par un GOUVERNEUR GÉNÉRAL nommé par l'empereur. La Pologne a cessé d'être un État indépendant, elle appartient maintenant à la Russie à laquelle elle est incorporée et jouit des mêmes droits que les autres pays russes. Le pays est divisé en 10 PROVINCES administrées chacune par un *gouverneur civil* nommé par l'empereur.

TABLE ADMINISTRATIVE

GOUVERNEMENTS	KILOM. CARRÉS	POPULATION	HABIT. PAR KIL.	RÉGION MILITAIRE	VILLES PRINC. HAB. P' MILLE
Kalisz....	11.575	669.261	50.0		Kalitz 13.
Kielce....	10.093	518.750	51.5		Kielce 5.
Lomza....	12.087	489.699	40.5		Lomza 6.
Lublin....	16.838	707.098	42.0		Lublin 19.
Piotrkow..	12.249	682.495	55.7		Piotrkow 11.
Plock....	10.878	471.958	43.4	VARSOVIE	Plock 13.
Radom....	12.352	532.496	43.2		Radom 10.
Siedlce...	14.354	504.606	35.2		Siedlce 8.
Suwalki..	12.550	524.489	41.7		Suwalki 13.
Varsovie..	14.362	925.659	63.5		Varsovie 297

(GRAND-DUCHÉ) FINLANDE (CAP. HELSINGFORS)

SITUATION ASTRONOMIQUE { 60°,2' — 70° latitude N. et 18°,50' — 50°,65' longitude E.

CLIMAT { La température est humide et froide à cause des milliers de lacs marécageux qui couvrent le pays.

GOUV^{NEMENT} **CHEF DE L'ÉTAT** **SÉNAT** **PARLEMENT** { CHEF DE L'ÉTAT. Alexandre II, Nicolajewitch, grand-duc, empereur de Russie. (Voir Russie.) La Finlande a été cédée à la Russie par le traité de Fredrikshamn, 1809 ; mais elle a conservé son autonomie : elle est administrée par un GOUVERNEUR GÉNÉRAL assisté d'un SÉNAT, composé de 16 membres choisis par l'empereur parmi les habitants du pays. La représentation du pays est confiée à un PARLEMENT NATIONAL, composé de 4 États (ancien modèle suédois) : *nobles, clergé, bourgeois et paysans.* SÉNATEURS OU CHEFS DE BUREAU : *Section civile, finances, comptabilité, affaires militaires, cultes, agriculture et travaux publics.* On a en outre 10 sénateurs sans portefeuille.

JUSTICE { Le grand-duché jouit de ses propres lois. Il existe 5 *cours supérieures de justice* à Abo, à Wasa et à Wiborg. La cour suprême est à Helsingfors.

CULTES **INSTR. PUBLIQ.** { La religion protestante luthérienne est celle du pays ; cependant tous les autres cultes sont libres. Il y a 1 archevêque à Abo et 2 évêques à Borgo et Kuopio. — INSTRUCTION PUBLIQUE. (Voir Russie.)

INTERIEUR **PROVINCES** { La Finlande est divisée en 8 PROVINCES administrées chacune par un GOUVERNEUR ; les provinces sont divisées en HÄRAD.

FINANCES **DÉPENSES** **RECETTES** **DETTE** **MONNAIES**

DEPENSES	Fr.	RECETTES	Fr.
Gouvernement, etc.	1.695.065	Impôt foncier	2.704.500
Administration civile, justice	5.566.661	Impôt des manufactures	82.150
Cultes, instruction	3.035.907	Capitations	1.412.000
Hygiène publique, prisons	2.549.724	Impôts indirects	2.940.351
Dette publique	5.073.280	Douanes, timbre, postes	8.612.300
Travaux publics, agriculture	1.954.658	Chemins de fer	7.500.000
Chemins de fer	6.312.000	Recettes diverses	8.748.070
Affaires militaires	2.237.658	Total	31.999.371
Dépenses diverses	2.162.855	DETTE	
		Dette intérieure	6.746.575
		Dette extérieure	56.373.608
Total	28.403.786	Total	65.119.583

MONNAIES. L'unité monétaire est le marc (*markka*) = 1 fr. divisé en 100 *penni.*

GUERRE **MAR. DE L'ÉTAT** **MAR. MARCH.** **PLACE FORTE** { La Finlande forme une région militaire occupée par des troupes russes. (Voir Russie.) L'armée du pays compte environ 679 hommes d'infanterie (1 bataillon de tirailleurs en garnison à Helsingfors) et 1 équipage de MARINE, environ 100 matelots et 8 pilotes. MARINE MARCHANDE (1876). 1.640 navires, jaugeant 290 473 tonnes, dont 1.506 navires à voiles et 134 vapeurs. Équipage environ 10.000 hommes. PLACE FORTE. Sveaborg, Willmanstrand.

TRAV. PUB. **CHEM. DE FER** **POSTES** **TELEGRAPHES** **CANAUX** { CHEMINS DE FER. En exploitation 876 kilomètres, dont 813 à l'État. POSTES. Bureaux 85 (1875). Lettres et paquets 2.010.218. TÉLÉGRAPHES Rentrent dans ceux de l'empire russe. CANAUX. Canal de Saïma, qui réunit le lac Saïma au golfe de Finlande.

COMMERCE **IMPORTATION** **EXPORTATION** **PORTS** { IMPORTATION (1876). 159.900.000 fr. (Céréales, sel, objets manufacturés, tabac, etc.). EXPORTATION. 100.400.000 fr. (Blé, beurre, bois, résine et autres produits des forêts.) PORTS. Abo, Helsingfors, Nystad, Wasa.

VILLES PRINCIP. (Voir la table)

SUPERFICIE { 373.556 kilom. carrés, dont 41.671 en lacs et fleuves intérieurs (5 habitants environ par kilom. carré). Environ 100.000 kilomètres carrés en forêts.

POPULATION { 1.912.617 habitants dont 1.634.500 Finnois, 269.200 Suédois, 6.100 Russes. Environ 1.200 Allemands, 1.000 Bohémiens, 600 Lapons. — *Selon les cultes :* 1.875.426 luthériens, 56.655 catholiques grecs, 566 catholiques romains.

TABLE ADMINISTRATIVE

GOUVERNEMENTS	KILOM. CARRÉS	POPULATION	HABIT. PAR KIL.	RÉGION MILITAIRE	VILLES PRINC. HAB. P' MILLE
Nyland....	11.872	176.487	14.8		Helsingfors 32
Björneborg..	24.171	515.595	12.9		Abo 20.
Tavastehus..	21.585	200.507	9.2		Tavastehus 5
Viborg....	45.055	281.786	6.5		Viborg 13.5.
Saint Michel.	22.841	162.505	7.1	FINLANDE	St-Michel 4.
Kuopio....	42.751	234.354	5.4		Kuopio 5.6.
Wasa....	41.642	521.075	79.2		Wasa 4 5
Uleaborg...	465.644	192.517	1.1		Uleaborg 7.5

POIDS ET MESURES DE L'EMPIRE RUSSE

Un ukase de 1870 prescrit de faire toutes les opérations de douane à l'aide des unités du système métrique

POIDS			RAPPORTS		MESURES DE LONGUEUR			RAPPORTS		MESURE DE CAPACITÉ		
Poud	=	(40 livres)	16.381	kil.	Sachine	=	(7 pieds)	2.13	met.	Kuhl ou sac	=	262.4 lit.
Livre	=	(12 lana)	409.5	gr.	Archine	=	(2 1/3 pieds)	711.2	mill.	Tschetwert	=	209.9 »
Lana	=	(1 1/2 once)	54.1	»	Pied	=	(6 6/7 wers.)	504 8	»	Osmin	=	104.9 »
Once	=	(2 loths)	25.5	»	Werschock	=	(1 3/4 ponce)	44.5	»	Pajock	=	52.5 »
Loth	=	(5 solotnik)	12.8	»	Ponce	=	(10 lignes)	2.5	»	Tschetwerick	=	26 2 »
Solotnik	=	(96 dolis)	4.5	»	Ligne	=	»	0.3	»	Tschetwerka	=	6.5 »
Doli	=	»	44 mill.		Werst	=	(500 sach)	1.07 kil.		Garnetz	=	5.2 »

LIQUIDES		
Botschka	=	491.9 lit.
Pipe	=	442.7 »
Oxhoft	=	221.4 »
Ohm	=	147.6 »
Ancre	=	56.9 »
Wedro	=	12.2 »

(PRINCIPAUTÉ) SERBIE (CAP. BELGRADE)

SITUATION ASTRONIQUE	45° » — 43° 10' lat. Nord. / 16° 40' — 20° 27' long. Est.
CLIMAT	Temps moyen à Belgrade, 9°. Plus h., 41°; pl. b., 16°.

GOUVNEMENT / POUV'EXÉCUTIF / POUV'LÉGISLAT — CHEF DE L'ÉTAT : Milan IV, prince (Kniaz), né en 1854 (maison Obrenovic), avénement 1868, majeur 1872. (Nathalie, princesse, née en 1855; Alexandre, prince héréditaire, né en 1876.) la Serbie est une monarchie héréditaire constitutionnelle. LE POUVOIR EXÉCUTIF est représenté par le chef de l'État. LE POUVO.R LÉGISLATIF est exercé simultanément par le prince et la *skouptchina* (assemblée nationale) 134 membres dont 35 sont nommés directement par le souverain, 101 par le peuple. LE SÉNAT est transformé en un CONSEIL D'ÉTAT chargé de l'élaboration des lois. SYSTÈME ÉLECTORAL. Tout homme majeur, et payant l'impôt, est électeur. La Serbie a payé à la Turquie un tribut annuel de 500.000 francs.
7 MINISTÈRES : les *ministères de la justice, de l'instruction publique et des cultes, des affaires étrangères, de l'intérieur, des finances, de la guerre, et des travaux publics.*

JUSTICE. — 1 cour de cassat. et une cour d'appel (Belgrade). Les tribunaux de première instance siégent aux chefs-lieux des départements. Il y a une *justice rurale* dans chaque commune.

CULTES — La religion catholique grecque est dite religion de l'État, tous les autres cultes sont libres. L'Église est gouvernée par un *synode*, composé de l'archevêque de Belgrade, métropolitain de Serbie, et des trois évêques diocésains d'Onyza, de Negolin et de Chabatz. Tous les couvents sont supprimés.

INSTR. PUBL — INST. PRIM. 484 écoles comm. INST. SECOND. 18 établ. 1 acad. à Belgrade, comp. ensemb. 27.761 élèv. L'instruct. est gratuite et obligat.

INTERIEUR / DÉPARTEMENT — La Serbie est divisée en 17 DÉPARTEMENTS ou cercles (*okrnije*), 62 cantons et 1.065 communes. (Voir la table.)

FINANCES / DÉPENSES / RECETTES / DETTE / MONNAIES

DÉPENSES

Dépenses générales. (Liste civile. 504.000 fr.). . . .	2.260.734 fr.
Services généraux des Ministères :	
Ministère de la justice. . . .	1.555.158 —
— de l'instruction publique et des cultes. . .	1.855.041 —
— des affaires étrangères	414.118 —
— de l'intérieur	2.847.158 —
— des finances.	842.741 —
— de la guerre.	4.345.696 —
— des travaux publics (Postes, 412.110 fr.) . .	540.272 —
Total.	14.625.898 fr.

RECETTES

Impôts directs	8.606.804 fr.
Contributions indirectes.	5.168.000 —
Taxes.	567 000 —
Biens de l'État (télégr. 155.400 f.; postes, 154.400 f.).	1.087.880 —
Recettes extraordinaires. . . . ., . .	1.412 426 —
Total.	14.842.110 fr.

DETTE. La Serbie n'avait pas avant la guerre contre la Turquie de dette nationale.
MONNAIES. Il n'existe pas en Serbie de monnaies nation'". On compte en piastres à 40 paras = 20 cent.; 1 florin, de convention, de 2.60 fr., vaut env. 12 1/2 piastres (mon. autr.). Le gouvernement compte le ducat autrich. pour 24 piastres, et le speciesthaler pour 10 piastres, ce qui suppose à la piastre une valeur de 49.5 à 50 cent. ; c'est ce qu'on appelle le pied de contribution.

GUERRE / ARMÉE — L'armée serbe se compose de : 1° *l'armée permanente* ; 2° *l'armée nationale du 1er ban* ; 3° *l'armée nationale du 2e ban.* Tous les hommes valides font partie de l'armée, de 20 à 50 ans, dont 5 ans dans l'armée permanente. L'armée permanente comprend : 4 bat. d'inf., 2 escadr. de caval., 3 rég. d'artill., 1 bat. de pionn., génie, train, etc. Total, 150 officiers, 4.000 h., 1000 chev. et 72 canons. En cas de danger national la Serbie pourrait facilement mettre sur pied 150 000 hommes.

TRAV. PUBL. / IMPORTATION / EXPORTATION / POSTES / TÉLÉGRAPHES / POIDS ET MESURES — IMPORTATION, 32 456.562 fr. — EXPORTATION, 39.001.878 fr. (Céréales. 24.350 924 kilogr. Bétail, 24.519; porcs, 567.459. Peaux de mouton et de chèvre, 1.103.726; eau-de-vie, 2.765.800 kilogr).
POSTES (1872). Lettres particul., 740.858. Lettres officielles, 431.275.
TÉLÉGRAPHES. Bureaux (1874) 37. Lignes, 1461 kil. Dépêches, 165.256.
POIDS ET MESURES. L'*oke* vaut 4 *litres* à 100 *drachmes* chacun = 1 26 kilogr. Le *tovar* : 100 okes = 126 kilogr. On se sert aussi de la *livre* de Vienne : 560,1 gr. L'*archine* turque : 0.711 mètre. L'*eimer* de Bucarest : 45.28 litres.

SUPERFICIE — SUPERFICIE : 43.555 kilom. carrés (51 hab. par kilom. carré).

POPULATION — POPULATION (1876) 1.366.923 hab. dont 1.100.000 Serbes; 160.00) Roumains-Valaques ; 20 000 Roumains 00 Zinzaves; 50.000 Bulgares ; 50.000, Tsiganes; 5.000 Juifs, Magyares, etc. *Naissances* : 56.042. *Mariages* : 10.551. *Décès* : 66.187.

MONTENEGRO
(PRINCIPAUTÉ) — (CAP. CETTIGNE)

SITUAT. ASTRON.	42° 20' — 43° lat. Nord. / 16° — 17° 30' long. Est.

CHEF DE L'ÉTAT : Nicolas Ier, prince, né en 1841 (maison Petrovich), avénement 1860. (Milèm, princesse, née en 1847. Danilo-Alexandre, prince héréditaire, né en 1871.) Le prince concentre tous les pouvoirs en sa personne. LE SÉNAT (*sorjet*) qui assiste le prince dans l'élaboration des décrets est un conseil consultatif, nommé par le prince et composé d'officiers. La *skouptchina* est une simple réunion des doyens des tribus sans aucun pouvoir.

JUSTICE. Tous les chefs voïvodes, capitaine *centurions* et *décurions*, sont en même temps administrateurs civils et juges.

CULTES. La religion catholique grecque est la religion de l'État. Le chef de l'Église est l'évêque de Cettigne (*vladika*) reconnaissant le czar de Russie comme chef supérieur.

INTÉRIEUR. Le Montenegro est divisé en 8 *nahies* (div. administ. et militaires). Les nahies se divisent en *tribus* constituées par la réunion de plusieurs *parentés*, subdivisées elles-mêmes en *familles.*

FINANCES. — Dépenses. 525.000 fr. (Liste civile env. 70.000 fr.). Le prince reçoit, outre la liste civile, une subvention annuelle de la Russie de 96.000 fr.
RECETTES. 750.000 fr.
DETTE. Depuis 1876 le Montenegro a une dette contractée avec la Russie d'environ 410 000 fr.

MONNAIES. On se sert des poids et mesures et de la monnaie autrichienne et turque.

GUERRE. — ARMÉE. La *garde du corps du prince (perjanici)*, composée de 100 hommes, est la seule troupe qui soit payée ; mais tous les autres citoyens sont armés et prêts à marcher au premier signal (env. 50.000 hommes).

TRAVAUX PUBLICS, COMMERCE. — IMPORTATION. Sels, poudre et articles manufacturés.
EXPORTATION. Viandes fumées de chèvre et de mouton, environ 200.000 têtes de petit bétail ainsi que des peaux, des graisses, du poisson salé, du fromage, du miel, du sumac, etc. (env. 5.000 000).

SUPERFICIE. 4.181 kilom. carrés. 47 habitants par kilom. carré.

POPULATION : 196.529 hab. Les seuls étrangers qui résident en groupes sont les *Tsiganes.*

TABLE ADMINISTRATIVE DE LA SERBIE

CERCLES	sup.	popul.	hab. kil.	chefs-lieux	cant.	comm.
ALEXINATZ	2.448	46 910	19	Alexinatz	3	44
BELGRADE	1.707	61.715	56	Belgrade	5	56
CSERNA-RJEKA	2.755	51.966	19	Zaïtchar	9	56
JAGODINA	1.597	61.272	58	Jagodina	5	68
KNJACHEVATZ	1.817	96.626	55	Knjachevatz	2	55
KRAGOUJEVATZ	2.865	67 849	25	Kragoujevatz	4	82
KRAINA	2.974	66.065	22	Negotin	4	71
KRONCHEVATZ	2.555	48.176	19	Krouchevatz	4	56
PODRINJE	1.267	142.466	112	Losnitza	3	28
POZAREVATZ	5.654	47.263	13	Pozarevatz	7	150
RUDNIK	1.927	71.192	37	Milanovatz	3	47
CHABATZ	2.315	57.458	25	Chabatz	3	47
SMEDEREVO	1.156	57.969	50	Smederevo	2	54
TCHATCHAK	3.744	54.868	15	Tchatchak	4	49
TJUPRIJA	2 093	104.808	50	Tjuprija	2	70
OUJIZA	6.057	81.271	13	Oujiza	6	83
VALJEVO	2.935	20.135	7	Valjevo	4	68
BELGRADE (ville)	»	25.089	»		1	1

(ROYAUME) SUÈDE [Sverige] (CAP. STOCKHOLM)

SIT. ASTRON. 69° 3'—55° 20' latitude N. / 8° 46'—21° 50' long. E.

CLIMAT Température moyenne : + 5° à Stockholm et + 7° dans le Midi.

PLUIE La m. d'. annuelle est de 522mm.

GOUVEMENT. / CHEF DE L'ÉTAT / POUV'EXÉCUTIF / POUV'LÉGISLAT

CHEF DE L'ÉTAT. Oscar II, roi, né en 1829 (maison Ponte-Corvo), avènement en 1872 (Sophie Wilhelmine, reine, née en 1836, Gustave, prince royal, né en 1858). La Suède est une monarchie constitutionnelle et héréditaire. LE POUVOIR EXÉCUTIF est entre les mains du roi, assisté d'un ministère responsable composé de *deux ministres* : le ministre d'État et de la Justice (Justitie Stats ministre), le ministre des affaires étrangères et de 8 *Conseillers d'État* (Stats-Rad) dont 5 sont à la tête des départements de l'intérieur, des affaires ecclésiastiques, de la guerre, de la marine, des finances et 3 sans portefeuille. LE POUVOIR LÉGISLATIF est entre les mains du roi et de deux chambres. La 1re chambre compte 128 députés élus pour 9 ans par les conseils généraux (Landsting) et les députés municipaux (Stadsfullmägtige) à raison d'un député pour 30.000 hommes. 2e Chambre, 194 députés élus pour 3 ans, en partie par les villes (36), en partie par les campagnes (158). Le roi nomme leurs Présidents (Talman). Tout citoyen âgé de 25 ans, domicilié depuis un an dans la commune et payant un impôt sur un revenu d'au moins 1120 fr. (800 kronor) est électeur et éligible.

JUSTICE / PRISONS

Cour suprême du royaume, tribunal de dernière instance (Konungens högsta domstol). 16 memb.; ils rendent la justice au nom du roi, qui peut assister aux séances et y donner 2 voix. Dans les causes de justice militaire 2 off. supérieurs sont adjoints aux autres membres. 3 *hautes cours royales*, trib de 2e *instance* (Hof rätter) correspondant aux cours d'appel en France, Stockholm, Jönköping et Christianstad, subdivisées en 108 juridictions (Domsagor) comprenant 333 Härad. La cour royale de justice militaire (Krigs hof rätten) juge les causes purement militaires. Tribunaux de 1re instance : 104 tribunaux de districts et les tribunaux des villes. La Suède ne possède ni justices de paix, ni conseils de prud'hommes. Le chancelier de justice ou le procureur du roi surveille au nom de celui-ci l'exercice de la justice et la pratique de l'administration.

PRISONS. Le système cellulaire est adopté dans tout le royaume ; il y a dans chaque gouvernement une de ces prisons. Travaux forcés pour hommes 6 prisons, et pour femmes 3. Il y a en outre 16 prisons de reclusion.

CULTES

La religion luthérienne est celle de l'État; cependant toutes les autres religions sont tolérées et exercent leurs cultes en pleine liberté. Sous le rapport ecclés., le royaume est divisé en un archev. (Upsala) et 11 év.

INSTRUC. PUBL.

L'instruction publique est gratuite et obligatoire quant à l'instruction primaire. Petites écoles 5.855 avec 186.885 élèves, écoles populaires fixes 2.464 avec 214.784 élèves, ambulantes 1.164 avec 133.928 élèves, écoles populaires supérieures 6, écoles pédagogiques 21, écoles élémentaires 77 avec 12.272 élèv., en outre un grand nombre d'écoles spéciales; universités 2 (Upsala et Lund), 1 école militaire supérieure, l'école militaire et l'école navale. Presque tous les hab. savent lire et écrire (97 °/₀).

INTÉRIEUR / LÄN / CHEM. DE FER / BIENFAISANCE / POIDS ET MES.

Le pays, au point de vue de la géographie physique, est divisé en 3 parties principales : *Svealand* (Suède proprement dite) *Götaland* (Gothie) et *Norrland* avec *Lappland* (Laponie).

Actuellement la Suède est divisée en 25 Län (gouvernements), y compris la capitale, les gouvernements sont subdivisés en 115 « Fogderier ». (Les anciennes divisions étaient les *Landskap* (provinces).

Il y a dans chaque commune un ou plusieurs hospices pour secourir les pauvres; ces hospices montaient en 1870 à 2.501 et le nombre des pauvres secourus à 204.378, dont 167.665 pour les campagnes et 36.713 pour les villes. Les dépenses s'élèvent à env. 8.500.000 fr. sans compter tous les dons en nature qui augmentent fortement cette somme.

FINANCES / DÉPENSES / RECETTES / DETTE / MONNAIES / TÉLÉGRAPHES / POSTES

DÉPENSES		RECETTES	
		Excédant du budget de 1876	11.200.000
Maison du roi	1.703.200	Recettes ordinaires (dont impôt foncier 6.302.800, impôt personnel 868.000, amendes 550.000, télég. 1.960.000, chemins de fer 24.290.000, forêts 1.400.000)	43.806.000
Justice	5.217.380		
Affaires étrangères	853.020		
Guerre	23.729.500	Recettes extraordinaires (dont douanes 30.800.000, postes 6.720.000, impôt sur l'alcool 18.858.000, impôt sur le sucre 42.000, impôt sur le revenu 4.480.000)	64.260.000
Marine	7.194.600		
Intérieur (chemins de fer 16.297.400)	20.208.440		
Finances (télégraphes 1.960.000, postes 6.720.000)	17.220.700		
Cultes et instruction publique	12.190.155	Recettes nettes de la banque de Suède	1.260.000
Dépenses extraordinaires (armée et flotte 6.044.040)	16.067.303	TOTAL	120.526.000
Dette publique	15.007.400	DETTES { Dette intérieure	56.598.080
Pensions et dépenses diverses	3.132.500	DETTES { Dette extérieure	190.039.552
TOTAL	120.526.000	TOTAL	246.637.632

MONNAIES. 1 krona (couronne). — 100 öre — 1 fr. 39.

GUERRE / ARMÉE / DIV. MILIT. / PLACES FORTES

L'ARMÉE se compose: 1° *des troupes enrôlées* généralement pour 6 ans (värfvade) env. 6.500 h.; 2° *des troupes cantonnées* (indelta armeen) env. 27.000 h. formées des volontaires qui sont principalement payés par l'usufruit des terres qu'ils habitent et qu'ils cultivent eux-mêmes. Le soldat s'engage à servir pendant tout le temps qu'il est valide; 3° *troupes de conscription* (tous les hommes valides de 21 à 25 ans env. 80.000 h.) qui forment 5 classes dont les deux plus jeunes sont exercées annuellement pendant 15 jrs env.; 4° la milice nationale de Gotland (110 offic., et 8000 h. env.) qui n'est tenue qu'au service intérieur de l'île; 5° *Les tirailleurs volontaires* (skarp-skyttar) pour la défense du pays et dont les chefs sont nommés par le roi (14.000 h. env).

DIVISIONS MILITAIRES : 5 districts militaires commandés chacun par un général.

ARMÉE ACTIVE.	Offic.	s.-offi	Solda[ts]
État-major	47	6	
Infanterie, 48 bat.	1.693	1.326	22.962
Cavalerie, 47 escad.	233	205	4.280
Artillerie, 3 rég.	211	127	2.524
Génie, 2 bat. et 1 c.	33	37	479
Total	2.211	1.699	30.245

PLACES FORTES : Carl-borg, Kungs-holmen, Carlsten, Nya-Elfsborg, Waxholm, Fredriksborg.

TABLE ADMINISTRATIVE

LÄN.	TER. F. KIL. C.	EAU KIL. C.	POPUL. (1875)	HAB. P. K.	CH.-LIEUX, V. PR. HAB. PAR MILLE.
STOCKHOLM { ville / campagne	7.039	569	152.582 / 136.582	40	
Upsala	5.082	135	104.371	20	Upsala 12.6
Södermanland	6.171	571	140.922	23	Nyköping 4.4
Östergötland	9.717	1.019	264.689	27	Linköping 8.
Jönköping	10.085	1.051	188.665	18	Jönköping 13.1
Kronoberg	8.910	1.009	165 551	18	Wexiö 4.2
Kalmar	10.954	560	259.847	22	Kalmar 9.9
Gotland	2.865	277	54.649	19	Wisby 6.3
Blekinge	2.896	119	131.812	45	Karlskrona 16.9
Christianstad	6.265	227	224.176	36	Kristianstad 8.9
Malmöhus	4.685	101	353.924	70	Malmö 52.2
Halland	4.770	150	151 710	27	Halmstad 6.8
Göteborg et Bohus	4.905	152	244.010	49	Göteborg 65.9
Elfsborg	11.012	905	285.810	21	Wenersborg 5.2
Skaraborg	8.165	407	252.721	31	Mariestad 2.6
Warmland	15.242	1.614	267.081	18	Karlstad 6.5
Nerike	8.271	800	178.931	21	Orebro 10.
Westmanland	6.278	524	125 057	19	Westeras 5.6
Kopparberg (Dalarne)	27.154	1.056	186.612	7	Falun 6.7
Gefleborg	17.708	1.622	165.197	9	Gefle 47.4
Westernorrland	25.272	1.571	130.254	6	Hernösand 4.8
Jemtland	46.615	1.115	75.756	1.6	Östersund 2.1
Westerbotten	58.951	2.836	98 045	1.6	Umea 2.6
Norrbotten	99.509	6.835	83.356	0.8	Lulea 2.6
Lacs : Wenern		5.215			
» Wettern		1.835			
» Malaren		1.225			
» Hjelmaren		485			

SUÈDE [Sverige] (SUITE)

MARINE

MAR. DE L'ÉTAT
STAT. NAVALES
MAR. MARCH.

VAPEURS	Can.	Chev.
4 monitors	8	610
10 vaisseaux cuirassés . .	10	403
1 vaisseau de ligne	66	550
1 frégate	16	400
4 corvett. (dont 1 en con-struction)	26	1300
15 canonnières	20	1710
1 canonnière	»	300
1 transport	»	140
1 aviso	»	30

NAVIRES A VOILES	Can.
1 vaisseau de ligne	62
5 corvettes	86
5 bricks (dont 1 en construc.)	28
1 schooner	8
1 transport	»

PERSONNEL. — La flotte royale comprend 141 offic. (dont 1 vice-amiral, 3 contre-amir., 6 comman-deurs), 190 sous-offic. et 600 matelots, 150 mécaniciens et 5.051 marins, 15 offic. ingénieurs, 24 médecins.

La réserve : 76 offic., 30 sous-officiers, 15 ingénieurs, et environ 40.000 hommes.

STATIONS NAVALES, 3 : Stockholm, Carlskrona, Götheborg.

MARINE MARCHANDE. Navires à voiles, 3.719, jaugeant 446.132 tonnes; vapeurs, 649 avec 23.018 chevaux, jaugeant 44.462 tonnes. Equipages, 24.732 hommes.

COMMERCE

EXPORT. IMPOR.
POIDS ET MES.
PORTS. CANAUX

IMPORTATION : 575.292.400 fr. (soie, coton, fil de coton, graines, couleurs, café, huile, sucre, tabac, mélasse, céréales, laine, or, argent, houille). CHEMINS DE FER : En exploitation 4.818 kil., dont 1,591 à l'Etat, en construct. 2,900 kil., dont 600 à l'Etat.) — POIDS ET MESURES : Le système métrique est adopté, il sera obligatoire pour tout le royaume à partir du 1er janvier 1880. — EXPORTATION : 289.572.800 fr (bois, fer, papier, machines, argent, céréales, allumettes, etc.).
PORTS : Stockholm, Göteborg, Gefle, Norrköping, 26.400 hab., Westerwick, 5,700 hab., Malmö, Kalmar, Karlskrona, Karlshamn, Wisby, Sundsvall. — CANAUX : 5.805 kilomètres env.
TÉLÉGRAPHES : Bureaux 170 (en outre 459 bureaux de chemins de fer, dont 158 de chem. de fer de l'Etat); lignes 8,022 kilom., dont 91 kil. de câbles sous-marins; dépêches 1.023.042. — POSTES : Bureaux 1,820, lettres et imprimés 16.239.000.

SUPERFICIE

444.814 kilom. carrés, dont 407.467 terre ferme; 37.367 kilom. c. eau; terre cultivée, 23.729 kilom. c.; prairies naturelles, 19.858 kilom. c.; forêts, 173.966 kilom. c. La densité de la population s'élevait en 1750 à 4.4; en 1800 à 6, en 1850 à 9 et 1873 à 10.6 hab. par kilom. carré.

POPULATION

4.383.291 hab. (dont env. 16.000 Finnois et 7.000 Lapons). La population en 1750 était de 1.763.558; en 1800 de 2.347.303; en 1850, de 3.482.541. — Naissances : 153.249. Mariages : 31.422. Décès : 87.760.

NORVÉGE [Norge] (CAP. KRISTIANIA)
(ROYAUME)

SITUATION ASTRONOMIQUE

57° 58' — 71° 10' lat. N.
2° 30' — 29° long E.

CLIMAT

Les côtes de l'O. ont un climat très-doux ; elles ne gèlent jamais. La température moyenne est de + 1° degré env. — PLUIE. La moy. annuelle de la pluie qui tombe sur les côtes occid. est d'env. 1 mèt., et, au sud du pays, env. 0m 49.

GOUVERNEMENT

CHEF DE L'ÉTAT
POUV. EXÉCUT.
POUV. LÉGISLAT.

CHEF DE L'ETAT. Oscar II (voir *la Suède*). La Norvége est une monarchie constitutionnelle et héréditaire. Outre la dynastie, les deux royaumes n'ont de commun que les représentants à l'extérieur, le conseil mixte dans les affaires communes, et lorsque le roi est mineur ou que le trône est vacant. LE POUVOIR EXÉCUTIF est entre les mains du roi, assisté d'un ministère composé de 2 ministres d'Etat et de 9 conseillers d'Etat à la tête des départements des Finances et des Douanes, de la Justice et de la Police, de l'Intérieur, de la Marine et des Postes, de la Guerre, des Cultes et de l'Instruction publique, de la Révision des comptes. 3 membres, dont un des 2 conseillers d'Etat, réside auprès du roi tant qu'il séjourne en Suède, les autres résident à Kristiania. LE POUVOIR LÉGISLATIF s'exerce par le roi et le *Storthing*, 111 membres élus pour 3 ans. Le Storthing élit le quart de ses membres pour former le *Lagthing* (sorte de chambre haute), les autres se constituent en *Odelsthing* et chaque chambre se réunit séparément. Les résolutions votées par trois législatures, malgré le refus de sanction du roi, ont force de loi. Le Storthing est élu à 2 degrés par les citoyens âgés au moins de 25 ans, justifiant de 5 ans de résidence. Pour être éligible il faut avoir au moins 30 ans et avoir résidé 10 années dans le pays. Il n'y a pas de noblesse en Norvége.

JUSTICE

PRISONS

Tribunal suprême du royaume, tribunal de dernière instance (*Hoiesteret*) se composant d'un justicier (*justitiarius*) et de 10 assesseurs ; dans les causes de justice militaire, il leur est adjoint 2 offic. supérieurs. 6 cours supérieures de justice (*Stifs over retter*) Tribunaux de 2e instance : Kristiania, Kristianssand, Bergen, Hamar, Tromsö. Les *tribunaux de 1re instance* (*underretter*) sont présidés dans les villes par le *byfogde* (juge particulier) ; à la campagne par le *sorens kriver* (magistrat d'arrondissement). Le nombre des *sorenskriverier* est de 80, divisés en 584 cantons (*thingslag*). En égard à la juridiction des tribunaux mensuels, 69 des sopenskriverier se divisent en 179 sous-districts (*maanedsthings-distrikt*); 28 villes ont leur juge particulier (*byfogde*); dans les 10 autres, le juge est en même temps celui de la campagne voisine. PRISONS. Bagnes, 3; prison pénitentiaire, 1, et maisons de correction, 4.

CULTES

La religion luthérienne est celle du pays, mais tous les cultes sont libres. La division ecclésiastique comprend 6 évêchés.

INSTRUCT. PUBLIQUE

L'instruction est obligatoire et gratuite, chaque commune a son école populaire. Ecoles supérieures (*Kathedralskoler*), 17 ; écoles primaires supérieures, 59 ; divisions avec des écoles primaires fixes, 5.560 à la campagne; 98 dans les villes. Nombre des instituteurs ambulants visitant les fermes, 2.757. Chaque *Stift* à son *directeur* qui surveille l'instruction, et son *séminaire* pour former des professeurs. 1 école supérieure militaire, 1 école militaire, 1 école navale. Il y a, en outre, un grand nombre d'écoles spéciales. Université à Kristiania. Presque tous les habitants savent lire et écrire (97 0/0)

INTÉRIEUR

AMT
BIENFAISANCE
POIDS ET MES.

Le pays est partagé naturellement en 5 grandes parties : *Nordanfjeldske* (pays situé au N. des montagnes), *Vestanfjeldske* (pays situé à l'O. des montagnes). *Sunnanfjeldske* (pays au S. des montagnes). Administrativement, le royaume est divisé en 20 AMT (départements), administrés par 6 *stifsametmeend* et 14 *amtmeend*.
BIENFAISANCE. La Norvége est partagée en 719 *arrondissements des pauvres*, dont 612 pour la campagne, 49 pour les fabriques et usines, et 58 pour les villes et ports marchands. En 1873, 61.917 personnes ont été assistées, dont 14.752 pour les villes. Dépenses : 7.258.702 francs.
POIDS ET MESURES. (Voir *la Suède*).

FINANCES

DÉPENSES
RECETTES
DETTE
MONNAIES

DÉPENSES		RECETTES	
Liste civile	660.100 fr.	Douanes	24.635.800 fr.
Administration	1.816.500 —	Impôts divers	5.485.620 —
Cultes et instruction publique	2.523.220 —	Timbre, etc.	639.520 —
Justice et police	2.337.800 —	Droits de justice et de succession	1.083.600 —
Intérieur	5.877.900 —	Dîmes, biens de l'Etat	287.280 —
Finances	10.229.940 —	Revenu du capital	3.176.000 —
Guerre	8.945.720 —	Mines	1.120.000 —
Affaires étrangères	743.680 —	Postes et télégraphes	3.119.620 —
Marine (télég. 1.894.200; post. 2.048.800 marine, 3.090.920	9.547.160 —	Recettes diverses	500.300 —
Dépenses diverses	1.464.820 —	Recettes extraord. (empr. pour constr. de chem. de fer, 31.243.800; contrib. locales pour le même but, 2.455.880); contrib.p.constr.de chauss.1.214.500)	34.914.180 —
Dépenses extraord. (dont acquisition de fonds, etc. 1.156.400; constructions de chemins de fer et de chaussées, 17.045.280	18.201.680 —		
Total	62.568.520 fr.	Total	74.761.920 fr.

DETTE (1875) : Passif 98.630.000 — Actif 89.600.000
MONNAIES. 1 krona (couronne) = 100 öre = 1 fr. 39

NORVÉGE [Norge] (SUITE)

GUERRE
ARMÉE
PLACES FORTES

L'ARMÉE se compose de l'armée active et de la réserve (*landvœrn, landsturm*). L'armée active compte 750 officiers et 12.000 hommes ; en temps de guerre, elle ne peut s'élever à plus de 18.000 h. sans l'assentiment du « Storthing ». MODE DE RECRUTEMENT : volontaire et conscription. La durée du service est de 7 ans dans l'armée active et 15 ans dans la réserve.

Armée active. Etat-major, 29 officiers dont 6 généraux. Infanterie, 5 brig. de 4 compag., 1 corps de chasseurs de 6 compagn.; cavalerie 1 brig. de 5 corps de chasseurs à cheval (440 offic.); artillerie : 11 bat. à 8 pièces et 1 sect. d'artif. et d'ouvriers (60 offic); génie : 200 offic. et 8 commis. Train, 4 dépôts (200 offic.).

PLACES FORTES : Fredrikssten, Akershus.

MARINE
MAR. DE L'ÉTAT
MAR. MARCH.
POSTES
TÉLÉGRAPHES

MARINE DE L'ÉTAT.	Chevaux	Canons
Navires à voiles.		
1 brick-école.	»	4
Il y a en outre 1 frégate-école et 3 transports.		
Navires à vapeur.		
4 monitors.	600	8
2 frégates.	900	78
3 corvettes.	530	36
1 schooner.	20	6
2 vapeurs remorqueurs.	160	4
20 canonnières.	570	24
52	2.750	160

TABLE ADMINISTRATIVE			
AMT.	KIL. C.	HABIT.	H. KIL.
SMAALENENE.	4.009	107.710	26.8
AKERSHUS.	5.135	116.098	22.6
KRISTIANIA	9	75 986	8.443.0
HEDEMARKEN.	25.992	120.651	4.6
KRISTIAN.	25.044	115.803	4.6
BUSKERUD.	14.656	102 155	7.0
JAHLSBERG et LAURVIK	2.229	87.314	39.1
BRATSBERG.	14.781	82.974	5.6
NEDENAES.	9.984	75.247	7.3
LISTER ET MANDAL.	6.275	74.866	12.0
STAVANGER.	8.861	110.792	12.6
SÖNDRE BERGENHUS.	15.160	119.501	7.9
BERGEN	1	33.430	
NORDRE BERGENHUS.	18.245	86.125	4.6
ROMSDAL.	14 655	116.305	7.9
SÖNDRE TRONDHJEM.	18.547	116.604	6.3
NORDRE TRONDHJEM.	22 775	81.715	3.6
NORDLAND	37.970	103.788	2.8
SNOMSÖ.	25.174	55.923	2.1
FINMARKEN.	47.411	24.071	0.5

Personnel : 104 offic , 238 s.-offic. et matel. à engagement fixe.
MARINE MARCHANDE. 7.814 navires jaugeant 1.594, 563 tonnes, dont 211 vapeurs de 9.980 chev. et jaugeant 45.129 tonnes. Équipage : 60.281 hommes.
POSTES. Bureaux, 824. Lettres, 7.479.350.
TÉLÉGRAPHES. A l'État, 109 bureaux, lignes, 7.026 kilom.; dépêches, 723.528; aux chemins de fer, 62 bur.; lignes, 695 kilom.

VILLES PRINC.
HAB. PAR MILLE

Kristiania, 77; Bergen, 54; Drammen, 29 ; Stavanger, 20; Trondhjem, 25; Kristianssand, 12; Fredrikshald, 10; Kristiansund, 7; Laurvik, 8; Horten, 5; Tromsö, 5.

COMMERCE
IMPORTATION
EXPORTATION
CHEM. DE FER
PORTS

IMPORTATION. 247,702.000 fr. (céréales, machines).
EXPORTATION. 144.891.600 fr. (poissons, bois, argent, fer, nickel, cuivre, cobalt, pyrite, etc.)
POIDS ET MESURES. (Le système métrique est adopté, il sera obligatoire à partir du 1er janvier 1880.)
CHEMINS DE FER. En exploitation (1876), 590 kilomètres.
PORTS. Kristiania, Bergen, Trondhjem, Drammen, Horten, Kristianssand, Arendal, Stavanger.

SUPERFICIE

316.694 kil. carrés, dont 2.593 cultivés, 8,000 en prairies naturelles, 67,000 en forêts. (5.8 hab. par kil. carré.)

POPULATION

1.817.237 habitants (dont environ 8.000 Finnois [Kvœner], et environ 17.000 Lapons [Finnar], les autres sont des Norvégiens). Naissances, 58,229. Mariages, 14.067. Décès, 34.608.

DANEMARK (ROYAUME) (CAP. COPENHAGUE [Kjöbenhavn])

SITUATION
ASTRONIQUE

54°33' — 57°45' latit. N.
8°45° — 10°28' long. E.

CLIMAT

La température est la même que celle du sud de la Suède, même un peu plus douce, la temp. moyenne annuelle est de 9° environ.

PLUIE

La moyenne annuelle de la pluie qui tombe est d'environ 0m49.

GOUVNEMENT
CHEF DE L'ÉT.
POUV. LÉGIS.
POUV. EXÉC.

CHEF DE L'ETAT. CHRISTIAN IX, roi, né en 1818 (Maison de Slesvig-Holstein-Sonderbourg-Glücksbourg) ; avénement 1863. (LOUISE, reine, née en 1817; FRÉDÉRIC, prince royal, né en 1843.) Le Danemark est une monarchie constitutionnelle et héréditaire. Le POUVOIR EXÉCUTIF est entre les mains du roi assisté de huit ministres responsables (dont le prince royal) et d'un Conseil d'Etat (le roi président ; memb., le prince royal et les ministres). Le POUVOIR LÉGISLATIF s'exerce par le roi et le *Rigsdag* qui est composé de deux chambres électives : le *Landsthing* (Sénat) (66 membres, dont 12 nommés à vie par le roi et les autres élus pour huit ans par le vote à deux degrés) ; le *Folkething* (la Chambre) (102 membres élus pour trois ans par le vote direct de la nation [1 membre sur 16.000 hommes]). 7 MINISTÈRES. Les ministères de la justice et de l'Islande, des affaires étrangères, des cultes et de l'instruction publique, de l'intérieur, des finances, de la guerre, de la marine.

JUSTICE
PRISONS
CHEM. DE FER
TÉLÉGRAPHES
POSTES
CANAUX
PONTS
POIDS ET MES.

L'autorité judiciaire est organisée en trois instances, tant au civil qu'au criminel. Tribunaux de 1re instance, 18 pour tout le royaume: 2 cours d'appel (Copenhague et Viborg, en Jutland). Cour suprême (Höiesteret) à Copenhague, composée d'un justicier, de 12 assesseurs ordinaires et de 10 assesseurs extraordinaires. Il existe aussi un tribunal de navigation et de commerce à Copenhague. Pour les îles il y a une cour d'appel à Reykjavik en Islande.
PRISONS. 1 prison pour femmes à Christianshavn, 1 pénitencier pour hommes à Vridslöselille, 1 prison de travaux forcés pour hommes à Horsens.
CHEMINS DE FER. 1.366 kilomètres dont 811 à l'État.
TÉLÉGRAPHES (1874). Bureaux, 182, Lignes, 2.775 kilomètres. Dépêches (1875), 886.917.
POSTES. Lettres, 16.487.777. Journaux et imprimés, 15.134.812.
CANAUX. 15 kilomètres ?
PORTS. Kjöbenhavn, Helsingör, Korsör, Aarhus, Nyborg, Aalborg.
POIDS ET MESURES. Le système métr. est adopté et sera obligatoire par tout le royaume au 1er janvier 1880.

CULTES
INSTRUCTION
PUBLIQUE

La religion luthérienne est dite religion nationale et jouit d'une subvention de l'État. La liberté de conscience n'en est pas moins complète et absolue. Le pays est divisé en 8 évêchés, dont 4 en Jutland, 1 en Sélande, 1 à Fyen (Fionie), 1 à Laaland-Falster et 1 en Islande. Pour le *culte catholique* il y a un vicaire apostolique pour le royaume, l'évêque d'Osnabruck.
INSTRUCTION PUBLIQUE. L'instruction est obligatoire et gratuite. L'enseignement public comprend des écoles primaires inférieures et supérieures dans tous les villages, des écoles secondaires (12), dites écoles latines ou savantes, et écoles des sciences exactes (Lœrde Skoler, Cathedral Skoler), des écoles spéciales, 4 écoles normales pour former des professeurs pour l'enseignement primaire, et enfin une université conférant l'enseignement supérieur. Depuis une vingtaine d'années il s'est formé successivement, à la campagne, dans tous les *Amt*, des écoles secondaires de paysans (Folkehöiskoler), on en compte aujourd'hui 51, dont 4 pour les femmes. Les écoles publiques secondaires sont entre les mains de l'État. A côté des écoles publiques, il existe aussi beaucoup d'écoles privées, dont 7 ont le droit de délivrer des diplômes qui permettent l'entrée à l'université.
Presque tous les habitants savent lire et écrire.

DANEMARK (SUITE)

INTÉRIEUR — AMT — BIENFAISANCE

Le Danemark se compose, d'après le démembrement de 1864, 1° DES ILES *Seland, Fyen* (Fionie), *Langeland, Laaland, Falster, Mœn, Bornholm;* 2° DU JUTLAND, 3° DES DÉPENDANCES, *l'Islande et les iles Färö,* en Europe, le *Grönland,* en Amérique. Administrativement le pays est divisé en 18 *Amt* (préfectures ou bailliages) gouvernés chacun par un amtman (préfet ou bailli). Dans les villes et dans les arrondissements, l'autorité inférieure est exercée par des "Byfoged" ou "Heredsfoged" (sous-préf. ou s.-intend.) au nombre de 136. Dans les communes rurales il y a des "Sognefogder" (maires) nommés par les autorités et choisis parmi les habitants de la commune même, pour les aider dans l'exercice de tout ce qui concerne la police locale. Les ILES Fänö forment un bailliage à part; depuis 1854 on y a institué un *Lagthing,* assemblée représentative composée de 20 memb. élus par la population des îles et présidée par le bailli. L'ISLANDE est divisée en 4 bailliages. Elle a un tribunal secondaire et une assemblée représentative, le *Allthing,* composé de 27 membres, dont 6 nommés par le roi et les 21 autres élus par la population; il est présidé par le bailli de l'île. Les 16 colonies ou places de commerce du GRÖNLAND sont administrées par 2 inspecteurs supérieurs, l'un au nord, l'autre au sud du pays.

BIENFAISANCE. Il faut distinguer entre l'assistance publique obligée et la charité privée. La commune est tenue de secourir toute personne hors d'état de pourvoir à son entretien. Pour ce but il est organisé dans toute commune un bureau des pauvres. Chaque commune forme une circonscription de bienfaisance. L'assistance publique, divisée en 11 districts, exerce une certaine autorité disciplinaire sur tous ceux qui en reçoivent des secours. Outre l'organisation de l'assistance proprement dite, l'État entretient des hospices, des institutions d'aveugles, de sourds-muets, et 3 grands hospices d'aliénés. Il y a un grand nombre d'établissements de charité fondés par des particuliers.

FINANCES — DÉPENSES — RECETTES — DETTE — MONNAIES

DÉPENSES	FR.	RECETTES	FR.
Liste civile et apanages	2.019.562	Domaines, Forêts	2.428.051
Diète (Rigsdag)	280.000	Actif de l'Etat	6.768.292
Conseil d'Etat	132.462	Impôts directs	11.739.070
Dette publique	17.655 425	Impôts indirects	41.015.800
Pensions civiles et militaires	4.806 525	Postes	551.917
Affaires étrangères	556.917	Télégraphes	29.572
Cultes, Instruction	1.505.777	Loterie	1.190.000
Justice	3 164.580	Recettes des Färö	55.318
Intérieur	2.111.516	— des Indes danoises	35.000
Guerre	12.030.546	— diverses	1.662.881
Marine	6.684.725	Remboursements, etc.	1.864.632
Finances	4.144.991		67.520.533
Administration de l'Islande	152.880	**DETTE**	
Travaux publics	5.205.970	Dette intérieure	224.497.872
Dépenses extraordinaires	4.068.410	— extérieure	37.506.280
Avances, subventions	1.093.016	Total du passif	262.004.152
	65.373.100	— de l'actif	120.875.858
		Dette réelle	141.128.514

MONNAIES 1 krona (couronne), fr. 1.40.

GUERRE — ARMÉE — PLACES FORTES

Tout Danois capable de porter les armes est obligé, sans distinction, de contribuer personnellement à la défense de la patrie. Les soldats enrôlés à l'âge de 22 ans font partie *de la ligne* et *de la réserve* pendant 8 ans et pendant les 8 années suivantes de la landwehr (renforts). Pour la conscription, le pays est divisé en 5 cercles qui recrutent chacun leur brigade d'infanterie et de cavalerie. ARMÉE ACTIVE : *Infanterie* gardes 1 bat., ligne 20 bat., réserve 10, comprenant ensemble 774 off. et 26,992 sous-off. et soldats. *Cavalerie* 16 escadrons, 128 off. et 2.180 soldats. *Artillerie* 2 régiments (12 bat.) et 2 bat. de 6 compagnies, ensemble 145 off. et 4,755 soldats. *Génie* 2 bat. 59 off. et 624 soldats. L'état-major général compte 25 off. et 21 sous-off. Total de l'armée active 1,151 off. et 54,572 sous-off. et soldats. Sur pied de guerre, l'armée compte 50,000 hommes environ. PLACES FORTES Copenhague, Fredericia, Kronborg.

MARINE — MAR. DE L'ÉTAT — STAT. NAVALES — MAR. MARCH. — COLONIES

MARINE DE L'ÉTAT.

VALEURS A HÉLICES

Non Cuirassés	c.	chev.	Cuirassés	c.	chev.
1 vaiss. de ligne. (vais. de poste pour l'Islande).	42	1.030	2 frégates	42	2.960
5 frégates	78	3.200	3 batteries flott..	7	3.950
5 corvettes	58	2.900	2 navires casmat.	14	5.960
4 schooners	14	5.370	7 Total	63	12.850
12 canonnières	17	2.300	**NAVIRES A VOILES**		
3 vapeurs à aubes	27	1.550	1 frégate	»	»
26	216	13.650	2 cutter	»	»
			8 yoles canonn.	8	»
			21 chaloupes de transp. en fer.	21	»
			32	29	»

Personnel 117 off., dont 1 amiral et 800 hom. STATIONS NAVALES : Helsingör, Fredrikshavn, Esbjerghavn. MARINE MARCHANDE : 169 vapeurs, jaugeant 59,478 tonnes et 3,051 nav. à voiles, jaugeant 211,165 ton. COLONIES : Ste-Croix, St-Thomas, St-Jean. (Voir les Antilles.)

COMMERCE — IMPORTATION — EXPORTATION

IMPORTATION : 518,841,600 francs (objets manufacturés, denrées coloniales, etc.). EXPORTATION : 238,924,200 (eau-de-vie, produits agricoles, papier, drap, bétail, chevaux, etc.).

TABLE ADMINISTRATIVE

Amt	kil. carrés	population	hab. kil.
Copenhague (ville)	15	195.000	14.816.1
— (campagne)	1.211	111.400	92.0
Fredriksborg	1.553	85.300	61.5
Holbaek	1.624	90.100	55.4
Sorö	1.472	87.200	59.2
Praestö	1.669	100.100	60.0
Bornholm	584	33.000	56.5
Maribo	1.660	92.400	55.0
Odense	1.765	126.700	71.2
Svendborg	1.641	117.800	71.7
Hjörring	2.775	95.400	30.8
Thisted	1.687	63.500	37.1
Aalborg	2.956	91.500	30.0
Viborg	3.051	87.800	29.0
Randers	2.455	100.500	41.2
Aarhus	2.477	132.500	53.0
Veile	2.336	107.400	45.5
Ringkjöbing	4.527	79.500	17.5
Ribe	3.045	68.900	22.6
POSSESSIONS			
Iles Färö	1.553	10.500	7.8
Island	102.417	70.900	0.6
Grönland	88.100	9.800	0.1
Antilles danoises	559	37.700	105.0

VILLES PRIN. — HAB. PAR MILLE

Copenhague 193, Helsingör 9, Roeskilde 5, *dans l'île Seeland;* Odense 17, Nyborg 5, *dans Fionie,* Nyköbing 4, *dans Falster,* Aarhus 15, Aalborg 12, Kolding 5, Viborg 6, Fredericia 7, Horsens 11, Ribe 4, *dans le Jutland,* Thorshaven *dans les Färö,* Reykjavik *en Islande* et Julianehaab *dans Grönland.*

SUPERFICIE

58,257 kilom. carrés, dont les îles 12,993 et le Jutland 25,244 (49 hab. par kil. carré).

POPULAT.

1,905,000 hab., dont 1,057,000 pour les îles, 843,000 pour le Jutland; d'après les cultes (1870), luthériens 1,769,585, réformés 1,455, catholiques 1857, israélites 4,290, anabaptistes 5,225, mormons 2,128, etc.

SUISSE

(CONFÉDÉRATION) — SUISSE — (CAP. BERNE)

SITUATION ASTRONOMIQUE : 45°49' — 47°50' lat. N. / 5°37' — 8°9' long. E.

CLIMAT : Le climat offre des variations infinies : hiver perpétuel au sommet des Alpes, température la plus douce dans les vallées.

GOUVᴺEMENT — CHEF DE L'ÉTAT — POUVᵛ EXÉCUTIF — POUVᵛ LÉGISL.
CHEF DE L'ÉTAT, E. Marti Dʳ, élu président en 1876 pour un an. LE POUVOIR EXÉCUTIF est exercé par le *Conseil fédéral*, composé de 7 membres, chargés chacun d'un *département ministériel*. Le président de la *Confédération* est en même temps *président du Conseil*, il est élu pour une année ainsi que le vice-président et ils ne peuvent être réélus l'année suivante, les membres du Conseil sont élus pour 3 ans. LE POUVOIR LÉGISLATIF s'exerce par l'*assemblée fédérale*, qui se compose du *conseil national*, 128 membres (1 membre par 20,000 hab.), élus pour 3 ans par le suffrage universel et du *Conseil des États*, 41 memb. (2 pour chaque canton, élus par l'assemblée du peuple ou par le grand conseil de chaque canton. 7 DÉPARTEMENTS (ministères), politique, justice et police, intérieur, finances et douanes, affaires militaires, chemins de fer et commerce, postes et télégraphes.

JUSTICE
Le *pouvoir judiciaire* s'exerce par le TRIBUNAL FÉDÉRAL, composé de 9 membres et 9 remplaçants nommés pour 6 ans. Il juge les causes politiques, les conflits entre les États et entre les pouvoirs. Pour l'administration de la justice criminelle, le tribunal fédéral est divisé en *chambre des mises en accusation*, *chambre des affaires criminelles* et *cour de cassation*.

CULTES
Tous les cultes sont libres, la plupart des hab. sont protestants, cependant les catholiques sont aussi très-nombreux ; ils ont à leur tête 5 évêques (Lucerne (Bâle), Coire, Saint-Gall, Lausanne, Sion (Valais). L'ordre des Jésuites y est interdit. Religieusement la Suisse se divise en 3 cant. protest., 8 cant. cathol. et 11 cant. mixtes.

INSTRUCTᴼᴺ PUBLIQUE
La Suisse compte plus de 7,000 *écoles primaires* dans ses 3,000 *communes*. L'instruction est obligatoire dans tous les cantons. L'enseignement moyen n'est pas négligé non plus. Pour l'enseignement supérieur, il y a des *universités* à Zurich, Berne et Bâle qui comptent env. 600 *étudiants* et 150 *professeurs* et des *académies* à Lausanne, Genève et Neuchâtel, avec des facultés de théologie, de philosophie et de droit, qui comptent env. 500 *étudiants* et 50 *professeurs*. L'*école polytechnique fédérale*, fondée en 1855, est établie à Zurich. Elle a 50 *professeurs* et plusieurs centaines d'*élèves*, parmi lesquels beaucoup d'étrangers. 6 *séminaires* pour former des prêtres catholiques. *Tous les habitants savent lire et écrire.*

INTÉRIEUR — CANTONS
La Suisse est divisée en 22 *cantons* subdivisés en districts et les districts en communes. LES CANTONS choisissent eux-mêmes leur constitution. L'autorité fédérale les approuve et les rend exécutoires. *Les districts* sont administrés par un préfet ou lieutenant assisté des conseils de districts, élus. *Les communes* sont administrées par les conseils municipaux ou communaux élus, présidés par un chef, syndic, maire, amman ou président.

FINANCES — DÉPENSES — RECETTES — ACTIF — PASSIF — MONNAIES

DÉPENSES	fr.	RECETTES	fr.
Intérêts, etc.	1.684.225	Produits des capitaux et des immeubles.	272.605
Frais d'administration	778.750	Intérêts de cap., d'exploit et sub.	254.800
Départements.	2.819.171	Monop. et administ.	41.945.526
Administ. spéciale (armée 12 574.507. Postes 14.745.406, télégraphes 2.137.929)	38.609.779	(Postes 14.815.825, télégr. 2.150.094)	
Dépenses imprévues	8 375	Recettes diverses.	499.371
Total.	**43.900.500**	**Total.**	**42.972.500**

Les dépenses extraordinaires en 1876, se sont élevées à 121.166 francs.
Passif et actif de la confédération (1876). Passif : 51.124.917 francs. *Actif :* 55.725.480 francs.
MONNAIES. La Suisse fait partie de la convention monétaire conclue à Paris (1865). Le franc est divisé en 100 *centimes* ou *rappes*.

GUERRE — ARMÉE — DIV. MILITAIRE
Le *service militaire* est obligatoire pour tous les hommes valides entre 20 et 44 ans. L'ARMÉE se compose de l'*armée régulière* (Bundesauzug), comprenant les hommes de 20 à 32 ans, et *de la landwehr*, comprenant ceux de 33 à 44 ans. DIVISIONS MILITAIRES. L'armée est répartie en 8 divisions.

ARMÉE	régulièr.	landw.	total
États-majors.	858	784	1.642
Infanterie, 198 bat. fusiliers, 16 bat. tiraill. (dont la 1/2 régulière)	82.786	82.786	165.572
Cavalerie, 48 escad. de drag., 24 comp. de guides (dont la 1/2 régulière).	3.492	3.492	6.984
Artillerie, 48 bat. de camp., 2 bat. de mont., 10 comp. de position, 8 colonnes	13.832	6.422	20.254
de parc, 8 bat. de train, 2 comp. artificiers	3.144	3.144	6.288
Génie	2.064	408	2.472
Corps sanitaires, administration, etc.			
Total.	**106.156**	**97.056**	**205.192**

COMMERCE — CHEM. DE FER
Il n'y a pas de documents publiés sur l'*importation* et l'*exportation*. On importe surtout des céréales, du bétail, des matières premières pour différentes industries, etc. ; on exporte principalement des articles de soie, de coton, d'horlogerie et de bijouterie, des dentelles, des ouvrages de bois et de paille, du fromage, etc.
CHEMINS DE FER (1876) : En exploitation, 2.341 kilom., plus 64 appartenant à des compagnies étrangères.

POSTES — TÉLÉGRAPHE
POSTES : Bureaux 811 dont 22 bur. étrangers ; 1.928 dépôts de lettres. Lettres, 63 055.290. Journaux et échant., 20.589.833. Recettes nettes, 100.452 fr.
TÉLÉGRAPHES (1876) : Bur. de l'État, 1.053, de chemins de fer, 103. Lignes de l'État, 6.343, de chemins de fer, 527 ; dépêches, 2.918.858.

VILLES PRINC. AVEC LEURS HAB. PAR MILLE
Berne 36, Genève 47, Zurich 21, Lausanne 27, La Chaux-de-Fonds 20, Saint-Gall 17, Lucerne 15, Neuchâtel 15.

SUPERFICIE
41.404 k. c. (64 hab. par k. c.)

POPULATION
2.669.147 hab. dont 1.566.347 protestants, 1.084.369 catholiques, 11.435 d'autres cultes chr., 6.695 juifs. Selon l'origine 2.517.600 Suisses, 150.907 étrangers, dont 62.228 Français, 57.247 Allemands, 18.075 Italiens, etc. Naissances 90.786, MARIAGES 22.576, DÉCÈS 66.819 (1876).

TABLE ADMINISTRATIVE

CANTONS	kil. carrés	Population	Hab. kil	Protest.	Cathol.	Autr. S. chrét.	Israél.
Cant. prot.							
Appenzell (Rh. ext.)	261	48.754	187	46.187	2.361	465	21
Zurich	1.725	281.867	165	265.788	17.914	2.650	505
Vaud	3.225	251.506	72	211.581	17.550	1.701	601
Schaffhouse	300	37.721	126	34.466	3.051	180	24
Neuchatel	808	97.286	121	84.757	11.529	926	674
Cantons mixtes							
Berne	6.880	506.561	74	436.416	66.007	2.707	140
Glaris	791	35.150	50	28.250	6.896	7	17
Bâle (Ville)	57	47.760	129	34.455	12.205	488	516
Bâle (Campagne)	422	54.155	128	43.527	10.219	228	451
Thurgovie	988	95.308	84	64.229	25.456	559	18
Grisons	7.183	91.794	13	51.886	39.855	55	18
Argovie	1.405	198.874	142	107.720	89.180	452	1.512
Genève	285	94.116	330	41.158	48.510	637	1.001
Cantons catholiques							
Saint-Gall	2.019	191.036	95	74.589	116.150	185	192
Fribourg	1.669	110.897	66	16.805	91.027	15	50
Soleure	783	74.718	95	12.448	62.078	99	95
Zug	259	20.945	88	878	20.085	17	45
Lucerne	1.501	132.557	88	3.857	128.377	65	98
Unterwalden	473	26.115	50	450	25.678	»	5
Schwitz	908	47.707	55	642	47.054	4	7
Appenzell (Rh. int.)	139	11.914	73	190	11.725	1	»
Valais	5.247	97.081	18	904	96.154	19	4
Uri	1.076	16.108	15	80	16.019	1	8
Tessin	2.818	119.569	42	192	119.300	47	50

TURQUIE D'EUROPE

(EMPIRE)   **TURQUIE D'EUROPE**   (C. CONSTANTINOPLE)

SITUATION ASTRONOMIQUE : 39° — 48° 20' lat. N. | 13° 24' — 27° 20' long. E.

CLIMAT : Entre les montagnes règne le climat le plus doux ; le pays abonde en vallées délicieuses et en plaines très-fertiles.

GOUVERNEMENT — CHEF DE L'ÉT. — POUV' EXÉCUT. — DIVAN : CHEF DE L'ÉTAT : Abdul-Hamid-Khan, Sultan (Padichah), né en 1842, avénem. 1876. La Turquie est une monarchie constitutionnelle et héréditaire. La succession au trône a lieu par ordre de primogéniture masculine parmi tous les princes du sang. — Le POUVOIR EXÉCUTIF est entre les mains du Sultan et le POUVOIR LÉGISLATIF est partagé entre le Sultan et l'Assemblée générale qui se compose du SÉNAT et la CHAMBRE DES DÉPUTÉS. Les membres du Sénat sont nommés à vie par le Sultan, leur nombre ne peut excéder le tiers de celui des membres de la Chambre des députés. Les députés sont élus pour quatre ans à raison d'un député par 50.000 Ottomans du sexe masculin. Tout Ottoman d'une conduite irréprochable, ayant au moins trente ans, et ne remplissant aucune charge publique (celle de ministre exceptée) est éligible. Les ministres d'État ayant les titres de Mouchirs et de Vizirs sont au nombre de 17 dont 42 avec des portefeuilles. Le Kislar agasi (chef des eunuques noirs) qui est à la tête de la direction du harem impérial est aussi l'un des grands dignitaires de l'Empire. — MINISTÈRES : des Affaires étrangères, de la Guerre, de la Marine, de l'Intérieur, de la Justice, des Finances, des Travaux publics et du Commerce, de l'Instruction publique, des Contributions indirectes, de la Police, de la Liste civile, des Archives.

JUSTICE : Le conseil suprême de justice ou grand conseil siège immédiatement après le Divan. Il est divisé en trois fonctions : législation, administration et justice. Les juges (ulémas) ont pour supérieur immédiat un *cazi-asker* (grand juge) et se divisent suivant la hiérarchie en *mollahs, cazis* (cadis) et *naibs*.

CULTES : La *religion de Mahomet* (l'islam) est celle du pays ; les autres cultes sont tolérés. La religion est surveillée par le *cheik-ul-islam* et par les prêtres (*imans*), qui comprennent les *cheiks* ayant pour devoir la judicature ; les *khatibs*, qui récitent les prières officielles, et les *imans* proprement dits, qui célèbrent les mariages et les enterrements. À la tête de la religion catholique grecque est un patriarche résidant à Constantinople ; pour la religion catholique romaine, un *patriarche* à Constantinople et 2 archevêques à Antivari et à Durazzo.

INTÉRIEUR — VILAYETS : La Turquie d'Europe se divise en 7 vilayets (provinces) ; en outre Lemnos, Imbros, Samothrace, Astypalœa constituent avec Rhodes et les îles du littoral de l'Anatolie un huitième *vilayet*. Constantinople et sa banlieue forment un district dépendant du ministère de la police. Le vilayet se divise en *montesoriflicks* ou *sandjaks*, ceux-ci en *kazas* (cantons) et les *karas* en *nahiés* (communes). Chaque vilayet est administré par un *vali* (gouverneur général) assisté d'un conseil permanent et dont une partie des membres sont élus par les populations. Chaque *sandjak* est administré par un *caïmacan* assisté d'un *conseil* ; chaque kazas par un *mudir* assisté de même par un *conseil de notables* nommés par le *vali*. Les *nahiés* sont administrés par des chefs qu'élisent les notables (*mouktars, kodjahbachis*.) Les pays tributaires sont : la SERBIE, l'ÉGYPTE, TUNIS, TRIPOLI et SAMOS.

FINANCES — DÉPENSES — RECETTES — DETTE — MONNAIES

DÉPENSES		RECETTES	
Dette publique	554.558.076	Contributions directes	92.391.250
Dotations, etc. (liste civ. 30.099.487) . . .	43.009.450	— ind . . .	379.355.650
Affaires étrangères . .	5.958.500	Recet. (forêts 3.575.000,	
Intérieur	66.009.957	mines 4.050.000, télé-	
Justice	10.776.825	graphes 5.656.250,	
Finances	43.756.757	postes 1.350.000 . . .	46.520.550
Guerre et marine . .	125.815.475	Tributs	18.598.700
Commerce, etc.	2.522 92	Total	556.866.150
Instruction publique .	2.258.755	DETTE PUBLIQUE . .	5.500.000.000
Travaux pub. (postes et télég., 9.616.500)	17.679.057		
Total	650.505 695		

MONNAIES. *Or :* pièce de 500 piastres = 113 f. 92. Pièce de 250 p. appelée *medjidié d'or* ou juslik, de 50 p., de 25 p. en proportion. *Argent :* Medjidié d'argent ou *ghiumech* de 20 p. = 4 f. 44, pièces de 10 (*onlik*) de 6 (*attelik*) de 5 (*bechlik*) de 2 (*jekilik*) de 1 et de 1/2 piastres en proportion. La piastre d'or ressort donc à 0 f. 22,78 et la piastre d'argent à 0 f. 22 c. 18. Livre turque à 100 p. = 22 f. 78.

GUERRE — ARMÉE — DIV. MILITAIR. : L'ARMÉE se compose de l'armée régulière (nizam), des *troupes régulières* et des *troupes auxiliaires*. LE SERVICE EST OBLIGATOIRE pour tous les mahométans, qui seuls peuvent servir dans l'armée ; les sectateurs des autres religions payent une contribution de 150 à 250 fr. par tête, mais ils sont obligés de servir dans la marine s'ils sont appelés. L'armée régulière comprend 46 régiments d'infanterie, 45 bat. de tirailleurs, 26 régiments de cavalerie, 8 régiments d'artillerie et 1 corps du génie. Il y a en outre 6 régiments d'artillerie de forteresse, 2 brigades d'artillerie de côtes, 6 bat. d'artillerie indépendante, 17 sect. d'artillerie locale et 1 corps d'ouvriers d'artillerie. *Troupes irrégulières :* 16 régiments de gendarmes (Bachi-Bozouks). *Troupes auxiliaires* ou contingent de province. En temps de paix l'armée régulière se compose de 100.000 hommes et 26.000 chevaux ; en temps de guerre l'armée régulière compte 204.000 hommes. 1re réserve (idatyal) 106.000 hommes, 2e réserve (iédif) 24.000 hommes, gendarmes 52.800, hiyade 120.000. Total 486.400 hommes. Troupes irrégulières et auxiliaires ensemble 100.000 hommes. DIVISIONS MILITAIRES. L'armée se partage en 7 corps d'armée, dont 5 cantonnés en Europe (Constantinople, Choumla, Monastir).

MARINE : LA MARINE DE L'ÉTAT se compose de 115 vapeurs avec 1.600 canons dont 19 navires blindés avec 120 canons, 17 navires à hélices avec 640 canons. Environ 55 navires à voiles en bois. *Équipage :* environ 6.000 matelots en temps de guerre. Infanterie de marine 1 régiment et 2 régiments d'ouvriers. MARINE MARCHANDE : 224 navires à voiles jaugeant 54.700 tonnes et 9 vapeurs à 5.050 tonnes.

COMMERCE — CHEM. DE FER — TÉLÉGRAPHES — POSTES — POIDS ET MES. — PORTS : Il n'y a pas de données exactes sur le commerce. IMPORTATION : Objets manufacturés, confectionnés, etc. EXPORTATION : Céréales, coton, fruits, vin, tabac, miel, essence de rose, soie, maroquin, garance, etc. CHEMINS DE FER : En exploitation 1.550 kil. TÉLÉGRAPHES : Bureaux 597, lignes 25.252 kil., dépêches 1.210.756. POSTES : Bureaux 429 ; en outre la France, la Grande-Bretagne, la Russie, l'Allemagne, l'Autriche-Hongrie, la Grèce et l'Egypte entretiennent des bureaux à Constantinople. POIDS ET MESURES : (Le système métrique) — Voir page 84). PORTS : Constantinople, Salonique, Rodosto, Varna.

VILLES PRINC. — AV. LEURS HAB. PAR MILLE : Constantinople 600, Adrianople 62, Salonique 75, Séraïevo 50, Philippopolis 28.

SUPERFICIE : 565.300 k. carrés (25 hab. par kil. carré).

POPULATION : 8.477.214 habitants, dont comme religion 5.600.000 mahométans, 4.800.000 chrétiens et 75.000 juifs ; comme nationalité 3.752.500 Slaves, 2.210.800 Turcs, 1.229.200 Albanais, 1.024.200 Grecs, 199.600 Roumains. — *Tout l'Empire :* 21.618.814 hab., sans compter les pays tributaires.

TABLE ADMINISTRATIVE

VILAYETS	k. car.	CAPITALES
EDIRNEH ou ADRIANOPLE	68.000	ADRIANOPLE.
DANUBE ou TOUNA	86.000	ROUSTCHOUK.
SALONIQUE ou SELANIK	52.000	SALONIQUE.
MONASTIR et PRISREND	55.000	MONASTIR.
BOSNA SERAÏ (BOSNIE)	61.000	SERAJEVO.
JANINA (ÉPIRE ET THESSALIE)	36.000	JANINA.
CRÈTE ou CANDIA	7.800	LA CANÉE.
ILES EUROP. DU VILAYET DE L'ARCH.	1.200	DARDANELLES.
CONSTANTINOPLE ET SA BANLIEUE . .	500	

ASIE

SITUATION ASTRONOMIQUE

1° — 78° latit. N. — 23°,40'; — 172° longit. O.

DIVISIONS

L'Asie comprend : la CHINE, le JAPON, les INDES, l'IRAN, le TOURAN, l'ARABIE, la TURQUIE D'ASIE et la RUSSIE D'ASIE.

BUDGET

DÉPENSES. . . . . 2.185 millions de francs.
RECETTES. . . . . 2.218 millions de francs.
DETTE. . . . . 7.932 millions de francs.

COMMERCE

IMPORTATION . . . . 2.376.2 millions de francs.
EXPORTATION . . . . 2.910.4 millions de francs.

TÉLÉGRAPHES

LIGNES. . . . . 39.965 kilomètres.

CHEMINS DE FER

LIGNES. . . . . 12.302 kilomètres.

SUPERFICIE

44.782.900 kilomètres carrés (18.4 habitants par kilomètre carré).

POPULATION

824.548.500 habitants.

CHINE

(ROYAUME)   (CAP. PÉ-KING)

SITUATION ASTRONOMIQUE	20° — 50° lat. N. 70° —130° long. E.	**CLIMAT** — Température moyenne à Péking + 12°, à Canton + 21°; au nord de la Chine, la température est à peu près la même que celle de l'Allemagne du Nord.

GOUV NEMENT
CHEF DE L'ÉTAT
SECRÉTARIAT D'ÉTAT
CONSEIL DE L'EMPIRE
MINISTÈRES

CHEF DE L'ETAT. Kvang-si, de la famille Tsing, né en 1872. La monarchie est héréditaire et absolue. Les deux premiers corps de l'Etat sont : le *Secrétariat d'Etat* (Nei-Ko) et le *Conseil de l'Empire* (Chun-chi-chu). Le Secrétariat d'État se compose de 6 grands dignitaires dont 3 Mandchous et 3 Chinois. Les 4 membres supérieurs (2 Mandchous et 2 Chinois) ont le titre de « Secrétaire d'Etat actuel », les 2 autres membres ont le titre de « Sous-Secrétaire d'Etat. » Le Conseil de l'Empire. Le nombre des membres de ce Conseil n'est pas limité. Il se compose des princes impériaux, des secrétaires d'Etat, des présidents des ministères.

6 MINISTÈRES ou Départements exécutifs, présidés chacun par 2 présidents et 4 vice-présidents. Ils sont subordonnés au Secrétariat d'Etat ou au Conseil de l'Empire; les 6 ministères sont : *les ministères de la justice, des cultes, de l'intérieur, des finances, de la guerre, des travaux publics*. En dehors de ces 6 ministères, sont : le ministère des colonies, l'office des Censeurs, l'office de l'Académie de Pé-king, le ministère de la famille impériale, de la maison impériale et l'office des affaires étrangères qui sont du ressort des 10 premiers corps de l'Etat.

JUSTICE

Les liou-pou au nombre de 6 (tribunaux supérieurs) à Pé-king. Outre ces tribunaux, il existe le tribunal des affaires étrangères et coloniales, le tribunal de censure et le tribunal chargé de surveiller les tribunaux et les fonctionnaires. Ils sont indépendants des liou-pou.

CULTES

La religion dominante est le bouddhisme (Fo). La religion du philosophe Lao-Tseu possède beaucoup d'adhérents. On compte aussi quelques centaines de milliers de chrétiens.

INTÉRIEUR
PROVINCES

La Chine proprement dite se divise en 18 provinces, les provinces se divisent en *fou*, les fou en *tchou* et les tchou en *hien*. Les 18 provinces sont gouvernées par 8 gouverneurs généraux et 15 gouverneurs. Après ces dignitaires, les directeurs d'impôts provinciaux et les juges supérieurs provinciaux sont les plus hautes autorités.

FINANCES
DETTE
MONNAIES

On ne peut obtenir rien d'authentique sur les revenus de l'Etat qui s'élèvent à environ 629 millions de francs.

DETTE PUBLIQUE. Le montant des dettes intérieures n'est pas connu en Europe. En 1874, le gouvernement chinois a émis le premier emprunt extérieur, s'élevant à 15.691.875 fr., au taux de 95 et portant 8 0/0 d'intérêt. Cet emprunt est garanti par les recettes de la douane.

MONNAIES. Le seul numéraire qui soit d'un usage général en Chine est une petite monnaie faite d'un mélange de cuivre, de plomb, d'étain et de toutenaque (zinc chinois) qui ne vaut environ que le douze centième d'une piastre estimée 6 fr. (soit 2 centimes). Cette monnaie s'appelle en chinois *lé, li* ou *zin*, ou plus généralement *tsien*, en anglais *cash*, en allemand *pitje* et en français *sapèque*.

TABLE ADMINISTRATIVE
POUR LA CHINE PROPREMENT DITE

PROVINCES	POPULAT.	KIL. C.
PETCHILI	56.880.000	148.550
CHANTOUNG . . .	29.530.000	139.280
CHANSI	17.057.000	170.850
HONAN.	29.070 000	173.350
KIANGSOU	39.647.000	103.960
NYANPOEI	36.597.000	139.880
TZIANGSI.	26.514.000	177.660
TOU-KIANG . . .	22.800.000	118.520
TIHE-KIANG . . .	8.100.000	92.380
HOUPÉ.	28.584.000	179.950
HOU-NAN.	20.049.000	215.550
CHEN-SI.	10.310.000	210.340
KAN-SOU.	19.513.000	674.920
SZE-TCHOU-AN . .	35.000.000	479.270
KOUANG-TOUNG .	20.152.000	233.730
KVANG-SI	8.121.000	201.640
YUX-NAN.	5.824.000	329.760
KOUEÏ-TCHOU. . .	5.679.000	172.900
ILE DE HAINAN. .	2.500.000	36.200
ILE DE FORMOSA.	3.020.000	38.800
TOTAL. . . .	404.947.000	4.037.290

GUERRE
ARMÉE
DIVISIONS MILITAIRES

L'ARMEE comprend 24 bannières (régim. de la garde), composées de :

8 bans mandchouriens de 80 comp. (la comp. a 80 hommes).	25.600
8 — mongoliens de 15 comp. — —	4.800
8 — chinois de 30 comp. — —	9.600
4 troupes de ligne (chacune des 18 provinces fournit en moyenne 3.500 hommes)	630.000
Cavalerie mongolienne (ne fait le service qu'en cas de guerre).	30.000
Total	700.000

DIVISIONS MILITAIRES. L'administration militaire de chaque province est dirigée par un général chinois ; dans quelques provinces il y a encore un général tartare d'un grade plus élevé que le général chinois, mais d'une autorité moindre.

MARINE

MARINE DE L'ÉTAT : 3 escad., compr. 3 jonques à vap., 22 canonnier., 1 corv., 8 transp., 2 frég. Total 38 nav.
MARINE MARCHANDE. 8.000 navires jaugeant 616.000 tonnes.

TRAVAUX PUBLICS
POSTES
TELEGRAPHES
CHEM. DE FER
CANAUX

POSTES. A Pé-king et dans les ports ouverts aux étrangers on a accepté le système européen, mais pour la Chine inférieure on a encore les commissions des postes par les facteurs seulement.

TELEGRAPHES. Les ports de Shang-haï, de Canton, d'Amoï et de Fou-tcheou sont reliés à l'Asie et à l'Europe par les lignes de la grande Comp. des télég. du Nord à Copenhague. En outre 2 petites lignes terrest. de 19 kil.

CHEMINS DE FER en exploitation, de Shang-haï à Wounsoung, 16 kilomètres.

CANAUX. La Chine a des milliers de canaux établis entre les fleuves navigables. Le canal impérial, qui est le premier canal du monde, a une longueur de 2.000 kilomètres environ, et sa largeur est de 60 à 300 mètres.

COMMERCE
IMPORTATION
EXPORTATION
POIDS ET MESURES
PORTS

IMPORTATION. Environ 536.999.760 francs (opium, marchandises de coton, de laine, etc.).

EXPORTATION. Environ 545.990.760 francs (thé noir, thé vert; poussière de thé, soie brute, soieries sucre, etc.).

POIDS ET MESURES. Mesures de poids : Shih ou pierre = 72.575 kilog., picul ou tan = 60.479 kil., kuin = 18.144 kil., Yin = 1.210 kil., cally ou kin = 604.790 grammes, taël ou liang = 37.799 gr., chic = 1.595 gr., lui = 0.157 gr., kernel ou shu = 0.0157 gr.

Mesures de longueur : L'unité des mesures de longueur est le *chih* (on a plusieurs espèces de chih. Les rapports ci-dessous ont été fixés par le gouvernement. *Yin* = 35.5 mètres, *chang* = 3.55 m., *chih* = 35.5 ᵐⁱˡ, *tsun* ou *punto* = 35.5 ᵐⁱˡ, *tou* ou *yih-lih* = 3.55 ᵐⁱˡ.

Mesures de capacité. *Ping* = 824.8 litres, *yu* = 164.96 l., *chih* ou *sei* 103.1 l., *tu* = 65.90 l., *Hoh* ou *hurih* = 51.55 l., *tou* ou *téou* = 10.31 l., *shing* = 1.03 l., *koh* ou *oh* = 0.103 l.

PORTS. Les principaux ports, ouverts aux étrangers, sont au nombre de 13 : Shang-haï, Canton, Kan-Keou, Ning-po, Fou-Tcheou, Tien-tsin, Sva-tao, Tching-Kiang, Kiou-Kiang, Amoï, Tche-Fou, Niou-tchouang et Takao.

VILLES PRINCIPALES
AVEC LEURS HABITANTS PAR MILLE

Pé-king 1.500 habitants (dont 800.000 Tartares, 400.000 Chinois, 100.000 hommes en garnison). *Canton* 1.200, parmi les habitants de cette ville un grand nombre habite sur le fleuve, on compte à peu près 12.000 bateaux servant d'habitation. *Sou-tchou-fou* 2.000; cette ville, située sur le canal impérial, « la Venise de la Chine », est la ville du bon ton, de l'élégance, des amusements raffinés, des meilleurs théâtres et du plus fin langage. *Tihan-tchao-fou* 1.000. *Tching-tou-fou* 1.000. *Sin-gan-fou* 1.000. *Tien-tsin* 900. *Nangkin* 600, ancienne capitale, est encore une ville très-importante. *Ning-po* 300. *Amoï* 300. *Takao* 200. *Mukden* 170. *Sva-tao* 120. *Victoria* 100, sur l'île Hong-Kong, est une ville anglaise. *Macao* 90, ville portugaise. *Lhassa* 80, capitale du Thibet. *Ourga* 70, capitale de la Mongolie. *Shang-haï*, port de mer profond, est la plus grande ville commerciale de la Chine et une des plus grandes du monde. Parmi ses habitants on compte 7.500 Européens et 2.000 Américains.

SUPERFICIE

SUPERFICIE. 10.290.500 kilomètres carrés (Chine proprement dite 4.037.590 kilom. carrés, Mandchourie 950.000 kil. c., Mongolie 3.577.500 kil. c., Thibet 1.688.000 kil. c., Corée 236.784 kil. c.). — (41 habitants par kilomètre carré.)

POPULATION

POPULATION. 433.447.000 habitants. (Chine proprement dite 404.947.000 hab., Mandchourie 12.000.000 d'hab., Mongolie 2.000.000 hab., Thibet 6.000.000 hab., Corée 8.500.000 hab.)

(EMPIRE) INDE (CAP. CALCUTTA)

SITUATION ASTRONOMIQUE : 8°—35° lat. N. et 76°—96° long. E.

CLIMAT : Climat des tropiques dans le Bengale, sur les bords du Gange et de l'Indus et sur le littoral. Climat tempéré à la base des montagn. Clim. des pôles dans le Ht Himalaya.

GOUVERNEMENT — CHEF DE L'ÉTAT. CHEF DE L'ÉTAT. Victoria Ire, impératrice des Indes, reine de la Gde-Bretagne et d'Irlande. Lord Lytton, vice-roi et gouverneur général de l'Inde, nommé en 1876, est le chef de toutes les branches de l'administration. CONSEIL D'ÉTAT composé de 15 membres (8 choisis par la couronne et 7 par la cour des directeurs), élus pour 10 ans. CONSEIL DU GOUVERNEUR GÉNÉRAL composé du vice-roi, du commandant en chef et de 5 membres ordinaires. Les membres sont chargés des départements des Affaires étrangères, des Finances, de l'Intérieur, de la Guerre et des Travaux publics. LE CONSEIL DE PRÉSIDENCE DE BOMBAY composé du gouverneur, du commandant et de 2 membres. LE CONSEIL DE PRÉSIDENCE DE MADRAS composé du gouverneur, du commandant et de 3 membres.

JUSTICE : 4 hautes cours de justice : Calcutta, Benarès, Bombay et Madras; ces grandes divisions sont subdivisées en provinces, administrées judiciairement par des commissaires et des juges provinciaux.

CULTES : La popul. se répartit entre les différents cultes: hindous, 140.000.000; mahométans, 41 mil??; bouddhistes, 5 mil??; sikhs, 2.200.000; païens, 1.800.000 et chrétiens, 800.000. Le primat de l'Église est l'évêque de Calcutta.

INTÉRIEUR : L'État est partagé en 9 grandes régions administratives : les présidences de Madras et de Bombay, administrées par des gouverneurs; les régions du Bengale, de Punjab et du N.O., administrées par des lieutenants-gouverneurs, les provinces centrales, les provinces de Birmanie et de l'Oude, administrées par des commissaires généraux, et les provinces administrées directement par le gouverneur général.

FINANCES — DÉPENSES

DÉPENSES

Charges des recettes brutes (postes, 21.212.575 ; télégr. 12.263.600)	446.272.150
Intérêts de la dette	179.099.200
Administration, etc.	44.297.575
Justice	135.562.400
Ports	13.745.675
Agences polit., pensions, fonds provinciaux	202.074.425
Armée	382.711.475
Travaux publics	207.446.625
Chemins de fer	5.567.825
Secours à la famine	14.894.475
Garanties aux Cies de chemins de fer	26.465.583
Total	1.617.957.410

RECETTES

Impôts	1.151.517.775
Monnaies	2.762.225
Postes	19.094.125
Télégraphes	7.726.000
Recettes diverses	82.227.825
Départem. de la guerre	26.140.525
— des trav. publ.	16.595.425
Chemins de fer	7.257.800
Total	1.312.899.200

DETTE

Dette consolidée	2.961.174.775
Dette non consolidée	501.157.525
Total	3.262.332.100

MONNAIES. (Voir ÎLES-BRITANNIQUES.)

GUERRE — ARMÉE — DIVISION MILITAIRE

ARMÉE RÉGULIÈRE	off.	sold.
Infanterie de ligne	1.538	41.000
Cavaler. de ligne	225	5.670
Artillier. à cheval	11?	2.490
Artillerie à pied	914	8.520
Total	2.791	55.580

ARMÉE IRRÉGULIÈRE Comprend env. 140.000 h. de troupes indigènes, commandées par 4.700 off. européens. DIVISIONS MILITAIRES : 5 grands districts militaires : Calcutta, Madras et Bombay, commandés par un général en chef et 2 lieutenants-généraux.

TABLE ADMINISTRATIVE

Gouv. Prés. et Prov.	Population
Prov. du Gouv. Gén.	7.851.547
Ajmire	516.052
Coorg	168.312
Berar	2.251.565
Mysore	5.055.412
Prés. de Bombay	15.622.868
Div. du Nord	5.269.262
Div. du Sud	7.045.011
Sind	1.730.525
Prés. de Madras	31.111.100
Distr. du Nord	6.794.900
Distr. Central	10.436.800
Distr. du Sud	14.079.400
Prés. du Bengale	61.647.88?
Burdwan	7.286.960
Div. du présid.	6.544.460
Rayshahye	8.895.70?
Cooc-Behar	1.045.941
Dacca	9.517.498
Chittagong	5.480.156
Patna	13.122.745
Bhaugulpore	6.615.538
Orissa	4.517.50?
Chotac-Nagpor	5.825.58?
Prov. d'Assam	2.207.450
Cooc-Behar	524.760
Assam	1.682.69?
Prés. du Nord-Ouest	30.769.0?6
Meerut	4.975.190
Kamaon	745.170
Rohilhund	5.456.550
Aghra	5.058.156
Jhansie	934.747
Allahabad	5.466.116
Benares	8.178.147
Prés. de Punjab	17.595.846
Hissar	1.226.700
Delhi	1.920.912
Ambala	1.652.72?
Jullundhur	2.464.020
Amritsur	2.743.880
Lahore	1.890.000
Ravalpindi	2.197.000
Mooltan	1.474.574
Derajat	9?1.255
Pechavur	1.055.7?5
Prés. d'Oude	11.220.747
Luchnow	2.585.019
Leetapore	2.605.426
Faïzabad	5.584.156
Rai-Bardi	2.650.17?
Prés. Centrale	9.066.01?
Nagpoor	2.299.50?
Jubbulpoor	2.446.110
Nerbuda	4.080.500
Chutteesgur	5.259.900
Birmanie Britann.	2.562.525
Arrakan	461.15?
Pegu	1.524.422
Tenasserin	576.765
Total	191.507.070

POSSESSIONS PORTUGAISES

Administrées par un gouverneur général siégeant à Goa.

VILLES ET TERRITOIRES	habit.	kil. c
Goa, Salcete, Bardez	474000	3750
Damas, Diu (Ile)	53000	110
Total	527000	3160

RECETTES, env. 700.000 fr.
DÉPENSES, env. 640.000
COMMERCE EXTÉR., env. 6 mil??

POSSESSIONS FRANÇAISES

Administrées par un gouverneur siégeant à Pondichéry.

VILLES	habit.	k. c.
Pondichéry	133.000	290
Chandernagor	22.000	9
Karikal	92.000	130
Mahé	8.000	60
Yanaon	5.630	14
Total	260.500	503

Tout le commerce extérieur, dont le total est de 20 millions fr., est concentré à Pondichéry et à Karikal.

CEYLAN, ANDAMAN, NICOBARES

SITUATION ASTRONOMIQUE. Ceylan, 6°—9°50' lat N.; 77°25' - 79°52' long. E. — Andaman et Nicobares, 6°43'—15°40' lat. N.; 90°—91°35' long. E.

GOUVERNEMENT. — Les îles sont administrées par un gouverneur-commandant qui dépend directement du ministère des Colonies à Londres.

INTÉRIEUR. — 6 prov. chacune administrée par un commissaire.

FINANCES. — Dép. 29 millions fr. Rec. 31 mill. fr. Dette, 16 mill. fr. Monnaies, poids et mesures. Voir l'Inde angl.

GUERRE. — Armée, 2.850 hommes.

COMMERCE. — Import. 139 mill. fr. Export. 138 mill. fr. Chem. de fer, 152 kil en exp.

VILLES PR. H. P. M. —Colombo, 100; Pointe de Galle, 48 ; Jaffna, 35 ; Candy, 18.

SUPERFICIE — 65.355 kilom. carré.

POPULATION. — 2.405.500 hab.

ÉTATS INDIGÈNES

Chacun dirigé par un *Rajah* (chef ind.), plus ou moins dépendant du gouvernement de l'Inde anglaise.

	habit.	kil. c.
Rampore	507.000	2.440
Téhrée	200.000	2.255
Bastar	297.000	»
Surond	108.000	»
Kairagurh	116.000	»
Nandgaon	155.000	»
Patna	90.000	»
Kavarda	69.000	»
Soupoor	60.000	»
Raigurh-Barguh	51.000	»
Gondka et Sakteh	61.000	»
Sarangurh	45.000	»
Kanker	56.000	»
Bamra et Makray	56.000	»
Jummoo et Kachmire	1.521.000	206.652
Patiala	1.586.000	14.016
Bhavulpore	472.800	58.848
Nabba	227.000	2.082
Kapourthala	201.000	1.549
Jeend	190.000	2.551
Maudi	140.000	2.590
Chamba	110.000	»
Sirmour (Nahan)	100.000	2.590
Bussahir	90.000	6.630
Hindur	70.000	1.036
Furredcote	68.000	1.554
Khalsia	62.000	455
Nalmour (Belaspore)	69.600	776
Keouthal	50.000	725
Maleurkotla	46.000	425
Jouhhal	40.000	675
Souket	45.000	1.088
Baroda	1.710.000	11.595
Kattyvar	1.476.000	51.588
Kolhapur	546.000	8.246
Mahratta (Sud)	414.000	9.585
Kootch	409.000	16.854
Pahlanpoor-Agence	521.000	15.616
Mahikanta	511.000	10.560
Sattara	262.000	7.660
Cambay	175.000	906
Savountvarree	152.000	2.350
Jauvera	71.000	859
Surat et Javar	49.000	2.212
18 pet. Etats Punjab	175.000	5.560
Travancore	1.262.000	17.255
Cohin	400.000	2.929
Poodookottah	515.000	2.686
Revakanta	282.000	19.776
Rayperpla	140.000	11.654
Sind	105.000	12.950
Nepal	45.000	50.000
Boutan } Indépendants	20.000	25.000
Total, env.	15 mill.	

INDE (SUITE)

TRAV. PUBL. — CHEM. DE FER — POSTES — TÉLÉGRAPHES — INSTR. PUBL.
- CHEMINS DE FER. En exploitation, 11.164 kilom., dont 1.080 kilom. à l'État.
- POSTES. Bureaux. 5.666 ; lettres, 107.576.945 ; journaux. 10.000.000.
- TÉLÉGRAPHES (1873). 16.794 kilom. ; 225 bureaux ; 883.727 dépêches.
- Outre les trois Universités à Calcutta, Madras, Bombay et les Collèges sanscrits de Calcutta et de Bénarès, l'Inde compte 16,261 écoles qui reçoivent 662.557 élèves aux frais de l'État.

COMMERCE — IMPORTATION — EXPORTATION — POIDS ET MES. — PORTS
- IMPORTATION. 1.069.630.000 (boissons, houille, drogueries, résine, huiles, sel, tissus, objets manufacturés).
- EXPORTAT. 1.447.625.000 (riz, semences et fruits, thé, café, épices, sucre, soie, laine, peaux, opium).
- POIDS ET MESURES. (Voir les Iles-Britanniques.)
- PORTS. Calcutta, Madras, Bombay, Sourate, Masoulipatam, Karatchi.

VILLES PRINC. AVEC LEURS HAB. PAR MILLE
- Calcutta, 830 ; Bombay, 644 ; Madras, 400 ; Bénarès, 175 ; Patna, 160 ; Delhi, 155 ; Agra, 150 ; Allahabad, 144 ; Bangalore, 143 ; Amritsur, 136 ; Rangoon, 97 ; Sourate, 80 ; Pouna, 80 ; Mysore, 60.

SUPERFICIE
- 2.430.260 kilom. carrés (env. 79 hab. par kilom. carré). dont prov. du Gouv. génér., 126.150 ; présid. de Bombay, 350.290 ; prés. de Madras, 367.100 ; prés. de Bengale, 518.120 ; prov. d'Assam, 92.260 ; prés. du Nord-Ouest, 209.530 ; prés. de Punjab, 264.170 ; prés. d'Oude, 62.090 ; présid. Centrale, 217.970 ; Birmanie britann., 242.580.

POPULATION
- 191.300.000 hab. (non compris les États-Fédéraux).

RUSSIE D'ASIE

SITUATION ASTRONOMIQUE
- *Caucase* 39° 45' lat. nord, 38° 42' long. est. *Sibérie* 40° 65' lat. nord, 50° 188' long. est. *Asie centrale* 38° 52' lat. nord, 48° 84' long. est.

CLIMAT
- Dans la Sibérie du Nord on a constaté jusqu'à 60° de froid ; au sud de ce vaste pays le climat rappelle celui de l'Europe tempérée. Dans l'Asie centrale le climat est à peu près celui de la Perse et du Turkestan ; à Samarkand la température varie entre + 40° et 12°, avec une moyenne annuelle de 16°. Le climat du Caucase varie à chaque pas selon l'altitude et l'exposition des lieux habités. Tiflis a la moyenne annuelle de Rome ou de Valence ; mais les chaleurs sont plus fortes, les froids plus durs.

GOUVNEMENT
- LA LIEUTENANCE DU CAUCASE est gouvernée par un lieutenant de l'empereur. Le grand-duc Michael Nicolaïevitch est chef de toutes les branches d'administration. LA SIBÉRIE et l'ASIE CENTRALE sont administrées par des gouverneurs généraux qui sont subordonnés au ministre de l'intérieur. (Voir la table.)

CULTES
- La religion catholique grecque orthodoxe est celle des États ; mais tous les cultes sont libres. (V. Russie d'Europe.)

INTERIEUR
- Les provinces du Caucase sont administrées par des gouverneurs civils.

FINANCES
- Les dépenses et les recettes sont comprises dans celles de l'empire russe. MONNAIES : la monnaie russe est employée.

GUERRE
- ARMÉE : *Caucase* 3,166 off., 104,581 hommes et 4,923 chev. en temps de paix ; en temps de guerre 4.906 off., 235,511 hommes et 21,040 chev. *Sibérie et Asie centrale : En temps de paix* 921 off., 24,469 hom. et 558 chev. ; *en temps de guerre* 1,037 off., 38.700 hom. et 3,500 chev. Le Caucase forme une région militaire, la Sibérie et l'Asie centrale en forment 5. (Voir la table.)

COMMERCE — IMPORTATIONS — EXPORTATIONS — CHEM. DE FER — TÉLÉGRAPHES — POIDS ET MES. — PORTS
- Les chiffres du commerce sont compris dans les chiffres du commerce de l'empire russe. Les principaux articles d'*importation* sont : thé, métaux fabriqués, tissus, objets manufacturés, etc. Les articles d'*exportation* sont: peaux, pelleteries, métaux, coton, soie, semences, etc. CHEMINS DE FER : *Caucase* 1.006 kil. en exploitation, 10 kil. en construction. En outre, il existe des communications par bateaux à vapeur, avec la mer Caspienne, le lac d'Aral et les grands fleuves navigables de Sibérie. TÉLÉGRAPHES : 12.757 kilom. POIDS ET MESURES : Dans le Caucase on se sert des poids et mesures de la Russie, en Sibérie et en Asie centrale on se sert de ceux de la Russie et du Turkestan. (Voir Touran.) PORTS : *Mer Noire*, Poti ; *Mer Caspienne*, Bakou, Derbent ; *Mer Blanche*, Okhotsk, Nicolaïevsk, Vladivostok.

VILLES
- (Voir la table.)

SUPERFICIE
- CAUCASE : 447,645 kil. carrés (11 hab. par kil. c.) SIBÉRIE : 12,495.110 kil. (0,3 hab. par kil. c.) ASIE CENTRALE : 5,581,168 k. carrés (1,4 hab. par kil. carré).

POPULAT.
- CAUCASE : 4,895 352 hab., dont 2,072,039 catholiques grecs, 1,987,215 mahométans, 22,752 israélites, etc., etc. SIBÉRIE : 3,428 867 habitants, dont 2,956,827 catholiq. grecs, 61,059 mahomét., 11,941 israélites, etc. ASIE CENTRALE : 4 650,215 hab. dont 274,059 catholiques grecs, 3.016.502 mahométans, 3,596 israélites.

TABLES ADMINISTRATIVES

Lieutenance du Caucase (1871)

GOUVERNEMENTS	kil. carrés	habitants	hab. k.	RÉGIONS MILIT	Villes princ., hab. p. mille
STAVROPOL	69.026	437.118	6.0		Stavropol, 21.
KOUBAN	95.687	672.224	6.8		Ieisk, 26.
TEREK	60.798	485.257	7.9		Mosdok, 13.
DAGHESTAN	29.840	448.299	15.0		Derbent, 13.
SAKATALY	4.195	56.802	13.5		Yakataly, 0 3.
TIFLIS	40.439	606.584	15.	CAUCASE	Tiflis, 71.
BAKOU	39.248	513.560	13.5		Bakou, 15.
ELISABETHPOL	44.552	529.412	11.9		Elisabethpol, 16.
ERIVAN	27.650	452.001	16.3		Erivan, 14.
KOUTAIS	20.707	605.691	29.2		Koutaïs, 12
SOUKHOUM	8.628	70.701	8.1		Soukhoum-Kalé, 2.
TCHERNOMORSK	7.120	15.705	2.2		
Sibérie					
PROV. DU LITTORAL	1.890.676	43.520	0.02	SIBÉRIE ORIENT.	Nicolaïevsk, 5.
— DE L'AMOUR	449.500	22.297	0.04	—	Blagoviechtchensk, 2.
TRANSBAÏKALIE	623.596	430.780	0.6		Nertchinsk, 4.
IRKOUTSK	800.768	378.244	0.4	SIBÉRIE ORIENT.	Irkoutsk, 27.
IAKOUTSK	3.929.195	251.977	0.05		Iakoutsk, 5.
IÉNISSÉISK	2.571.428	572.802	0.1	SIBÉRIE ORIENT.	Krassnoiarsk, 11.
TOMSK	852.172	838.756	0.9	SIBÉRIE OCCID.	Tomsk, 24.
TOBOLSK	1.377.775	1.086.848	0.9	—	Tobolsk, 17.
Asie Centrale					
AKMOLINSK	545.340	381.900	0.7		Omsk, 27.
SÉMIPALATINSK	487.673	510.165	1.0	SIBÉRIE OCCID.	Sémipalatinsk, 10.
TOURGAÏ	523.656	338.802	0.6		
OURALSK	566.403	346.715	0.9		Ouralsk, 11.
SÉMIRETCHENSK	402.203	559.530	1.3	TURKESTAN	Kopal, 5.
SYR-DARIA	429.950	933.200	2.2	TURKESTAN	Tachend, 64.
SABECHAN	50.951	286.449	5.6		Samarkand, 20.
KOULDIA	71.215	114.537	1.6		Khodjent.
AMOU-DARIA	105.535	109.585	1.0		
TERR. TRANSCAP.	327.069	275.000	0.8		
FERGHANA	73.215	960.000	13.0	TURKESTAN	

INDO-CHINE OU PRESQU'ILE ORIENTALE DE L'INDE

	COCHINCHINE COLONIES FRANÇ. CAP. SAIGON.	CAMBODGE ROYAUME. CAP. PNOM-PENH.	MALACCA ÉTATS MALAYS & COLON. ANGL.	SIAM ROYAUME. CAP. BANGKOC	BIRMANIE ROYAUME. CAP. AVA.	ANAM EMPIRE. CAP. HUÉ.
SITUAT. ASTR.	19°—12° lat. N et 102°—105° l. E.	10°—13° lat. N et 101°—104° l. E.	1°—5° lat. N et 90°—102° l. E.	4°—22° lat. N. et 76°—104° l. E.	19°—28° lat. N. et 91°—99° l. E.	10°—25° lat. N et 100°—107° l.E.
CLIMAT	La temp. varie entre +35° et +17° A Saïgon la temp. moy. est +25°.	Le climat de la côte est le même que celui de Saïgon.	Malacca, située sur l'équateur, a le climat des tropiques.	La température moyenne de Bangkoc est de +21° env.	La température moyenne est de +12° à +14° env.	La température moyenne est de +12° au N. et de +25° au S.
GOUV NEMENT	Le Gouverneur général est en même temps command. en chef de la division navale de l'Indo-Chine.	Le Cambodge est gouverné par un 1er et un 2e roi sous le protectorat de la France.	Le Gouverneur est command. en chef dans toutes les colonies de l'Indo-Chine. Les Malays sont des tribus nomades.	CHEF DE L'ETAT. Chula-Long-Karana Ier, roi. Le 2e roi est le premier dignitaire du royaume La royauté est hérédit. Conseil d'Etat suprême (senabodi). Conseil des ministres (8 membres).	CHEF DE L'ETAT. Murg-Lon Ier, roi. Le gouvernement est entièrement despotique. Le roi est regardé comme un être supérieur et comme étant élu directement par Bouddha.	CHEF DE L'ETAT. Tu-Duc, né en 1817, empereur. Comme dans tous les Etats de l'Indo-Chine, le gouvernement est absolu.
CULTES.	Le bouddhisme est la religion dominante dans toute l'Indo-Chine, la langue sacrée est le *poli* qui a du rapport avec le sanscrit. On donne le nom de *talapoins* ou *p'ra* aux prêtres de cette secte. Les missionnaires catholiques ont converti un assez grande partie de la population.					
INTÉRIEUR	Le pays est divisé en 6 prov., chacune administrée par un commissaire, et en 20 arrondissements. Les provinces sont : Saïgon, Seien-Hoa, Mytho, Vinh-Long, Chaù-doc et Ha-tûn. POPULATION : 1.565.450 hab. sur 56.244 kil. carrés.	Le pays est administrativement partagé : POP. — K. C. Les provinces : du 1er roi... 790 000 du 2e roi... 74.000 de la reine-mère... 22.000 } 85.861 Diverses familles nomades. 12.000 Total... 898.000 / 85.861	4 possessions anglaises (straits settlement) administrées par des commissaires. POP. — K. C. Singapore... 97.100 / 580 Penang... 61.800 / 274 Wellesley... 74.400 / 611 Malacca... 77.700 / 1.657 Total... 508.000 / 3.122 Malays indép.. 220.000 / 82.000 Total gén... 528.000 / 85.122	Le roy. de Siam est div. en 41 prov. Chac. est adm. par un gouv. portant le titre de *Phrava*, cons. de 1re cl. *Traon-phrava*, conseil intime actuel, avec tit. d'Excell. Le peuple se div. en 5 catégor.: les old., les gens de corvée, les tributaires, les clients des princes et les mandarins et enfin les esclav. *Tribus* : les Karians, les Lawas, les Kas et les Choms.	Sont regardées comme dépendantes de la Birmanie, les provinces de Hukhung, de Khamti et de Ka-qui dont les principales villes sont : Kiang-hung, Kiang-tung et Muang-la. Les divisions administratives sont peu connues, les grandes divisions géographiques sont : l'Ara au Birman, le Laos, le Mre-lopchan et le Louachan.	L'empire d'Anam comprend : le Ton-Kin, la Cochinchine anamite et une partie, assez vaguement limitée, du pays des Laôs. Dans plusieurs cantons et surtout dans les montagnes vivent des tribus indépendantes, plus ou moins féroces et belliqueuses. On y distingue : les Monis, les Manangs et les Layes, etc.
FINANCES RECETTES DÉPENSES MONNAIES POIDS ET MESURES	RECETTES. DÉPENSES. MONNAIES. Les monnaies, poids et mesures de France sont légalement en usage dans la Cochinchine française; mais les indigènes se servent de leurs unités nationales qui se rapprochent des mesures chinoises.	RECETTES. Inconnues. DÉPENSES. Inconnues. MONNAIES et POIDS ET MESURES. La population se sert des monnaies, poids et mesures de la Chine.	RECETTES. 78 mill. de fr. env. DÉPENSES. 74 — — MONNAIES. On compte en piastres à 100 cents. La piastre = 5 fr. 57. POIDS ET MESURES. L'unité est le *bahar* = 3 piculs = 405 livres avoirdupois = 185 kilog.	On évalue les recettes du Trésor à 20 millions de fr. env. MONNAIES. L'unité est le *tical* ou *bal* qui vaut 5 f. 25. On compte égal. en pr. d'Esp. à 100 c. = 5 f. 57. POIDS et MES. 1 *tical* = 4 gr. 1 *picul* ou *picol* = 50 *catties* = 60 kilog. 1 *cally* = 20 *laels* = 80 *ticals* = 1 kilog. 21.	On évalue les dépenses à 132 millions env. MONNAIES et POIDS ET MESURES. On se sert des monnaies, poids et mesures de la Chine.	On évalue les dépenses à 160 millions env. MONNAIES. Le gouvernement tarife la piastre à 5 fr. 58 ; mais le comm. l'évalue à 2 *kuan*, ce qui ne lui donne qu'une val. de 2 f. 68. Anj. elle est peu estimée = 1 fr. POIDS ET MESURES. Sont les mêmes qu'en Chine.
GUERRE ARMÉE MARINE	ARMÉE : 4 régiments d'infanterie de marine, 1 escadron d'artillerie et 5 compagnies de génie.	ARMÉE. Chaque homme valide de 18 à 50 ans est tenu de servir dans l'armée en cas de guerre.	ARMÉE à Singapore { 917 h. (infanterie. / 404 h. (artillerie). / 940 h. (sap. et génie)	ARMÉE. 8.000 h. garde royale. En cas de guerre tout homme valide est tenu de servir. MARINE DE L'ETAT : 8 navires 54 canons. MARINE MARCH. 60 nav., y comp. 2 vap. jaug. 22.715 tonn.	ARMÉE. 40.000 hommes env. MARINE. Depuis l'annexion du littoral de la Birmanie par les Anglais, il n'existe plus ni marine de l'Etat ni marine marchande.	ARMÉE. 100.000 h. env. MARINE DE L'ETAT. L'empereur a 5 navires à vapeur (18 can.) commandés par des officiers français. MARINE MARCHANDE. 120 navires au long cours.
COMMERCE IMPORTATION EXPORTATION	IMPORTAT. (1874) 5.400.000 f. (thé, boissons, chaux, papier, opium). EXPORTAT. (1874) 4.600.000 f. (poissons salés, lainages, soie, vin, riz).	Les articles principaux d'exportation et d'importation sont les mêmes que ceux de Birmanie.	IMPORTAT. 503 millions de fr. (machines, tissus, bijouterie, etc.) EXPORTAT. 282 millions de fr. (peaux, sucre, coton, tabac, maïs, riz, poivre, soie brute.)	IMP. (1876) 55 millions de fr EXP. (1876) 41 — — Pétrole, rubis, bois de sandal, ébéniers, teck, riz, noix de coco, sucre, coton, poivre, bétel, etc.	IMPORTAT. 45 millions de fr. (métaux, sel, etc., etc.). EXPORTAT. 45 millions de fr. (riz, indigo, ivoire, bois, poudre de riz, etc.).	IMPORTAT. 56 millions de fr. environ. EXPORTAT. 52 millions de fr. environ, tapis, vernis, musc, sucre, soie, coton, riz, canelle, café, poivre, etc.
VILLES PRINCIP. HABIT. Pr VILLE (environ)	Saïgon 82 dont 700 européens, Beien-hoa 40, Bala 25.	Pnom-penh 15, Ondong 25, Angcor siège de l'anc. emp. des Kmers.	Singapore 100, Penang 50, Malacca 15.	Bangkoc 500, Ajuthia 60, Naphabouri, Luang 15.	Ava 70, Mandalay 40, Amarapura 50, Rhanm 10.	Hué 100, Kécho 200, Tourane 70. PORTS. Kin-gnòn, Gna-thang.
SUPERFICIE	56.244 kilom. carrés environ	85.861 kilom. carrés environ.	85.122 kilom. carrés.	800.000 kilom. carrés environ.	246.000 kilom. carrés.	542.900 kilom. carrés.
POPULATION	1.565.450 hab. (1874) (28 h. p. k. c.)	890.000 hab. env. (11 h. par k. c.)	528.000 hab. env. (6 h. par k. c.)	5.750.000 hab. env. (7 h. pr k. c.)	2.000.000 hab. (8 hab. par k. c.)	10.500.000 hab. env. (8 h. pr k. c.)

IRAN

ÉTATS	PERSE (ROYAUME) (Cap. TÉHÉRAN)	AFGHANISTAN PADICHAH) (Cap. CABOUL)	BELOUTCHISTAN (KHANAT) (Cap. KELAT)
SITUATION ASTRONOMIQUE	25° — 40° lat. Nord. 42° — 60° long. Est.	30° — 38° lat. Nord. 59° — 72° long. Est.	25° — 30° lat. N. 60° — 67° long. E.
CLIMAT	Sur les bords du golfe Persique, le climat est brûlant; plus l'on s'avance vers les montagnes, moins l'air est chaud. Au N. et à l'O. le climat est tempéré, l'hiver y est même quelquefois très-rigoureux.		
GOUVERNEMENT / CHEF DE L'ÉTAT	CHEF DE L'ETAT. NASSR-ED-DIN, né en 1829. Roi portant le titre de Shahyn-Shah (Roi des Rois). La Perse est une monarchie héréditaire, absolue, gouvernée de la même manière que la Turquie, d'après une loi basée sur le Coran. — LE CONSEIL D'ETAT se compose : d'un président, du grand vizir et des ministres. Dans toutes les questions d'importance, il faut entendre l'avis du chef de l'Etat. — 9 MINISTÈRES : Les ministères de la justice, des cultes et des mines, des affaires étrangères et de la guerre, de l'intérieur et des finances, de la maison du shah, des postes, des travaux publics, du commerce.	CHEF DE L'ETAT. CHIR ALI, khan, émir de Caboul, est regardé comme chef de l'Etat; cependant chaque khanat est gouverné par un khan (petit souverain tributaire) et a ses affaires entièrement séparées de celles du gouvernement de Caboul. l'Emir de Caboul, tout en ayant un pouvoir absolu, partage le pouvoir avec les grands du pays (aristocratie).	Le khan de Kélat régnant sur les familles nomades qui habitent le Béloutchistan est sous la suzeraineté anglaise, c'est-à-dire qu'il dépend du gouvernement de l'Inde anglaise.
CULTES	Les Persans sont mahométans de la secte d'Ali; ils s'appellent eux-mêmes *Tadjiks*, les autres les appellent *chiites* (sectaires). *Le Imam-Djouma* et *le Checkh-oul-Islam* ont une position officielle; mais le *Mouchtahid* est en vérité le chef de l'Eglise. Pour le culte catholique, on a 5 évêques : 2 à Ispahan, 1 à Téhéran. Les religions de Mahomet et la secte Sunna sont dominantes dans l'Afghanistan et le Béloutchistan.		
INTÉRIEUR / PROVINCES / INSTRUCT. PUBL	La Perse est divisée en provinces administrées par des gouverneurs qui dépendent directement du gouverneur de Téhéran. La Perse est composée des anciens royaumes : de Perse, de Carmanie, de Parthie, d'Hyrcanie, de Médie et de Susiane. — INSTRUCTION PUBLIQUE. Il existe un grand nombre de collèges entretenus par l'Etat. Une grande partie du peuple sait lire et écrire.	En dehors de Caboul, l'Afghanistan se partage en 6 khanats : Hérat, Kafirestan, Badakchan, Sivistan, Maymene, Kahkod.	Le khanat de Béloutchistan est partagé en 7 provinces : Kélat, Sarovan, Djolavan, Kolch-Gandava, Mikran, Lotsa ou Lous, Köhistan.
FINANCES / DÉPENSES / RECETTES / DETTE / MONNAIES	DÉPENSES, env. 40 millions de fr. (dont l'armée, 16.960.000; la cour royale, 7.680.000; administration civile, 10.500.000; RECETTES, environ 41.080.000 fr. (dont impôts directs, 31 millions; la douane, 5 millions; revenus des domaines, 5 millions. DETTE. Il n'y a pas de dette publique.	MONNAIES. On : 1 *toman* à 200 *schahis* ou à 1000 *dinars* = 11,37 fr. Pièces de 2 *tomans* et de 1/2 *toman* en proportion. ARGENT : 1 *sachib-kéran* ou *yck-hozar dinar* à 20 *schahis* ou à 100 *dinars* . . . . = 1,04 fr. 2 *sachib-héran* en proportion. 1 *banobat* à 10 *schabis* ou 500 *dinars* . . . . = 0,52 fr. 1 *abassis* à 4 *schabis* ou à 200 *dinars* . . . . = 0,21 fr.	
GUERRE / ARMÉE	La durée du service est de 12 ans; le tirage au sort avec remplacement est introduit. ARMÉE ACTIVE. Env. 50.000 hommes : Infanterie. . . 48.000 (20 bat. de 800 h.) Cavalerie . . . 10.000 (dont 500 h. garde royale). Artillerie . . . 2.000 (dont 200 h. à chameaux. En cas de guerre, la Perse peut mettre sur pied : infanterie. 70 batail.; caval. 50 à 60.000 hom. Total 250,000 hommes.	Il n'y a pas d'armée active, mais en cas de guerre le khanat de Caboul fournit env. 56.000 hommes à cheval, et les Etats tributaires environ 24.000. Total, 60.000 hommes.	Inconnu.
TRAV. PUBL. / POSTES / COMMUNICATIONS / TÉLÉGRAPHES	Depuis quelques années on entretient entre les capitales et les autres villes les plus importantes une communication régulière par des *diligences de poste*. Plusieurs lignes ont été créées en 1877; il n'y a pas encore de données sur le nombre des lettres expédiées. COMMUNICATIONS On n'a pas encore de chem. de fer dans l'Iran. Les communications avec l'Europe se font par une ligne régulière de bateaux à vapeur, sur la mer Caspienne. C'est une compagnie russe (Kawkoii mercun) qui entretient cette ligne; les bureaux sont : Ashabad, Ensdi, Bakou, Derbent, Astrakan et Nijni-Novgorod. TÉLÉGRAPHES. Bureaux, 46 : lignes, 5.936. Nombre des dépêches (1875), 675.000; recettes, 750 000 fr.		
COMMERCE / IMPORTATION / EXPORTATION / PORTS	IMPORTATION : env. 28 425.000 fr. (tissus, verreries, papier, fer, cuivre, sucre, thé, etc.). EXPORTATION : env. 14.212.500 fr. (soie, peaux, tabac, tapis, châles, etc.). PORTS, *sur la mer Caspienne* : Ashabad, Ensdi; *sur le golfe Persique* : Beader, Boucher, Batina, Tcharak, Kamir, Bender, Albasi; ce dernier appartient au sultan d'Oman.	IMPORTATION : 24 millions de fr. env. (articles manufacturés). EXPORTATION : 28 millions de fr. env. (céréales, tabac, chevaux, pelleteries, châles, etc.).	IMPORT. 5 mill.s de fr. env. (fabric. des métaux). EXPORT. 8 mill.s de fr.env. (laine, peaux, indigo, chev., tabac). PORTS. Passani, Summiam, Gwador.
POIDS ET MESURES	L'unité de poids en Perse est le *miscal* = 4,8 grammes. On fait usage de différents poids dont les valeurs varient suivant les localités : le *maund* ou *balman de Tabris*, ou *de Tauris* = 2,88 kil.; le *maund royal* ou *balman de Schahi*, de *Chiras* ou de *Rhest* = 5.76 kilog.; le *maund-reï* ou *balman-reï* = 30 livres russes = 12,28 kilog.; le *maund de Heschei* = 46,08 kilog. MESURES DE LONGUEUR. Ces mesures ont des valeurs très-difficiles à déterminer : le *guz* = 2 pieds; 1 pied = 24 doigts; 1 doigt = 7 grains d'orge; 1 grain d'orge = 7 crins de cheval. Le *farsang*, mesure itinéraire = 5,55 kilom. MESURES DE CAPACITÉ. Les grains et les liquides se vendent généralement au poids. On fait cependant usage de l'*artaba*; il égale 65,25 litres.		
VILLES AVEC LEURS HAB. PAR MILLE	Téhéran, 110; Tabris, 180; Barfrouch, 80; Méched, 70; Ispahan, 60; Damadan, 50; Kachan, 50; Yezd, 40; Ashabad, 40; Recht, 40; Sari, 40; Kirmanchah, 30; Urumia, 50; Sinah, 20; Bender, Albasi, 12.	Caboul, 60; Koudahar, 50; Hérat, 85; Maymene, 40; Chulin, 40; Taïzabad, 24; Andchony, 15; Koundous, Balch.	Kélat, 12; Gondava, 10; Béla, 10.
SUPERFICIE	1.644.000 kilom. carrés (5 hab. par kilom. carré).	772.000 kil. c. (3 hab. par kilom. carré).	276.500 kilom. c. (4 hab. par k. c.).
POPULATION	6.500.000 habitants	4.500 000 hab.	1.000.000 hab.

PROVINCES les plus importantes de la Perse avec leurs chefs-lieux : *Khorassan*, Mechhed; — *Téhéran*, Téhéran; — *Azerbeidjan*, Tauris; — *Ispahan*, Ispahan; — *Fars*, Chiras; — *Mazendéran*, Sari; — *Guilan*, Recht; — *Kermanchah*, Kermanchah; — *Hamadan*, Hamadan; — *Kerman*, Kerman; — *Yezd*, Yezd; — *Arabistan*, Chonchter; — *Astérabad*, Astérabad; — *Chahroud-et-Bostam*, Bostam; — *Kurdistan*, Sinna; — *Bouronjird*, Bouronjird.

(EMPIRE) JAPON (CAP. MIAKO ET YEDO)

SITUATION ASTRONOMIQUE : 30° — 45 lat. Nord. / 128° — 145 long. Est.

CLIMAT : Temps moyen + 15° env. Le climat de Yéso est à peu près le même que celui de l'Écosse, et celui de Liou-Kiou rappelle le climat de la Sicile.

GOUVERNEMENT — CHEF DE L'ÉTAT — POUV. SUPRÊME : CHEF DE L'ÉTAT. Mouts-Bito, mikado (empereur), né en 1852, avènement 1867 (Harou-Ko, impératrice, née en 1850). LE POUVOIR SUPRÊME appartient au chef de l'État. Les affaires de l'État sont dirigées par le *Daidjoukan* ou *Shoïn* (Conseil d'État), composé de 5 présidents et de 15 membres, dont les 10 ministres actuels. LE GENROIN (Sénat) comprend les princes du sang impérial, les princes médiatisés et d'anciens grands dignitaires. 10 MINISTÈRES : *Les ministères de la justice, des cultes, de l'instruction publique, des affaires étrangères, de la maison impériale, de l'intérieur, des finances, de la guerre, de la marine, des travaux publics.*

JUSTICE : La Cour suprême de justice est le *Taïchinin* (cour de cassation), formé par des juges supérieurs.

CULTES : Les religions dominantes sont le *bouddhisme* et la religion de *Shintos*. On compte env. 160.000 chrétiens.

INSTRUCTION PUBLIQUE : (1874) 20.017 écoles; 1.714.768 écoliers; 56.866 instituteurs. En outre, il y a 32 écoles moyennes, 53 écoles normales, 91 écoles pour l'enseignement des langues étrangères. A Tokio, *l'Université impériale* où l'on enseigne en anglais; *l'École de médecine* où l'on enseigne en allemand; *une école supérieure pour les filles*. Il n'y a guère plus d'un seizième des filles qui fréquentent les écoles, tandis que la moitié des garçons fréquentent les mêmes écoles. Des inspecteurs sont chargés de visiter les sept grands districts scolaires entre lesquels le pays est partagé.

INTÉRIEUR : Les îles nombreuses (env. 3.850) qui forment l'empire du Japon sont divisées en 5 FOU (districts résidentaux) Miako, Yédo, O-aka; 72 *keri* (préfectures) et 717 *rori* (sous-préfect.); l'île Yeso et les Kouriles ont une administration qui dépend directement du Daidjoukan.

FINANCES — DÉPENSES — RECETTES — DETTE — MONNAIES

DÉPENSES	FR.
Dette publique.	29.977.814
Pensions et indemnités	91 594.246
Administration (marine, justice, trav. publ., intérieur, colonisation, etc.).	90.474.149
Affaires étrangères.	1.002.240
Finances.	9.712.440
Guerre.	39.150.000
Instruction publique et cultes.	9.600.120
Liste civile, apanages, etc.	6.474.900
Administration provinciale	25.020.900
Entretien des établiss. publ., temples, etc.	11.053.390
Dépenses diverses (secours, etc.).	5.718.875
Dépenses imprévues.	7.182.000
Total.	**329.561.074**

RECETTES	FR.
Impôts	302.666.582
Tribut du Han (Liou-Kiou).	188.595
Revenus (chem. de fer, télégraphes, etc.).	15.260.141
Monnaies.	4.162.320
Domaines.	5.196.172
Recettes diverses	5.544.985
Sommes dues au gouvernement	7.157.678
Total.	**540.176.473**
DETTE (1876) { Dette intérieure.	727.755.845
{ Dette extérieure.	76.457.664
Fonds de réserve et autres actifs.	203.709.018
Total.	**600.484.411**

MONNAIES

Or :	Yen.	Sen.	Fr.	Argent	Yen.	Sen.	Fr.		Fr.
	20	2000	103.35		1	100	5.40	Tael ou tail.	5.36.25
—	10	1000	51.16		0	50	2.70	Monmi ou mas.	0.53.63
—	5	500	25.83		0	20	1.08	Pun ou condorin.	0.03.26
—	2	200	10.34		0	10	0.54	Casche, sen ou rin.	0.00.54
—	1	100	5.17		0	5	0.27	Foeje ou mon.	0.00.03

GUERRE — ARMÉE — DIVIS. MILITAIR

Depuis 1872, *le service est obligatoire* pour tous les sujets. La durée du service est de 3 ans dans l'armée active (*yobigoune*). Les soldats qui ont fini leur temps de service font partie pendant 4 ans de la réserve (*kobigoune*). La garde nationale (*kokouningoune*) comprend tous les Japonais âgés de 17 à 40 ans. L'armée du Japon se compose ainsi :

ARMÉE	INFANTERIE	CAVALERIE	ARTILLERIE	SAPEURS
Garde impériale.	6 bataill.	2 escadr.	2 batteries	—
Ligne	32 —	1 —	5 —	—
Corps d'instruction	4 —	1 —	1 régiment	1 bataill.

En temps de paix, on compte 35.380 h.; en temps de guerre l'effectif peut s'élever à 50.240 h. — DIVISIONS MILITAIRES. 6 gouvernements généraux : Yédo, Osaka, Kiousiou (siège du gouv. à Koumamotou), Nagoya, Hiroshima, et celui du Nord-Est (siège du gouv. à Senday).

MARINE — MAR. DE L'ÉTAT — MARINE MARCH.

MARINE DE L'ÉTAT. La flotte compte 21 navires, dont :

	canons	
1 bélier cuirassé	5	
2 corvettes cuirassées.	60	—
2 avisos	4	—
6 canonnières	23	—
2 transports désarmés.	6	—
2 — à voiles.	»	

Total : 98 canons.

L'équipage est de 3.672 hommes, dont 272 officiers.

MARINE MARCHANDE : 58 navires à vapeur, et 20.000 navires à voiles.

COMMERCE — POIDS ET MESURES — PORTS

IMPORTATION (1875). 159.122.151 fr. (coton, laine, riz, sucre, métaux, etc.).
EXPORTATION. 97.280.406 fr. (soie brute, cocons, œufs de vers à soie, thé, cuivre, etc.).
Le commerce intérieur est concentré dans le port de Niigata. L'importation de cette ville est évaluée à env. 12 millions de francs et l'exportation à 10 millions.

POIDS

Kuran-me	= 1.75 kil.
Kin ou livre.	= 280. gramm
Fyakmé	= 175. —
Moumé.	= 1.75 —
Pun	= 0.175 —
Rin.	= 17.5 milligr.
Mon	= 1 75 —

MESURES

Sazi ou syak.	= 10 suns = 100 buns = [1000 rins]
Rane-sasi	= 0.303 mèt.
Tsune-sasi.	= 0.379 mèt.
Ken ou inck.	= 6 rane-sasi plus 3 suns = [1.9 mèt.]
Zioo à 2 ken.	= 3.818 mèt.
Tsyo ou matsi.	= 114.5 mèt.
Ri ou lieue	= 4.1234 kilom.

MESURES DE SUPERFICIE

Pou ou ken.	= 3.6 mèt. carr.
Se.	= 109.5 —
Tau.	= 10.9 ares.
Tsyo.	= 109.5 ares.

MESURES DE CAPACITÉ

Kokou	= 181.7 litres.
To	= 18. lit. Go = 0 18 lit.
Syo	= 1.8 lit. Syak. = 0.018 lit.

PORTS. Yedo, Yokohama, Hiogo, Nagasaki, Hakodadé, Niigata.

TRAVAUX PUBLICS

POSTES. 8 bureaux de poste centraux. Nombre de bureaux (1876), 3.691; lettres expédiées, 20.145.645; journaux, 5 millions env.
CHEMINS DE FER. 5 lignes en exploitat. comprenant 105 kilom.
TÉLÉGRAPHES : 2.832 kilom.

VILLES PRINCIP. AVEC LEURS HAB. PAR MILLE : Yedo ou Tokio, dépêches (1874) 596; Miako ou Kioto, 289; Osaka, 596; Koumamotou, 239; Yokohama, 272; Kago-ima, 62; Nagasaki, 200; Niigata, 80; Kanasava, 60; Hiogo, 50; Foyama, 50; Hakodadé, 25.

SUPERFICIE : 582.500 kilom. carr. (Japon proprem. dit, 296.700; les îles Liou-Kiou, 6.900; Yéso et les Kouriles, 99.200).

POPULATION : 54.225.000 h. (Japon proprem. dit, 52.820.000; les îles Liou-Kiou, 166.000; Yéso et les Kouriles, 1.257.000). — (89 hab. par kil. carré).

LA POPULATION SE CLASSE (EN 1872)

Grands daïmios (princes).	29
Petits daïmios (nobles).	2.666
Grands propriétaires	3.316
Militaires et marins.	200.000
Prêtres de bouddha.	212.000
— de Shinto	102.500
Agriculteurs.	15.000.000
Industriels.	1.204.000
Commerçants	1.510.000
Ouvriers.	2.750.000
Enfants au-dessous de 14 ans.	4.600.000
Personnes ayant plus de 60 ans.	1.540.000

TOURAN

ÉTATS	TURKESTAN (ROYAUME) (CAP. YARKAND)	CHIVA (KHANAT) (CAP. CHIVA)	BOKHARA (KHANAT) (CAP. BOKHARA)
SITUATION ASTRONOMIQUE	56° 20' — 43° 45' lat. Nord et 55° — 72° long. Est.		
CLIMAT	L'été du Haut-Touran est torride, son hiver est très-froid. Bokhara et Chiva ont un climat qui rappelle celui de l'Égypte. On a constaté dans le Turkestan la température de + 40° de chaleur et — 35 à — 40° de froid.		
GOUVERNNT — CHEF DE L'ÉTAT	CHEF DE L'ÉTAT. Mohammed-Yacub Bey Atalik-Ghazi de Turkestan. Tous les *khans* ou petits souverains à l'E. du Turkestan sont regardés, depuis 1865, comme gouverneurs des provinces et dépendants du chef de l'État.	CHEF DE L'ÉTAT Sade, Khan. Depuis les opérations militaires de 1873, entre Chiva et la Russie, toutes les questions importantes sont contrôlées par le gouvernement russe.	CHEF DE L'ÉTAT. Seyd-Mozafar, émir. L'État de Bokhara est, comme le Turkestan, divisé en différents Khanats, et tous les khans reconnaissent la souveraineté du chef de l'État.
CULTES	La population du Touran, mélangée de Turcs et de Mongols, professe l'islamisme. Bokhara est un des centres religieux les plus fréquentés. Cette ville est aussi le siége des écoles réputées les plus savantes. Les tribus de Siad-Poche au S. O. sont hindoues.		
INTÉRIEUR	Le haut Turkestan est partagé en 7 provinces ou *khanats* : Yarkand, Kachgar, Khotan, Koutcha, Outch et Ak-Son. Elles sont administrées par des khans.	L'État de Chiva est partagé en Chiva proprement dit (sur l'Amou-Daria), les 2 oasis de Merv et de Sarachs (au S. O.) et les steppes de Karakoum.	Dans l'État de Bokhara on regarde comme provinces les territoires de Hissar, de Bokhara, de Karchi et d'Amou-Daijn.
GUERRE	Il n'y a pas d'armée active dans le Touran, mais en cas de guerre chaque khanat fournit un contingent d'hommes à cheval, environ 5 p. 0/0 de la population actuelle. On estime cette armée à 150.000 hommes environ pour le Turkestan ; 40.000 hommes pour le Chiva ; 70.000 pour le Bokhara.		
COMMERCE	IMPORTATION du Touran est évaluée à 90 millions de francs environ (manufactures, tissus, métaux). EXPORTATION à 120 millions env. (châles, pelleterie, peaux, turquoises, etc.). MONNAIES. Pièce d'or *tilla* = 21 tangas (pièces d'argent) = 16 fr. env. Le *tanga* = 50 *pullis* = 0 fr. 76. On compte en tangas à 50 pullis. — POIDS ET MESURES. Le *batman* = 127 kilog. L'*arch* = mèt. 06 Le *kar* = 3 *arch*.		
VILLES	Yarkand, 120.000 hab. ; Kachgar, 80.000 ; Khotan, 60.000 ; Koutcha, 60.000 ; Kargalik, 6.000 ; Posgam, 50.000 ; Ak-Son, 70.000 ; Iltchi, 40.000 ; Shaddula. 30.000.	Chiva, 50.000 hab. ; Koungrad, 8.000 ; Merv, 4.000.	Bokhara. 150.000 hab., Karchi, 30.000 ; Chir, Hissar, 20.000 ; Khitab.
SUPERFICIE / POPULATION	1 691.500 kil. c. / 2.750.000 hab. — y compris les différentes tribus turcomanes.	57.800 k. c. / 700.000 hab. — y compris les familles nomades du S. O.	217.500 kilom. carrés. / 229.000 habitants.

ARABIE

ÉTATS	OMAN (SULTANAT) (CAP. MASCAT)	HADRAMAOUT (Différents pays sur la côte Sud)	NEDJEB Au milieu de l'Arabie (CAP ER-RYAD)
SITUATION ASTRONOMIQUE	12° 60' — 27° latitude Nord et 39° 58' long. Est.		
CLIMAT	On y rencontre les climats les plus opposés; sur les hauteurs il fait un froid excessif, tandis que les plaines sont desséchées par le soleil le plus ardent. Il y a des contrées où il pleut 6 mois de suite; d'autres où pendant des années entières on n'a d'autre pluie que la rosée.		
GOUVERNNT — CHEF DE L'ÉTAT	CHEF DE L'ÉTAT. Saïd Turki, né en 1847, sultan de Mascat. Depuis 1872, le sultan exerce un pouvoir absolu sous la protection de l'Angleterre.	CHEFS DES ÉTATS. Les sultans de Ma-Kalla, Terim, Cheir et Sihout, sont des souverains indépendants et leur pouvoir est absolu et despotique.	CHEF DE L'ÉTAT. Ahmed ben Gheis, roi des Wahabites (peuples nomades). Sa suzeraineté est reconnue par les autres tribus qui ont leurs chefs particuliers (kaïmaks).
CULTES	L'*islamisme*, qui a pris naissance en Arabie, y domine encore. *La secte des Wahabites*, qui a commencé au siècle dernier, professe une sorte de mahométisme réformé.		
COMMERCE — MONNAIES — POIDS ET MESURES	La valeur du commerce avec l'étranger n'est pas connue. L'importation comprend les métaux et les objets manufacturés. L'exportation comprend café, perles, chevaux, gomme, drogueries, etc. LA MONNAIE réelle se compose de piastres espagnoles et de thalers de convention. La monnaie de compte est une piastre, dont 1215 = 1000 piastres espagnoles, et qui vaut 4.45 fr.; on la divise en 80 kabik ou caveers. POIDS : *Bahar* = 199.55 kilogr. ; *farcelle ou frezil* = 13.29 kilogr.; *maund ou mon* = 1.59 kilog. *viaka* = 33 gr. MESURES DE LONGUEUR : La *guz* ou *guèze* = 635 millim., le *covido* ou *covid* = 483 millim. MESURES DE CAPACITÉ : Le *leman* ou *lommond* de riz contient 40 *kellas* ou *mekmedas* et pèse env. 84.9 kil. Pour les liquides, le *gudda* ou *cuddy* = 8 *nufficahs* = 128 *vakias* = 2 anciens *gallons* à vin d'Angleterre = 7.57 litres.		
PORTS	Tharfar, Merbat, Sur, Mascat, Makalla, Matrah et Aden (ville très-commerçante avec un beau port). L'île de Périm, appelée le Gibraltar de la mer Rouge, et l'île du Comoran, sur la côte de l'Yemen, sont des possessions anglaises. Mascat, autrefois siège brillant des califes, est importante comme ville commerçante. Près de la ville de Mareb, au N. de l'Hadramaout, se trouvent les grandioses ruines de *Saba*.		
VILLES	Mascat, 40.000 h. ; Matrah, 25.000 ; I-ohâr, 20 000 ; Merbat, 4000.	Chibam, 20.000 hab. ; Makalla, 18.000 ; Terim, 20.000 ; Chier, 10.000.	Er-Ryad, 50 000 h.; Oneise, 24.000; Bereide, 24.000; Rass, 18.000; Sodik, 18 000.
SUPERFICIE	2.750.000 kilom. carrés environ.	POPULATION : L'Arabie compte 12 millions d'habitants env.	

L'ASHA, rivage brûlant, longeant le golfe Persique vis-à-vis de la rive persane, est habité par des tribus arabes.

L'HEDJAZ et L'YEMEN dépendent de la Turquie (voir Turquie). VILLES SACRÉES des Mahométans : *la Mecque* (Mekka), à 85 kilomètres de Djeddah, est bâtie dans une vallée sablonneuse, au sein d'un désert déchiré par des monts rocailleux, sans arbres et sans eaux vives. Tous les ans, cette solitude se peuple subitement de 100.000 pèlerins et de 50.000 chameaux. Ces enthousiastes viennent pour visiter la pierre apportée par l'ange Gabriel et jeter 63 pierres au diable, dans la vallée de Mina, où Satan apparut au premier homme. Cette pierre sacrée (la pierre Noire) se conserve dans un petit monument : la Kaaba ; *Médine* (Médinet-el-Nabi : ville du Prophète) est célèbre par la mosquée qu'y fonda Mahomet, et qui contient le tombeau du Prophète.

TURQUIE D'ASIE

SITUATION ASTRONIQUE	34° — 42° latitude N. / 24° — 43° longitude E.	**CLIMAT**	En général brûlant, excepté dans la région de l'Euphrate. La température moyenne à Smyrne est de + 18°; à Jérusalem, + 24°; à la Mecque, + 31°.

GOUVERNEMEN'| CHEF DE L'ÉTAT, Abdul-Hamid II, sultan. (Voir la Turquie d'Europe.)

JUSTICE — La COUR SUPRÈME des provinces d'Asie est présidée par un *cazi-asker* ou grand juge. Les juges se divisent, suivant la hiérarchie, en *mollahs*, *cazis* (cadis) et *naïbs*. (La durée des fonctions de chaque cazi-asker est d'une année.)

CULTES — L'*islamisme* est la religion dominante. Les Turcs et la plupart des autres peuples sont de la *secte d'Omar*. Les Grecs, les Arméniens et les Maronites sont chrétiens. Les Druses, habitants du Liban, ont une religion à part; leur prophète est *Hakem* (calife d'Égypte au xi° siècle).

FINANCES — Voir Turquie d'Europe.

INTÉRIEUR — VILAYETS — La Turquie d'Asie comprend 7 grandes *divisions historiques*: l'Asie Mineure, à l'O.; l'Arménie et le Kourdistan, au N.-E.; la Mésopotamie, entre le Tigre et l'Euphrate; la Babylonie, au S.-E.; la Syrie et l'Arabie, au S.-O. L'administration turque l'a divisée en 18 VILAYETS (provinces), subdivisés en *sandjak*. Le vilayet est administré par un *vali* (gouverneur général), le saudjak, par un *mutessarif* (lieutenant-gouverneur). La presqu'île de Scutari et les îles du Prince et de Kartal dépendent du ministère de la police de Constantinople.

TABLE HISTORIQUE ET ADMINISTRATIVE

VILAYETS	POPULAT.	KIL. C.	NOMS HISTORIQUES.
Scutari (pr^ile)	796.000	12.800	Sacaria, Nicoméd.
Kastamuni	750.000	55.660	Sinope, Paphlag.
Trébizonde	9.600.000	37.260	Pont. Colchis.
Sivas	594.000	64.280	Cappad., Galathie.
Angora	515.000	68.400	Césarée, Ancyra.
Broussa	1.042.000	74.800	Bithynie, Brussa.
Aïdin	1.107.000	51.690	Smyrne, Lydie.
Koniah	774.000	105.770	Pamphyl. Phrygie.
Adana	541.600	36.950	Cilicie, Mileteue.
Erzeroum	805.000	132.200	Arménie.
Diarbekir	715.000	97.500	Assyrie, Kurdistan
Bagdad	2.120.000	242.500	Babylonie, Mésop.
Alep	550.000	105.560	Syrie (b^ie), Chaldée
Beyrouth	544.000	171.230	Phénicie, Palestine
Chypre	136.500	9.540	Ile de Cypre.
Djezaïreh	431.500	14.550	Iles Egée. Sporades
Hedjaz	450.000	350.000	L'Arabie pétrée.
Yemen	700.000	220.000	L'Arabie heureuse.
Hejdjer	166.000	81.550	L'Arabie déserte.

GUERRE — DIVISIONS MILITAIRES — ARMÉE — DIVISIONS MILITAIRES. 4 régions militaires (Anatolie, Irak-Arabie, Syrie et Yémen), chacune commandée par un *mouchir* (maréchal). L'armée active ou *nizam* comprend les troupes régulières et les 2 réserves ou *idatyal* et *rédif*.
Les troupes sont réparties ainsi:

Quartiers génér^x	Infant.	Tirail^s	Artil.	Caval.	Génie.
Bagdad (Irak)	6 rég^ts	5 bat.	1 rég^t	5 rég^ts	1 c^ie
Damas (Syrie)	5 »	5 »	1 »	4 »	1 »
Sanaa (Yémen)	5 »	5 »	3 bat.	2 »	1 »
Ersingian (Irak)	5 »	5 »	1 rég^t	4 »	1 »

Les troupes irrégulières comprennent: la gendarmerie, les volontaires ou *Bachi-Bozouks*.

COMMERCE — CHEMINS DE FER — MONNAIES — POIDS ET MESURES — PORTS — COMMERCE. Compris dans celui de la Turquie d'Europe.
CHEMINS DE FER. En exploitation, 2 lignes aux environs de Smyrne, comprenant 251 kilom.; de Scutari à Ismid, 43 kilom., total, 274 kilom.; en construction, une ligne entre Jaffa et Jérusalem. En 1869 le gouvernement a fait une concession pour l'exploitation d'une ligne de Scutari à Bagdad.
MONNAIES, POIDS ET MESURES. On est obligé dans toutes les provinces de se servir du système de monnaies, poids et mesures en vigueur à Constantinople. Cependant dans chaque province on fait encore usage des anciens systèmes: à Bagdad et à Bassora on emploie celui de l'Afghanistan; en Arménie et dans le Kourdistan celui de Perse; dans l'Yémen celui de l'Arabie.
PORTS. Smyrne, Beyrouth, Jaffa, Bassora Larnaca (sur la Méditerranée), Sinope, Sansoun, Kérasonda, Trébizonde, Batoum (sur la mer Noire.)

TABLE ETHNOGRAPHIQUE

Osmanlis ou Turks	8.000.000	58.3 °/₀
Arabes	900.000	6.7 »
Kourdes	800.000	5.9 »
Circassiens	360.000	2.7 »
Turkomans	80.000	0.6 »
Tartares et Druses	80.000	0.6 »
Israélites	220.000	1.5 »
Arméniens	1.750.000	13.0 »
Grecs	1.000.000	7.5 »
Syriens, Chaldéens	250.000	1.7 »
Maronites	175.000	1.3 »

VILLES PRINCIPALES AVEC LEURS HABITANTS PAR MILLE — ASIE MINEURE: *Smyrne*, 160; *Brousse*, 90; *Scutari*, 70; *Manissa*, 60; *Trébizonde*, 60; *Tokat*, 50; *Angora*, 50; *Kastamuni*, 40; *Kaïsarien*, 40; *Adana*, 50; *Koniah*, 25; *Aidin*, 25. — ARMÉNIE et KOURDISTAN. *Erzeroum*, 20; *Diarbekir*, 60; *Erzingian*, 40; *Bitlis*, 50; *Van*, 30. — MÉSOPOTAMIE et BABYLONIE. *Bagdad* est le centre du commerce entre l'Arabie, la Turquie, la Perse, le Turkestan et l'Inde. Pendant de longues années elle eut la gloire de s'appeler la reine des lettres et des sciences, fut la capitale de l'empire arabe et posséda 2,000,000 d'habitants; aujourd'hui on en compte à peine 100,000: *Bassora*, 75; *Mossoul*, 60; *Kerbela*, 25; *Hillah*, 10. — SYRIE et PALESTINE. *Damas*, 150. Près de cette ville sont les ruines grandioses de Palmyre et d'Héliopolis; ces ruines, ainsi que celles de Ninive, près de Mossoul, et celles de Babylone, près de Bagdad, sont un témoignage de la splendeur et de la richesse de ces pays. *Beyrouth*, 100; *Alep*, 80; *Hamah*, 50; *Jérusalem*, 40; la ville sainte de David et de Jésus-Christ languit dans un pays de monts calcaires secs, sur des coteaux dont les noms ne s'effaceront de la mémoire des hommes qu'avec la fin de l'histoire; *Hems* (Emèse) 50; *Tripoli*, 25; *Antioche*, 20; *Jaffa*, 18; *Gaza*, 15; *Saïda* (Sidon), 12; *Hebron*, 10. — ARABIE. *La Mecque* (Mekka), 45; *Sanaa*, 40; *Djiddah*, 30; *Médine*, 20; *Moka*, 6. — SUR LE GOLFE PERSIQUE. *Hofhouf*, 50; *Koeït*, 50; *Monana* (île Bahrein). — CHYPRE. *Nicosia*, 20

SUPERFICIE — 1.928.920 kilomètres carrés, y compris les îles.

POPULATION — 13.493.000 habitants (7 habitants par kilomètre carré).

(PRINCIPAUTÉ) SAMOS (CAP. CORA)

SITUATION ASTRONOMIQUE	37° 39' — 37° 48' lat. N. / 24° 12' — 24° 48' long. E.	**CLIMAT**	Sembl. à celui du littoral inédit. à l'Asie Mineure

GOUVERNEMENT — CHEF DE L'ÉTAT, Constantin 1er, prince, né en 1830; avènement 1874; Euphrosine, princesse née en 1848. Les affaires de l'État sont dirigées par le chef de l'État et un Conseil administratif, 4 *membres* représentant les 4 *districts* de l'île. Depuis 1832, Samos est tributaire de la Sublime-Porte.

JUSTICE — 1 cour d'*Appel* et de *Cassation* (Cora), et 1 *cour de Justice* de 1re *instance*.

CULTES ET INSTRUCTION — *Religion grecque orthodoxe*. Pour l'instruction il y a un collège princier à Cora.

FINANCES — RECETTES: 697.758 francs. DÉPENSES: 672,589 francs. MONNAIES, POIDS ET MESURES. Le système de monnaies, poids et mesures est le même que celui de la Turquie.

COMMERCE — Exportation: 2,210,580 fr. (raisins secs, vins, huiles, peaux). Importation: 2.505.959 francs.

MARINE MARC^de — 271 navires jaugeant 5.601 tonnes.

SUPERFICIE — 550 kil. c. env. (85 hab. par kil. carré).

POPULATION — 55,878 habitants, non compris 13,000 indigènes de Samos habitant le littoral de l'Asie Mineure. Naissances (1876), 1.291, mariages 218, décès 592.

AFRIQUE

SITUATION ASTRONOMIQUE

37°,20′ latit. N.—34°,51′ latit. S.; 19°,53′ long. O.—48°,54′ long. E.

DIVISIONS

1° Pays indépendants : MAROC, ABYSSINIE, les DIFFÉRENTS PAYS DU SOUDAN, les républiques de LIBÉRIA, d'ORANGE, les PAYS A L'EST, et les PAYS DU SUD DE L'AFRIQUE.

2° Les pays tributaires de la Turquie : ÉGYPTE, TUNIS et TRIPOLI.

3° Les POSSESSIONS ANGLAISES, FRANÇAISES, PORTUGAISES et ESPAGNOLES.

BUDGET

DÉPENSES. . . . . 383.5 millions de francs.

RECETTES. . . . . 385.4 millions de francs.

DETTE. . . . . 6.930 millions de francs.

COMMERCE

IMPORTATION . . . . 718.4 millions de francs.

EXPORTATION . . . . 812.9 millions de francs.

TÉLÉGRAPHES

LIGNES. . . . . 12.639 kilomètres.

CHEMINS DE FER

LIGNES. . . . . 2.432 kilomètres.

SUPERFICIE

29.932.948 kilomètres carrés (6.7 habitants par kilomètre carré).

POPULATION

199.921.600 habitants.

ÉGYPTE

(ROYAUME)   (CAP. LE CAIRE)

SITUATION ASTRONOMIQUE	10° — 32° lat. Nord. 22° — 40° long. Est. **CLIMAT**	Température moyenne annuelle au Caire + 20°, en Nubie la moyenne varie entre + 15 et + 16°.

GOUVNEMENT — CHEF DE L'ETAT. CHEF DE L'ETAT. Ismaël Pacha, Khédive d'Égypte, vice-roi, souverain de la Nubie, du Kordofan et du Darfour, né en 1830, avénem. 1863 (Mohamed-Tewfik, prince héréditaire, né en 1852). Le khédive exerce un pouvoir absolu; il est assisté d'un *Conseil privé* (Méglis-ka-sussi) avec le prince héréditaire comme président et 16 membres dont 8 ministres. LE GRAND CONSEIL (Méglis-el-Akham) est chargé de régler toutes les affaires des tribunaux indigènes. CONSEIL DES DÉLÉGUÉS (Méglis-Shora-el-Nuah) composé des délégués de toutes les provinces. — 8 MINISTÈRES : les ministères *de la justice, de l'instruction publique et de wakfs, de l'intérieur, des affaires étrangères, des finances, de la guerre et des colonies, de la marine, aes travaux publics.*

JUSTICE. A la suite du traité avec les différentes nations européennes, le khédive a fait instituer des *tribunaux* pour juger les procès mixtes entre indigènes et Européens. — *Cour d'appel d'Alexandrie* : 1 président et 10 membres dont 4 indigènes ; 1 procureur général et 7 substituts. *Tribunal de 1re instance d'Alexandrie,* 12 memb. *Tribunal de 1re instance du Caire,* 6 memb. *Tribunal de 1re instance d'Ismaïla,* 5 membres.

CULTES. L'islamisme est la religion du pays. Cependant les autres cultes sont tolérés. A la tête de l'Église catholique-romaine est un archevêque (Alexandrie) et 2 vicaires.

INTÉRIEUR — PROVINCES. L'Egypte est divisée en 16 PROVINCES, chacune administrée par un *mudir* (gouvern. gén.). La Nubie est partagée en 12 *districts* ou anciens pays. Le Kordofan et le Darfour sont sous la direction d'un gouverneur génér.

FINANCES — DÉPENSES — RECETTES — DETTE — MONNAIES.

DÉPENSES		RECETTES	
Dotations (liste civile, 7.800.000 fr. ; tribut de Constantinople, 17 572.550 fr.)	27.473.550 fr.	Revenus généraux	178.580.410 fr.
Appoint. et dep. div. (maison du khédive, 565 940 fr.)	14.142.180 —	Revenus des Gouvernorats, etc.	18.268.120 —
Ministère de l'Intérieur	207.480 —	Douanes	16.215.910 —
— des Affaires étrangères	280.150 —	Chemins de fer	23.116.910 —
— de la Justice	1.165.710 —	Produit net du sel	7.778 420 —
— des Finances	1.311.570 —	— des Ecluses	4.200.690 —
— des Travaux publics	218.660 —	Fermage, etc.	13.810.680 —
— de l'Instruction publique	1.156.200 —	Droits sur les tabacs	6.692.920 —
— de la Guerre et de la Marine	22.232.110 —	Revenus nets sur le Soudan	3 640.000 —
Dépenses pour les provinces	5.271.110 —	Total	274.104.090 fr.
Gouvernements, police, hôpitaux	11.999.650 —		
Administration des Ecluses	685.800 —	DETTE { Dette consolidée	2.489.422.000 fr.
Dépenses extr., dette publ., etc.	187.536.180 —	— flottante	3.257 093.060
Total	273.088.330 fr.	Total	5.746.515.060 fr.
		Dette particulière du khédive	1.158.275.300 fr.

MONNAIES. — *Or :* pièce de 100 piastres = 25 fr. 62 c. — *Argent :* pièce de 10 piastres = 2 fr. 50 c. La piastre en or vaut 0 fr. 23 c., et en argent 0 fr. 23 c.

GUERRE — ARMÉE, MARINE. ARMÉE. Infant. 4 rég., 12.000 h. ; caval. 4 rég. 3.50 h.; chass. 1 batail., 1.000 h.; artill. 15 bat., 1.500 h ; ingén. 1 bat., 1.500 h.; nègres du Soudan, 2 rég., 3.000 h. — Total, 22.530 hommes. MARINE DE L'ETAT ? — MARINE MARCHANDE : 600 nav. jaugeant 62.000 tonn. y compris 58 vap. 29.000 tonn.

TRAV. PUBL. — CHEM. DE FER. CHEMINS DE FER. Lignes, 1.765 kilom., dont une ligne de 8 kilom. n'appartenant pas à l'Etat. CANAUX. Le canal de Suez a une longueur de 160 kilom. et une largeur de 58 à 100 mètres et une profondeur de 8 mètres. — Bénéfice net du canal, 13.484.268 fr. POSTES. Env. 37.000.000 lettres et journaux. — TÉLÉGRAPHES. Lignes, 6 550 kil. Bureaux, 77. Dép., 562 823.

COMMERCE — IMPORTATION — EXPORTATION — POIDS ET MES. — PORTS. IMPORTATION. Env. 145.000.000 fr. (tissus, fer et autres métaux, machines, confec ions, etc.). EXPORTATION. 340 000.000 fr. (cotons, semence de coton, sucre, blé, fèves, gomme, etc.). POIDS ET MESURES. *Cantaro* = 100 *rottoli* = 44,464 kil.; *rattolo* = 12 *onces* = 240 *drachmes* = 444,64 gramm. *Quintal* = 36 *okes* = 44,464 kil. Le *pik hendasi* = 650 millim.; le *pik beledi* = 560 millim.; le *pik stamboul* = 677 millim. L'*aune* = 44 pouces français = 1 3/4 *pik. Ardeb* = E71. litres; *rubbio* = 145 litres. PORTS. Alexandrie, Port-Saïd, Suez, Damiette, Rosette.

VILLES PRINCIP. PAR MILLE. Le Caire, 350; Alexandrie, 212; Tanta, 60; Khartoum, 60; Zagazig, 40; Damiette, 30; Siout, 28; Damanhar, 25; Rosette, 15; Suez, 14; Port-Saïd, 9; Keneh, 15; Schibin, 12; Ismaïla, 3; Mansourah, 16.

SUPERFICIE. 2.251.600 kilom. carrés, dont Egypte 550.650; Nubie, 864.500; Soudan, le Darfour et le Kordofan, 836.500.

POPULATION. 16.949 000 hab. (5.172.061 indigènes). Etrangers résidant en Egypte, 79.696, dont Grecs, 34.000 ; Français, 17.000, Italiens, 14.000; Autrichiens et Anglais chacun 6.000, etc. (7.5 hab. par kil. carré.)

OASIS. — Dans le désert de Libye : *Farafrah,* 3.543 hab. sur 3.500 kilom. carrés; *Beharieh,* 2.410 hab. sur 8,68 kilom. c.; *Dachel,* 20,000 hab. sur 60 kilom. c.; *Chargeh,* 5.740 hab. sur 8,36 kil. c., et *Siuah,* 5.600 hab. sur 16 kilom. c.

TRIPOLI

(VILAYET)   (CAP. TRIPOLI)

SITUAT. ASTRON. 22° — 35° lat. N et 7° — 25° long. E. || CLIMAT. — Température moy. annuelle de Tripoli env. + 22°.

GOUVNEMENT. Le vilayet de Tripoli est gouverné comme les autres provinces turques de l'Asie et de l'Europe par un *vali* (gouverneur général).

CULTES. On professe l'islamisme.

INTÉRIEUR. Le vilayet comprend 3 parties, administrées chacune par un *mutessarif* (lieut.-gouvern.). Tripoli, Barca, Fezzan. Parmi les différentes oasis du Fezzan la plus grande est Ghadames avec une ville du même nom.

FINANCES. DÉPENSES : 1.500.000 fr. — RECETTES : 2.800.000 fr., les recettes consistent en dîmes prélevées sur les oliviers, les dattiers, les troupeaux. — Les recettes des douanes sont envoyées à Constantinople. MONNAIES. Piastre = 16 *carroubes* = 0 fr. 60 c. 25 environ.

GUERRE — ARMÉE — MARINE. On n'a pas d'armée régulière. Les troupes de la milice ou de la gendarmerie montent à env. 200 hommes. En cas de guerre pour la Turquie, le vilayet est obligé d'envoyer un contingent d'env. 4.300 hommes. MARINE. On a généralement 1 ou 2 nav. turcs stationnant devant Tripoli; il n'existe pas d'autre marine. MARINE MARCHANDE. 110 navires jauge nt 6.000 tonnes.

COMMERCE — IMPORTATION — EXPORTATION — POIDS ET MES. — PORTS. IMPORTATION : 3.500.000 fr. (métaux, bois, objets manufacturés). EXPORTATION : 7.500.000 fr. (froment, cire, béta l, ivoire, plumes d'autruche, etc.). POIDS ET MESURES. *Cantaro* = 100 *rottoli* = 49,76 kil. Le *dreah ou pik* = 3 *palmes* = 671,05 millim. *Ueba* = 4 *temen* = 16 *orbah* = 32 *mefs orbah* = 107,546 litres. Le barile de vin et spiritueux = 24 *bozze* = 64,80 litres. L'*herbaia* d'huile = 6 *caraffas* et pèse 9,33 kil. PORTS. Tripoli, Bangazi, Zebida.

VILLES PRINCIP. Tripoli, 20.000; Bengazi, Braiga, 4 0.0 ; Moursouk, 6.000; Ghadames, 5.000; Sakna, 2.500; Beni-Ulid, 4.500.

SUPERFICIE. 892.000 kilom. carrés, dont Tripoli, 352.000; Barca, 120 et Fezzan, 400.000 (1.4 hab. par kil. c.)

POPULATION. Env. 1.250.000 hab., dont Tripoli, 900.000; Barca, 200.000; Fezzan, 150.000 hab.

RÉPUBLIQ.	**LIBÉRIA** CAP. MONROVIA	**TRANSVAAL** CAP. PRÉTORIA	**ORANGE** CAP. BLOEMFONTEIN
SITUATION ASTRONOMIQUE	4° 30' — 8° lat. S.; 7° — 15° long. O	22° — 27° lat. S.; 26° — 32° long. E.	26° 50' — 30° 30' lat. S.; 24° 30' — 29° 50° long. E.
CLIMAT	La températ. moyenne est d'env. + 34° dans l'intérieur du pays et + 22° sur les côtes.	La température annuelle est d'environ + 20°; elle varie entre + 4° et + 50°.	
GOUVNEMENT CHEF DE L'ÉTAT POUV. EXÉCUT. POUV. LÉGISL.	CHEF DE L'ÉTAT, Spriggs Payne, J., élu ainsi que le vice-président pour 4 ans (1876). LE POUVOIR EXÉCUTIF est représenté par le Président. LE POUVOIR LÉGISLATIF par le *sénat* (8 membres), et la *chambre des représentants* (13 mem.). LE POUVOIR JUDICIAIRE, par une cour suprême. Le cabinet comprend 4 secrétaires (ministres), secrétaires d'État, du trésor, procureur général, grand maître des postes.	La république de Transvaal a été incorporée aux possessions britanniques par proclamation du 12 avril 1877, sous le nom de « Province of Transvaal. »	CHEF DE L'ÉTAT, Brand. J.-H., élu président (1874) pour 5 ans. LE POUVOIR EXÉCUTIF est représenté par le président et 5 secrétaires d'État. LE POUVOIR LÉGISLATIF est confié au *volksraad* (assemblée nationale), 50 memb. env. élus par le peuple. 9 chefs des départements : Président de la cour suprême, 1er et 2e juge, trésorier général, président de l'orphelinat, chef de l'instruction publi., maître des postes, procureur.
JUSTICE	Cour suprême avec 1 président et 4 memb. Ces 4 memb. sont également juges pour chacune des 4 provinces.		Une nouvelle cour suprême, composée d'un président et de deux memb., a été décrétée par le *volksraad* (1872).
CULTES	Tous les cultes sont tolérés. L'Église est séparée de l'État. Monrovia possède un collège national.	La religion *hollandaise* réformée est la religion de l'État. Tous les autres cultes sont tolérés.	La religion dominante est la religion réformée hollandaise.
INTÉRIEUR	La république est divisée en 4 provinces : Montserrado, Grand-Bassa, Sinoe et Maryland.	Le pays est divisé en 12 districts, gouvernés chacun par un *landdrost* (magistrat), assisté d'un conseil.	La république est divisée en 15 districts gouvernés chacun par un *landdrost* (magistrat).
FINANCES DÉPENSES RECETTES DETTE MONNAIES	DÉPENSES . . . . . 537.285 fr. RECETTES . . . . . 557 285 DETTE . . . . . 2.500.000 MONNAIES. (Les mêmes que celles des États-Unis de l'Amérique du Nord).	DÉPENSES . . . . . 2.051.500 fr. RECETTES. . . . . 2 162.400 DETTE . . . . . . 1.640.000 MONNAIES. On compte en livres sterling à 20 schilling (système anglais).	DÉPENSES . . . . . 2.592.050 fr. RECETTES. · . . . 2 567 275 DETTE . . . . . . 825.075 MONNAIES. On compte en livres sterling à 20 schilling (système anglais).
GUERRE	Il n'y a pas d'armée permanente ; tous les citoyens de 16 à 50 ans sont obligés de servir dans la milice qui forme une brigade de 4 régiments.	Il n'y a pas d'armée permanente. Le service dans la landwehr (milice) est obligatoire pour tous les citoyens de 21 à 40 ans.	La répub. n'a pas d'armée permanente, excepté un petit corps d'artil. stationné à Bloemfontein. Tous les citoyens font partie de la milice.
COMMERCE IMPORTATION EXPORTATION POIDS ET MES.	IMPORTATION. Env. 1.200 000 fr. (tissus, sel, objets manufacturés). EXPORTATION : 2.600 000 f. (café, sucre, cacao, ivoire, genièvre, huile de palme, arrowroot, etc. POIDS ET MESURES (Les mêmes que ceux de l'Amérique du Nord).	IMPORTATION. Les articles importés sont des objets manufacturés, métaux, etc. EXPORTATION. Les principaux objets exportés sont : les plumes d'autruche, laine, ivoire, bétail, céréales, oranges, fruits secs, tabac, beurre, eau-de-vie, etc. On y trouve de riches mines d'or, des diamants, du fer, du cuivre, du plomb, du charbon, du nickel, etc.	IMPORTATION : 17.425.625 fr. (pendant les deux premiers trimestre de 1875). EXPORTATION : 58.272.075 fr. (consiste principalement en laine, plumes d'autruche, peaux de bœuf, etc.)
VILLES PRINC. HAB. PAR MILLE.	Monrovia 15, le port unique de la république.	Prétoria 15, Potchefstroom 2, Rustenbourg 0,5, Lydenbourg 0,5.	Bloemfontein 1. Le commerce général se fait par le port Elisabeth.
SUPERFICIE	24 800 k. car. (29 hab. par k. c.).	296.200 k. car. (0.9 hab. par k. c.).	Env. 110 000 k. car. (0.5 h. p. k. c.).
POPULATION	720.000 hab. (Nègres) dont 20.0000 sont civilisés.	Env. 275.000 hab. dont 25.000 blancs	65.000 hab. dont 20.000 indigènes.

COLONIES FRANÇAISES

SÉNÉGAL ET SES DÉPENDANCES : Le Sénégal est administré par un gouverneur ; il se divise en 5 arrondissements : *Saint-Louis, Bakel* et *Gorée*, qui comprennent 14 villes, dont 9 sans Saint-Louis. *Importation* env. 12 millions de fr. *Exportation* 5 millions de fr. env. *Ports :* Saint-Louis, Rufisque. *Villes :* Saint-Louis 15.600, Dagana 2.400, Podor 2.300, Bakel 2.500, Gorée 2.800, Dakar 2.800, Rufisque 7.400, Sedhion 2 200.

ÉTABLISSEMENTS DE LA COTE-D'OR ET DU GABON. Ces 2 comptoirs sont administrés par un commandant et comptent env. 4.000 hab.

ILES

LA RÉUNION OU ILE DE BOURBON. Le gouvernement se compose d'un gouverneur, d'un conseil privé et d'un conseil général. L'île est divisée en 2 arrondissements, comprenant chacun 6 communes. *Importation* 30 millions de fr. env. *Exportation* 32 millions de fr. (sucre). *Ports et villes principales :* Saint-Denis 36.000 hab., Saint-Benoît 10.000, Saint-Pierre 28.000, Saint-Paul 25.000. La Réunion compte 183.529 hab. sur une superficie de 2.515 kilom. carrés.

SAINTE-MARIE DE MADAGASCAR. L'île a une bonne rade, le *Port-Louis*. Elle compte 6.564 hab. sur une superficie de 90 kilom. carrés.

MAYOTTE ET SES DÉPENDANCES fait partie du groupe des îles Comores, dont l'île Mayotte est la plus méridionale. Sa superficie est de 500 kil. et sa population de 50.000 habit.

NOSSI-BE qui a une population de 10.000 hab. sur 95 kilom. carrés et NOSSI-CUMBA. La population de ces îles est presque toute composée de Sakalaves ; les créoles, les colons, l'administration et la garnison forment à peine un total de 900 personnes.

COLONIES PORTUGAISES

LES ÉTABLISSEMENTS SUR LA COTE OUEST DE L'AFRIQUE comptent env. 9 millions d'hab. (dont *Anguela* 2.000.000, *Loanda* 323.064, *Benguela* 87.980, *Mossamedes* 22.355) sur 808.500 kilom. carrés. DÉPENSES : 3.392.277 f. — RECETTES : 3.452.411 f.

ÉTABLISSEMENT SUR LA COTE EST *ou Mosambique*. On compte un total de 167.060 hab. sur 990.000 kil. c. DÉPENSES : 1.514.819 f. — RECETTES : 1.511.049 f.

SÉNÉGAMBIE. Elle compte 6.454 hab. sur 69 kil. carrés (Bessao 542 hab., Cachen 1.881, Bolama 5.731).

ILES

ILES DU CAP-VERT. Ces îles sont administrées, aussi bien que les autres colonies, par un gouverneur. Elles comptent 82,864 hab. sur 3.851 kil. c. DÉPENSES : 1.335.150 f. — RECETTES : 1.544 300 f.

SAN-THOMÉE ET PRINCIPE comptent environ 25,672 hab. sur 1,081 kil. carrés. DÉPENSES : 645.867 f. — RECETTES : 668.621 f.

COLONIES ESPAGNOLES

TERRITOIRE DE SAN-JUAN compte env. 1.400 hab. sur 100 kilom. carrés.

ILES

Fernando-Po, Annobon, Corisco et *Elobey* comptent ensemble 35.000 hab. sur une superficie de 2.014 kilom. carrés. Ces colonies sont administrées par des commandants.

ÉTATS	**MAROC** (EMPIRE) (Cap. FEZ)	**ABYSSINIE** (HABECH) (EMPIRE) (Cap. GONDOR)	**ZANZIBAR** (SULTANAH) (Cap. ZANZIBAR)	**MADAGASCAR** (ROYAUME) (Cap. TANANARIVO)
SITUATION ASTRONOMIQUE	28° 20' — 3.° 55' lat. N. 3° 20' — 12° 30' long. O.	7° — 16° 40' lat. N. 52° — 41° long. E.	2° lat. N. et 10° lat. S. 36° — 40° long. E.	12° 12' — 25° 45' lat. S. 41° 20' — 48° long. E.
CLIMAT	La températ. moy. de Tanger est + 18°. Le climat des steppes est le même que celui du Sahara.	L'élévation du sol, les rivières, les pluies abondantes, rendent la température beaucoup moins chaude qu'en Nubie et qu'en Égypte.	Le climat est celui de l'Afrique méridionale; il varie entre + 25 et + 45°.	La température moyenne annuelle est d'env. + 25° (Le climat est très-chaud et très-malsain, surtout pour les Européens.)
GOUVNEMENT CHEF DE L'ÉTAT	CHEF DE L'ETAT. Muley-Hassan, sultan, né en 1831. avénement 1873. Il porte le titre d'émir-al-moslemin (émir des musulmans). La monarchie est héréditaire et le pouvoir absolu.	CHEF DE L'ETAT. Johannes (Jean) II, empereur, avénem. en 1864. Le prince est souverain héréditaire de droit divin. Il a entre ses mains les pouvoirs exécutif et législatif. Les grands fiefs sont remplacés par des gouvernements nommés par l'empereur.	CHEF DE L'ETAT. Bargasch-ben-Saïd, seyyid (souverain), avénem. 1870. Le pouvoir est entièrement absolu et despotique. Zanzibar, qui dépendait de l'Imam de Mascate, est indépendant depuis 1856.	CHEF DE L'ETAT. Ranavalo II, reine, avénem. 1868. Le gouvernement est despotique, mais l'administration paraît être organisée d'une manière tolérable. L'esclavage est aboli depuis le 20 juin 1877.
CULTES	L'islamisme.	Les habitants en général professent le christianisme. L'Abouna (chef de la religion).	L'islamisme est la religion professée par les habitants.	Le christianisme, professé depuis 1855, est toléré maintenant.
INTÉRIEUR	L'empire est composé de 2 parties principales : le royaume de Maroc et le royaume de Fez. L'empereur réside à Maroc, à Fez ou à Méquinez.	Les principales parties sont les roy. de Tigré, d'Amhara, les prov. d'Efat et de Choa, le Samhara et le pays des Gallas. L'empire est div. en 7 prov. (Amhara, Tigré, Sarac, Choa, Agami, Simen et Godjam).	Le sultanah comprend l'île de Zanzibar, les îles de Pemba, de Monfia et de la côte de Zouahili.	L'île est partagée en 28 provinces. On compte en outre plus de 25 différentes tribus qui sont dirigées par leurs chefs plus ou moins dépendants de la reine.
FINANCES MONNAIES	DÉPENSES : env. 2 millions de francs. MONNAIES. On se sert surtout des monnaies de l'Espagne. Le *mitskal* ou *mitikal* = 1/2 *réal*; le réal correspond à la piastre espagnole = 5 fr. 19 c.	L'impôt foncier, le seul qui existe (avec le produit des douanes) se calcule sur le rendement moyen de la terre au dixième env. MONNAIES : *Sequin* = 11 fr. 68 c.	Les principaux revenus du sultan proviennent de la douane qu'il amodie pour une somme d'environ 2 millions 500.000 fr.	Les dépenses et les recettes sont inconnues. Une grande partie du revenu provient des douanes.
GUERRE ARMÉE	Armée régulière : 8.000 h. moitié infanterie, moitié cavalerie. Armée irrégulière : environ 20.000 h. de cavalerie. On compte 26 villes fortifiées dans l'empire?	Chaque noble doit un service temporaire d'après l'importance de son fief. L'armée permanente est évaluée à env. 40.000 h. Feu l'emper. Théodoros II a dissous les pet. corps francs entretenus par les gr. vassaux et les a versés dans l'armée permanente.	Armée permanente env. 1500 h. équipés et exercés d'après le système des Etats civilisés. Elle forme la garde du sultan.	Environ 50.000 hommes, forces dont dispose la reine.
MARINE	MARINE DE L'ETAT : 180 navires à voiles avec 400 can. env. MARINE MARCHANDE : 450 navires, jaug. 21.000 tonnes.	*(voir colonne Maroc)*	1 corvette à voiles avec 1 can. et 2 yachts à vap.	Inconnue.
COMMERCE IMPORTATION EXPORTATION POIDS ET MESURES PORTS	IMPORTATION ; 41.060.000 fr. (obj. manufact., métaux, tissus, épicer., lainag, soie brute, etc.). EXPORTATION : 41.030.000 f. (pois, fèves, laine, peaux, amandes, bestiaux, chauss., sucre). POIDS ET MESURES. Le *quintal* ou *kintal* = 100 liv., *livre* (*artal* ou *rattle*) = 500 gramm. *Coda* ou *dreah* = 8 *tomiens* = 0.571 mèt.; *Pik* = 660.96 millim.; *cala* = 0.53 mèt; *caffiso* = 5.284 hectol.; *kula* = 15.135 litres. PORTS. Tanger, Tetouan, Mazagran, Safi, Casablanca, Mogador.	IMPORTATION : 18.000.000 fr. env. (tissus, fer, fusils, objets manufacturés, etc.). EXPORTATION : 17.000.000 f. (chevaux, bétail, cire, ivoire, dattes, poudre d'or, etc.). L'industrie est très-avancée et les champs cultivés abondent en riz, maïs, blé, sucre). POIDS ET MESURES. Le *rollolo* = 12 *wakers* = 120 *drachmes* = 511 gramm. Le *pik* (aune) = 686 millim. Le *cuba* = 1016 litres.	IMPORTATION : env. 11.000.000 fr. (métaux, -el, objets manufacturés, etc.). EXPORTATION : env. 12.000.000 fr. (ivoire, gommes, noix et huile de palme). PORTS. Zanzibar, Quiloa, Mombas.	IMPORTATION : environ 6.125.000 fr. (L'article le plus important est le rhum.) EXPORTATION : envir. 6.570.000 f. (bétail, peaux, cire, gomme, suif, riz, etc.). PORTS. Tamatave, Taka, Boina, Port-Choiseul.
VILLES PRINCIP HAB. PAR MILLE	Fez, 150; Maroc, 40; Méquinez, 50; Karsel, Kébir, 25; Tétouan, 20; Tanger, 18.	Gondor, 8; Adoua, 10; Axoum (Ville sacrée), Angalola, 8; Metemnch, 5; Mota, 3; Basso.	Zanzibar, 85; Mombas, 20; Quiloa, 12; Fagal, 8; Kismayo, 4.	Tananarivo, 80; Beiva, 50; Mananzaro, 25; Talia, 6; Kanatsi.
SUPERFICIE	Env. 672.500 kilom. carrés, dont 197.100 kilom. champs fertiles. (9 hab. par kilom. carré).	Env. 750.000 kilom. carrés (5 hab. par kilom. carré env.).	Env. 100.000 kil. c., dont l'île Zanzibar 1600 kil. (8 hab. par kil. c.).	Env. 609.000 kilom. c. (7 habit. env. par kilom. carré).
POPULATION	Env. 6.000.000 hab. (Arabes, Berbères, Maures et Juifs).	Env. 3.500.000 hab.	Env. 750.000 habit., dont l'île Zanzibar, 200.000, l'île Pemba, 10.000.	Env. 4.000.000 h. dont 2 mil. Hovas, 500.000 Sèclaves, 500.000 Bélimsaras, le reste des Antavares.
HISTORIQUE	L'Abyssinie, comprise dans l'ancienne Éthiopie, semble avoir été dans le 1er siècle le berceau de la civilisation africaine. L'empire d'Abyssinie était fort ancien; suivant Bruce, ses rois descendent d'un fils que la reine de Saba eut de Salomon. La religion juive y domina longtemps. Le christianisme y pénétra vers le IVe siècle.			

PAYS A L'EST DE L'AFRIQUE

Bagos avec 10,000 hab. sur 713 kil. c. *Beit-Takue* 8,000 h. sur 993 kil. c. *Marea* 16,000 hab. sur 1,375 kil. c. *Habab* 68,000 hab. sur 6.245 kil. c. *Bedjeck* 1,200 hab. sur 440 kil. c. *Mensa* 17.400 hab. sur 1,595 kil. c. *Kunama* 130,000 hab. sur 25,000 kil. c. *Abyssinie* 3,500,000 hab. sur 750,000 kil. c. (Voir ci-dessus.) *Pays de Galla* jusqu'à l'équateur 7,000,000 hab. sur 715,000 kil. c. Presqu'île de *Somali* 8,000,000 hab. sur 825,000 kil. c. Le pays entre l'Abyssinie et le Soudan égyptien au N., le Nil blanc à l'O, l'équateur au S. et le pays de Galla à l'Est (35° à l'E. de Paris), 7,810,000 hab. sur 770,000 kil. c. Le pays entre l'équateur, la contrée portugaise de Mozambique, le pays de Cazembe, le lac de Tanganyikga et la côte de l'Est 3,500,000 hab. sur 1,575,000 kil. c.

CLIMAT	Le climat est tropical; c'est le climat où le nègre végète et où le blanc meurt.
PRODUCTIONS	Plumes d'autruche, ivoire, gomme, cire, dattes et amandes.
SUPERF. POPUL.	29,700,000 hab. sur 4,125,000 kil. carrés.

POSSESSIONS ANGLAISES EN AFRIQUE

COLONIES	CAP DE BONNE-ESPÉRANCE	NATAL
SIT. ASTRON	28° 34′ lat. Sud ; 17° 29′ long. Est.	28° 31′ lat. Sud ; 29° 52° long. Est.
CLIMAT	Température moyenne + 18° dans la ville du Cap et au Port-Elisabeth.	La température varie entre + 4 et + 36°, moyenne annuelle + 20°.
GOUVNEMENT	Un gouverneur général, commandant des forces de la colonie. LE POUVOIR EXECUTIF est confié au gouverneur et au CONSEIL EXECUTIF. LE POUVOIR LEGISLATIF est entre les mains du CONSEIL LEGISLATIF, composé de 21 membres (10 élus pour dix ans et les 11 autres pour cinq ans), présidé par le chef de la justice ; et de l'ASSEMBLEE (66 membres élus pour cinq ans, représentant les districts et les villes de la colonie). Un ministère de 5 membres appelés : secrétaires des colonies, procureur général, trésorier général, commissaire des terres de la couronne et des travaux publics, secrétaire des affaires indigènes.	Un lieutenant gouverneur. LE POUVOIR EXECUTIF est représenté par le gouverneur et le CONSEIL EXECUTIF, composé du chef de la justice et du commandant des troupes; des secrétaires de la colonie, du trésor, des affaires indigènes; du procureur général et de deux membres nommés par le gouverneur et choisis parmi les députés du Conseil législatif. Le POUVOIR LEGISLATIF est entre les mains du gouverneur et du Conseil législatif, composé de quatre membres officiels (les secrétaires de la colonie, du trésor, des affaires indigènes, le procureur général) et de 12 membres élus par les comtés et les bourgs.
CULTES	La religion de l'État est le protest. angl. comme dans la métropole, mais tous les autres cultes sont tolérés.	
INTÉRIEUR	La Colonie du Cap est divisée en deux régions : les provinces de l'Ouest et les provinces de l'Est, subdivisées en 16 divisions électorales.	La Colonie de Natal est divisée en 14 districts administrés par des magistrats ou commissaires.
FINANCES	DÉPENSES : 56,800,000 fr. RECETTES : 56,150,000 fr. DETTE : 69,750,000 fr. MONNAIES (Voir Gr.-Bretagne).	DÉPENSES : 6 675,000 fr. RECETTES : 6,500,000 fr. DETTE : 9,800,000 fr. MONNAIES (Voir Gr.-Bretagne).
GUERRE	2,248 hommes.	400 hommes.
COMMERCE	IMPORTATION : 144,075,425 fr. (coton, fer forgé et non forgé, machines, mercerie, etc.) EXPORTATION : 109,825,000 fr. (laine, animaux, etc.) TELEGRAPHES : lignes 200 kilom. CHEMINS DE FER : En exploitation, 240 kilom. POIDS ET MESURES (Voir Grande-Bretagne).	IMPORTATION : 51,725,000 fr. (produits manufacturés). EXPORTATION : 20,900,000 fr. (laine, ivoire, sucre, café, coton, etc.) CHEMINS DE FER : En construction 8 kilom. POIDS ET MESURES (Voir Grande-Bretagne).
VILLES PRINC. HAB. PAR MILLE	Le Cap 30, Port-Elisabeth 11, Grahamstown.	Port-Natal 3, Pietermaretzhourg, Durban.
SUPERFICIE	558,000 kilom. carrés (1.3 hab. par kilom. carré).	48,560 kilom. carrés (7 hab. env. par kilom. carré).
POPULATION	776,158 hab. dont blancs et Européens 5,847, hommes de couleur 273,930, le reste de la population consiste en Malais.	326,959 habitants (1875).

COLONIES	ILE MAURICE ET SES DEPENDANCES	ILE STE-HÉLÈNE ET SES DÉPENDANCES
SIT. ASTRON.	4° 21° lat. Sud ; 50° 62° long. Est.	15° 16° lat. Sud ; 7° 8° long. Ouest.
CLIMAT	La température varie entre + 12° et + 36°, moyenne annuelle + 24°.	La température moyenne annuelle est de + 21°.
GOUVNEMENT	Un gouverneur, qui est en même temps commandant de l'île. Les dépendances de l'île Maurice, relèvent administrativement de ce même gouverneur.	Un gouverneur commande les forces de l'île sous la dépendance du ministre des Colonies.
CULTES	La religion de ces îles est la religion anglicane, religion de la métropole; tous les autres cultes sont tolérés.	
INTÉRIEUR	Les différentes îles sont partagées en quatre groupes : l'île Maurice, les Seychelles, l'île Rodrigue et les plus petites îles.	Trois divisions comprenant : l'île Sainte-Hélène, l'île de l'Ascension et l'île de Tristan de Cunha.
FINANCES	DÉPENSES : 19,400,000 fr. RECETTES : 17,525,000 fr. DETTE 22.400,000 fr. MONNAIES (V. Grande-Bretagne).	DÉPENSES : 550.000 fr. RECETTES : 550,000 fr. MONNAIES (Voir Grande-Bretagne).
GUERRE	470 hommes.	Une garnison de 209 hommes.
COMMERCE	IMPORTATION : 54,875,000 fr. (produits manufact.) EXPORTATION : 62,050,000 (café, sucre, coton, etc.) CHEMINS DE FER : En exploitation 106 kilom. POIDS ET MESURES (Voir Grande-Bretagne).	IMPORTATION : 2,025,000 fr. EXPORTATION : 575,000 fr. POIDS ET MESURES (Voir Grande-Bretagne).
VILLES PRINC.	Port-Louis 50,000 habitants.	James-Town.
SUPERFICIE	1 139 kilom. carrés, d'après Fr. Martin. 906 kilom. carrés, d'après Behm et Wagner.	121 kilomètres carrés (52 habitants par kilomètre carré).
POPULATION	316,042 hab. d'après Fr Martin, 13,591 habit. d'après Behm et Wagner.	6,250 hab.

LA GAMBIE, SIERRA-LEONE, LE LAGOS, LA COTE-D'OR

SIT. ASTRON.	5° — 18° long. Ouest ; 13° lat. Nord ; 2° long. Est.
CLIMAT	La température moyenne annuelle est d'environ + 26°.
GOUVNEMENT	Deux gouverneurs, l'un dans la *Gambie* et *Sierra-Leone*, l'autre dans le *Lagos* et la *Côte-d'Or* ; ils sont sous la dépendance du ministre des colonies.
CULTES	(Voir les autres possessions anglaises.)
INTERIEUR	Les quatre possessions sont administrées chacune par un commissaire sous la dépendance des deux gouverneurs.
FINANCES	DÉPENSES : environ 4,475,000 fr. RECETTES : environ 4,325,000 fr. DETTE (1874) : 2,000,000 fr.
GUERRE	610 hommes.
COMMERCE	IMPORTATION : env. 20,850,000 fr. EXPORTATION : env. 20,600,000 fr. POIDS ET MESURES (V. Gr.Bretagne).
VILLES PRINC.	Free-Town 18, Bathurs 5, Saint-James 5, El-Mina 18.
SUPERFICIE	Gambie 55 kil. carrés, Sierra-Leone 1,200 et la Côte-d'Or 43,000, Total 44,255.
POPULATION	Gambie 14,200 hab., Sierra-Leone 39,000, la Côte-d'Or 520,200, Lagos 60,200. Total 633,400 hab.

SAHARA

ASPECT	Le grand désert qui occupe la partie centrale de l'Afrique s'appelle le *Sahara* ou plutôt *Scahharrâ* (Grand désert). L'intérieur du Sahara offre sur de grands espaces des plaines nues et couvertes de sable. *El erg* (région des dunes de sable) est une des parties les plus arides et est situé au sud de l'Algérie. *Le désert de Libye* est la partie la plus orientale du Sahara.
SITUATION	Le Sahara commence à la côte occidentale de l'Afrique, s'étend jusqu'à l'Egypte en traversant toute l'Afrique dans un espace d'environ 4.500 kilomètres. Au nord il a pour limites le Maroc, l'Algérie, la Tunisie, le Tripoli et l'Egypte; au sud, le Soudan. L'espace compris entre le nord et le sud est d'environ 1.400 kilom.
CLIMAT	Le climat est tropical et pendant une grande partie de l'année les rayons solaires y tombent verticalement. Des vents brûlants et d'une grande violence parcourent le désert et y soulèvent des masses de sable. Il y a des endroits où il ne tombe jamais, pour ainsi dire, une goutte d'eau, tandis que dans d'autres endroits il tombe une pluie abondante du mois de juillet au mois d'octobre. La température moyenne de l'été est d'environ + 38°; de l'hiver + 11°; température moyenne de l'année environ + 22°; le thermomètre descend quelquefois à 0° et au-dessous pendant la nuit, mais le jour il s'élève parfois à ÷ 50° et plus.
TRIBUS	Les principales tribus qui habitent le Sahara sont : au centre la TRIBU DES TOUAREGS. Oasis : *Hogar* et *Asgar* avec environ 20.000 habitants sur à peu près 510.000 kilomètres carrés; villes principales : *Rhat*, Ideles, Dehanet, Turim, *Air ou Asben*, avec environ 75.000 habit. sur 55.000 kilom. carrés; villes principales : Agades, 7.000 hab., Tintillust 450. — *Asauad*, ville principale ; Mabrouck. — *Imrhad-Touareg*, villes principales : Sokia, Insisu, Teminisan. — A l'est : la TRIBU DE TIBOU. Oasis : *Tibesti*, environ 7.000 habit. sur 120.000 kilom. carrés, grande oasis montagneuse, habitée par les Tibou Rechadeh; villes principales : Tibesti El-Tau, *Borgou*, environ 110.000 habit. sur 50.000 kilom. carrés; villes principales : Jin, Nuva, Turki, *Kaouara*, 1.000 habit., *Borku*, 10.000 habit. dont les nomades de Bulgeda 5.000, *Wanyanga* 1.200 habit., *Ennedi*, 7.000 habit., *Kânem*, 10.500. — A l'ouest sont : les PAYS DES MAURES, race mêlée de Berbères et d'Arabes. Oasis : *Tagant*, contrée montagneuse, habitée par les Kounta et d'autres tribus de sang berbère qui ont adopté la langue arabe. *El-Hodh* 60.000 habit., sur 50.000 kilom. carrés, habitée par des tribus dont le fond est berbère. Villes principales : Tischit, Baghéna, *Trarza*, Brakna et *Douaich*. *Aderar*, 25.000 hab. sur 65.000 k. c., *El Diouf*, habité par des fractions d'Oulad-Deleïm, d'Arib, de Kounta, etc.
PRODUCTION	Millet, maïs, dattes, gomme, plumes d'autruche, ivoire, peaux, etc.
SUPERFICIE	6.510.200 kilomètres carrés. **POPULATION** Environ 3.700.000 habitants.

SOUDAN

ASPECT	Les grandes contrées au sud du Sahara s'appellent *Soudan*, *Nigritie* (pays des noirs) ou *Cakrour*. Le vaste bassin du lac Tchad occupe le centre du pays. La population comprend des nègres et plusieurs peuples étrangers à cette race.
SITUATION	Les limites du Soudan sont : à l'ouest la mer, à l'est l'Egypte (Dar-for, etc.), au nord le Sahara et au sud les contrées équatoriales.
CLIMAT	Le Soudan est exposé à des chaleurs très-fortes durant 7 à 8 mois de l'année; la saison des pluies est de 4 à 5 mois. Le Soudan intérieur peut rivaliser de fécondité avec les meilleurs pays tropicaux.
PAYS AU CENTRE	Le Soudan est divisé en un grand nombre de royaumes, dont voici les principaux : PAYS MAHOMÉTANS : WADAY (avec une partie de Kanem, de Bahr-el-Ghasal, de Borku, d'Emedi et les nomades). Le Waday compte 3 millions d'habitants, dont le royaume de Waday, proprement dit, 2.549.000. La superficie est de 519.565 kilomètres carrés, y compris Runga et les pays tributaires de Fittri, de Sula et de Tama; capitale ABECHE, 8.000 habit. BAYERMI 1.500.000 habit., sur 146.500 kilom. carrés. Villes principales : Bugoman 6.000 habit.; Meskin 2.000; Manchafa 4.000; Baingana 1.000; Malfale 1.500; Moro 800. BORNOU 5 millions d'habit. sur 155.100 kilom. carrés. Villes principales : Yedi 2.000 habit.; Marte 5.000; Missène 2.500; Dehimak 1.000; Ngala 6.000; Telam 1.000; Rangana 1.000 à 1.200; Afade 2.000; Kalu-Kafra 5.000. SOKOTO 12 millions d'habit., y compris Adamana. Superficie : Sokoto 506.900 kilom. carrés; Adamana 130.900 kilom. carrés. GORDO 5.800.000 habit. sur 215.400 kilom. carrés. MASSINA 4.500.000 habit. sur 166.650 kilom. carrés. Villes : Tombouktou 15.000 habit.; Kabara 2.000 habit. Les pays mahométans du Soudan central comptent ensemble 51.400.000 habit. sur 1.417.870 kilom. carrés. — Autres pays : LAGONE. — Villes : Karnak-Lagone 12.000 habit.; Alfre 5.000 habit.; Kultchi 2.500. MANDARA 150.000 habit. dont 30.000 dans la capitale. TESSANA, SSONRHAY, MANDINGO, BANDARA, BUDDUMA, sur les îles du lac Tchad, environ 20.000 habitants.
PAYS A L'OUEST	Comprennent les pays situés entre le fleuve Sénégal et le Niger inférieur avec la Guinée supérieure, comptent 38.500.000 habitants sur 2.417.500 kil. carrés. SORUBA 3 millions d'habit. sur 129.250 kilom. carrés. EGBA avec 100.000 hab. Capitale ABBECKUTA. DAHOMEY 150.000 habit. sur 10.540 kil. carrés. ACHANTI avec les provinces tributaires et la Côte-d'Or 4.500.000 habit. sur 189.585 kilom. carrés. LIBERIA 250.000 habit. sur 24.750 kilom. carrés. (Voir p. 65) et les possessions franç., portug., espagnoles et anglaises. (Voir p. 65 et 65.)
PAYS A L'EST	Sont : le Dar-for, le Kordofan et une partie de la Nubie (appelés aussi Soudan égyptien). (Voir l'Egypte.)
PRODUCTION	Les principales productions végétales sont le maïs, le riz, le millet, les ignames, les fèves, les bananes, les patates, le coton, etc. On y trouve aussi de la cire, de la gomme, du café, de l'ivoire, des plumes d'autruche et de marabout.
SUPERFICIE	5.557.570 kilom. carrés. **POPULATION** Environ 75.000.000 habitants.

PAYS ÉQUATORIAUX

ÉTATS	COLONIES DE SMILLUCK : 500.000 habitants sur environ 28.950 kilom. carrés; DE NUER : 400.000 habit. sur 51.100 kilom. carrés; DE BOR : 10.000 habit. sur 2.200 kilom. carrés; D'EYLAB : 8.000 habit. sur 5.800 kilom. carrés. — Les pays inconnus des nègres de chaque côté de l'Equateur, suppose-t-on, comptent environ 42.000.000 d'habit. sur 5.850.000 kilom. carrés.
SUPERFICIE	5.956.000 kilom. carrés. **POPULATION** 44 millions habitants.

PAYS AU SUD DE L'AFRIQUE

ÉTATS	CONTRÉES PORTUGAISES sur la côte de l'Est (Mozambique, Sofala, etc.) avec 167.060 habit. sur 930 kilom. carrés. — COLONIES ANGLAISES 1.358.702 habit. sur 662.362 kilom. carrés, dont le *Cap avec Cafrerie brit.* : 720.984 hab. sur 507.517 kil. carrés. *Cafrerie avec Griqua-land de l'Est* : 210.000 hab. sur 41.517 kil. carrés. Basoutoland, 75.000 hab. sur 21.887 kil. carrés, Griqua-land de l'ouest, 25.477 hab. sur 43.676 kil. carrés. — CAFRERIE INDÉPENDANTE 440.000 hab. sur 162.800 kil. carrés. — PROVINCE DE TRANSVAAL et ORANGE 550.000 habit. sur 406.200 kilom. carrés. (Voir page 65.) — PAYS DE BETCHOUANIE 160.000 habit. sur 517.000 kilom. carrés. — GRAND MAMAGUA-LAND 40.000 habit. sur 258.000 kilom. carrés. — DAMARA 20.000 habit. sur 110.000 kilom. carrés. — POSSESSIONS PORTUGAISES sur la côte de l'ouest (Angola avec Ambriz, Benguela et Mossamedes) 9.057.500 kilom. sur 808.500 kilom. carrés. — LOBALE 200.000 habit. sur 11.000 kilom. carrés. — KIBOKOE 750.000 habit. sur 27.500 kil. carrés. — Les pays de BUNDA 2.500.000 habit. sur 425.500 kil. carrés; MOLUWA 1 million habit. sur 547.250 kil. carrés. — Pays des CAZEMBE 550.000 habit. sur 291.500 kil. carrés.
SUPERFICIE	4.706.036 kilom. carrés. **POPULATION** 15.677.785 habitants.

(RÉGENCE) TUNIS (CAP. TUNIS)

SIT. ASTRON.	32° — 37° lat. N. ; 6° — 9° long. E. ‖ CLIMAT ‖ La température moyenne de Tunis est d'environ + 16°.
GOUVNEMENT **CHEF DE L'ÉTAT**	CHEF DE L'ÉTAT. Mohammed-Es-Sadak, pacha-bey, né en 1813, avénement en 1859. Le pouvoir est absolu. 6 MINISTÈRES : ministères des *affaires étrangères*, de la *justice* (garde des sceaux), de l'*intérieur*, de la *guerre*, de la *marine*, de l'*instruction publique* et des *travaux publics*.
CULTES	La religion dominante est l'islamisme.
INTÉRIEUR	La régence comprend 41 tribus, administrées par des caïds nommés par le bey ; elles sont divisées en 18 grands quatans, administrés par des mecheiks.
FINANCES DÉPENSES DETTE MONNAIES	DÉPENSES : 8.500.000 fr. — RECETTES inconnues. — DETTE EXTÉRIEURE: 125 millions. — MONNAIES : OR, le *boumia* = 100 piastres ; le *boukamsin* = 50 piast. ; le *bonacherim* = 20 piast. ; le *bonachra* = 10 piast. ; la piastre d'or = 0^f,60^c,53. — ARGENT, le *buokamsa* = 5 piastres ; le *bouarba* = 4 piast. ; le *boutleta* = 3 piast. ; le *bourialin* = 2 piast. ; le *bourial* ou *rial* = 1 piast. ; la piastre d'argent = 0^f,62^c,88.
GUERRE	ARMÉE RÉGULIÈRE : 7 régim. d'infant. (5.900 hommes) ; 4 batteries d'artillerie et 1 corps de cavalerie. — ARMÉE IRRÉGULIÈRE (env. 11.000 hommes) dont 500 karoualis (*janitchares*), 5.000 zouaves et 1.500 spahis.
MARINE	La MARINE comprend 2 navires ; 1 aviso de 160 chevaux et 8 canons ; 1 transport de 240 chevaux et 2 canons. L'équipage est de 250 hommes.
COMMERCE IMPORT. EXPORT CHEM. DE FER TELEGRAPHES POSTES POIDS ET MES. PORTS	IMPORTATION : 11.840.785 f. (objets manuf., tissus, confections, bois, etc.). — EXPORTATION : 17.192.996 f. (céréales, fruits, tabac, cire, huile d'olive, peaux, éponges, corail, etc.). — CHEMINS DE FER : En exploitation 60 kilom., en construction 125 kilom. — TELEGRAPHES : Bureaux 10, lignes 964 kilom. — POSTES : Il existe à Tunis un bureau français et 1 bureau italien. — POIDS ET MESURES : Le *pik arabe* = 448 millim. ; le *pik hendash* = 673 millim. ; le *pik turc* = 637 millim. Le pik s'appelle aussi *draa*, *cafiso* ou *kaffis* = 16 *vhibas* ou *vebas* = 192 *sahas* ou *zahs* = 4 hectol. 96 ; le *Saha* = 2 lit. 583, *mataro* (mitre ou *kalla*) = 9 lit. 83. *mataro* (mitre ou *metal*) = 19 lit. 69.— PORTS : Goletle, Bizerte, Souze, Monastir, Sfako.
VILLES PRINCIP AVEC LEURS HAB. PAR MILLE	Tunis 155, Kaïrvan 13, Souze 8, Marza, Monastir 7, Golette 4, Bardo 5.
SUPERFICIE	116.400 kilom. carrés (10 habitants environ par kilom. carré).
POPULATION	1.200.000 habitants *selon le chevalier Tulin de la Tunisie*, dont 45.000 musulmans, 25.000 catholiques, 400 cathol. grecs et 100 protestants, etc.

(COLONIE FRANÇAISE) ALGÉRIE (CAP. ALGER)

SIT. ASTRON.	30° — 37° lat. N. ; 4° — 8° long. E. ‖ CLIMAT ‖ La températ. moyenne d'Alger est de + 20°, celle d'Oran de + 17°.
GOUVNEMENT	UN GOUVERNEUR GÉNÉRAL qui est à la tête de l'administration et en même temps chef des forces militaires. Un Conseil du Gouvernement, placé auprès et sous la présidence du gouverneur, donne son avis sur toutes les affaires renvoyées à son examen. Un Directeur général pour les finances et les affaires civiles. L'Algérie est représentée au Sénat et à la Chambre des députés par 3 sénateurs et 3 *députés*.
JUSTICE	10 *tribunaux de première instance*. 1 *tribunal de commerce* à Alger, 65 *justices de paix* dont 7 ressortissent du tribunal d'Alger, 10 de Blidah, 5 du Tizo-ouzou, 6 d'Oran, 7 de Mostaganem, 5 de Tlemcen, 9 de Constantine, 6 de Bône, 8 de Bougie, 4 de Sétif. Dans la province d'Alger, la *juridiction musulmane* est divisée en 101 *circonscriptions* (territoires civils 16 ; territoires militaires 85), dans la province d'Oran 67 *circonscript.* (territ. civ. 25 ; territ. milit. 42, hors le Tell 20), dans la prov. de Constantine 99 *circonscript* (territ. civ. 15 ; territ. milit. 84). A chacune des circonscriptions est préposé un *khadi* (juge) assisté d'*adels* (suppléants). Total 267 *circonscriptions* (territoires civils 56 ; territoires militaires 251).
CULTES	4 CULTES reconnus par l'État et entretenus à ses frais : *le culte catholique, apostolique, romain* (1 archevêque à Alger et 2 évêques) ; *le culte protestant* (pasteur président à Alger) ; *le culte israélite* (grand rabbin à Alger) et *le culte mahométan* (muphti de 1re classe à la grande mosquée d'Oran).
INSTRUCT.	ALGER : 1 académie, 1 école préparatoire de médecine et de pharmacie, cours public d'arabe, 1 lycée, 1 école normale, 2 colléges communaux (Milianah, Blidah). Il y a en outre des écoles primaires et supérieures pour les indigènes. ORAN : Cours public d'arabe, Médersa de Tlemcen, 3 colléges communaux (Oran, Mostaganem, Tlemcen), 7 écoles primaires. CONSTANTINE : Cours public d'arabe, Médersa de Constantine, 1 collége mixte (Constantine), 3 colléges communaux (Bone, Philippeville, Sétif), 8 écoles primaires.
INTÉRIEUR RÉGIONS DÉPARTEMENTS	L'Algérie comprend 2 RÉGIONS : le Tell et le Sahara ; la région tellienne renferme 3 DÉPARTEMENTS : ALGER, CONSTANTINE ET ORAN. La région saharienne comprend toute l'étendue de nos possessions au delà du Tell, et se rattache administrativement à 3 DIVISIONS MILITAIRES ayant leur siège, l'une à Alger, l'autre à Oran et la troisième à Constantine. Chaque département, se divisant en *arrondissements, districts, commissariats civils* et en *communes*, est administré par un PRÉFET qui exerce les attributions conférées aux préfets des départements de la métropole. Chaque département a un Conseil général composé de membres français *élus* (Alger 26, Constantine 24, Oran 22) et des assesseurs musulmans, au nombre de 6 pour chaque département, *nommés* par le gouverneur général civil et ayant voix délibérative.
FINANCES	DÉPENSES : 26.808.631 fr. — RECETTES. 25.708.100 fr, — MONNAIES. On se sert des monnaies françaises.
GUERRE RÉGION DIVIS. MILITAIR	ARMÉE. *Le 19e corps d'armée* est stationné en Algérie. Il y a dans chaque province une division commandée par un général de division. Troupes : 6 bataillons de chasseurs, 4 régim. de zouaves, 5 régim. de turcos, 1 légion étrangère, 5 batail. d'infant. légère, 2 régim. de caval. légère de France, 4 régim. de chasseurs d'Afrique et 5 régim. de spahis (environ 40.000 hommes). DIVISIONS MILITAIRES. 5 divisions militaires : Alger, Oran et Constantine, subdivisées en 11 cercles.
COMMERCE IMPORT. EXPORT CHEM. DE FER	IMPORTATION : 215.500.000 fr. (objets manufacturés, vêtements, vins, sucres, café, etc.) — EXPORTATION : 166.500.000 fr. (céréales, poissons, bétail, légumes, peaux, laine, crin, fruits). — CHEMINS DE FER. En exploitation, 631 kilom. — TELEGRAPHES. Bureaux. 116 ; lignes, 5.951 kilom. ; dépêches 557.580. — POSTES. Bureaux 180. — POIDS ET MESURES. Système métrique. (Voir page 84.) — PORTS. Alger, Oran, Saint-Louis, Bone, Saint-Denis.
VILLES PRINCIP AVEC LEURS HAB. PAR MILLE	Alger 49, Constantine 55, Oran 25, Tlemcen 22, Bone 18, Blidah 16, Philippeville 12, Cherchell 11, Sétif 10.
SUPERFICIE	669.015 kilom. carrés, dont Alger 101.516, Oran 289.651, Constantine 278.088 (4 hab. par kilom. carré env.)
POPULATION	2.448.691 hab., dont Alger, 909.290 ; Oran, 540.563 ; Constantine, 1.015.585. (Mahométans, 2.185.120 ; Juifs, 52.989 ; Français, 144.071 ; étrangers, 116.511).

AMÉRIQUE

SITUATION ASTRONOMIQUE

54° latit. S. et environ 71° latit. N. et 37°20' — 170°38' longit. O.

DIVISIONS

Ce continent est naturellement divisé en deux grandes parties : l'AMÉRIQUE DU NORD et l'AMÉRIQUE DU SUD.

L'Amérique du Nord comprend : les États-Unis, le Dominion du Canada, le Mexique et l'Amérique centrale qui se compose des républiques de Honduras, de Guatemala, de San-Salvador, de Nicaragua et Costa-Rica. Les Antilles, comprenant les républiques de Haïti et de Saint-Domingue, les possessions anglaises, espagnoles, françaises, hollandaises, danoises et suédoises, font également partie de l'Amérique du Nord.

L'Amérique du Sud comprend : l'empire du Brésil, les républiques Argentine, du Paraguay, d'Uruguay, de Colombie, de l'Équateur, de Vénézuela, du Pérou, du Chili, de Bolivie et les pays des Patagons.

BUDGET

DÉPENSES . . . . 3.006 millions de francs.
RECETTES . . . . 3.242 millions de francs.
DETTE . . . . 16.242 millions de francs.

COMMERCE

IMPORTATION . . . . 7.519 millions de francs.
EXPORTATION . . . . 6.704 millions de francs.

TÉLÉGRAPHES

LIGNES . . . . 168.770 kilomètres.

CHEMINS DE FER

LIGNES . . . . 141.773 kilomètres.

SUPERFICIE

41.134.154 kilomètres carrés (21 habitants par kilomètre carré), dont l'Amérique du Nord 23.480.454, (Amérique centrale 569,633, Antilles 243.509, Grönland 1.967.850), Amérique du Sud 17.653.700.

POPULATION

85.519.800 habit., dont l'Amérique du Nord 59.199.812 (l'Amérique centrale 2.828.164, les Antilles 4.516.178), l'Amérique du Sud 26.519.908.

AMÉRIQUE CENTRALE

RÉPUB.	HONDURAS (Cap. COMAYAGUA)	GUATEMALA (Cap. GUATEMALA)	SAN-SALVADOR (Cap. SAN-SALVADOR)	NICARAGUA (Cap. MANAGUA)	COSTA-RICA (Cap. SAN-JOSÉ)
SITUATION ASTRONOMIQUE	14° — 16° lat. N. 86° — 91° long. O.	14° — 17° lat. N. 91° — 95° long. O.	13° — 14° lat. N.; 90° — 95° long. O.	11° — 14° lat. N. 86° — 90° long. O.	8° — 11° lat. N. 83° — 88° long. O.
CLIMAT	Le climat est très-varié dans l'Amérique Centrale; la chaleur est étouffante dans les plaines et les vallées profondes, mais sur les plateaux et sur les pentes des montagnes on jouit de la plus douce température, qui varie entre 16° et 24° ou une température moyenne de 20°.				
GOUVNEMENT — CHEF DE L'ÉTAT, POUV' EXÉCUTIF, POUV' LÉGISLAT	CHEF DE L'ÉTAT. Leiva, P., président. LE POUVOIR EXECUTIF est exercé par le président, le conseil des ministres (3 membres) et le Conseil d'Etat 7 membr. dont les 3 ministres. LE POUVOIR LEGISLATIF par le sénat de 7 membres et le Corps législatif de 11 membres. — 3 MINISTÈRES : les ministères de l'Intérieur et des Affaires étrangères, des Finances, de la Guerre.	CHEF DE L'ÉTAT. Bonmos Rafino, lieut. génér., élu président, 1875, pour 7 ans. POUVOIR EXECUTIF est exercé par le président et le Conseil d'Etat (le nombre des membres n'est pas limité) élus par la chambre et le président. — POUVOIR EXECUTIF est confié à la chambre des représentants (25 membr.). 3 MINISTERES : les ministères de l'Intérieur et des Finances, de la Guerre et du Fomento, des Affaires étrangères et de l'Instruct. publ.	CHEF DE L'ÉTAT. Zoldivar R., élu président en 1876, pour 10 ans. LE POUVOIR EXECUTIF est confié au président et au vice-président. — LE POUVOIR LEGISLATIF au sénat (12 memb.) et à une chambre (24 membres). Le président dispose actuellement d'un pouvoir dictatorial en matière de finances. 3 MINISTERES : les ministères de la Justice et des Affaires étrangères, des Finances et de la Guerre, de l'instruction publique.	CHEF DE L'ÉTAT. P.-J. Chamorro (1875). LE POUVOIR EXECUTIF est exercé par le président, élu pour quatre ans. LE POUVOIR LEGISLATIF est représenté par le sénat, composé de 10 membres, et par la chambre des représentants, comptant 11 membres. 4 MINISTERES : les ministères des Affaires étrangères, de l'Instruction publique, de l'Intérieur et de la Guerre, des Finances.	CHEF DE L'ÉTAT. Le général Thomas Guardia, élu président (1876) (2 vice-présidents). LE POUVOIR EXECUTIF est confié à un congrès national composé d'une seule chambre. Les députés sont élus pour 4 ans. 4 MINISTÈRES : les ministères de la Justice, des Affaires étrangères, de l'Instruction publique et des Cultes, de l'Intérieur, de la Guerre et la Marine, du Fomento, des Finances et du Commerce.
INTÉRIEUR	Le pays est administrativement divisé en 7 PROVINCES.	La République est divisée en 47 DEPARTEMENTS, 15 vicairies et 124 paroisses.	Le pays est administrativement divisé en 8 DEPARTEMENTS.	Le pays est divisé administrativement en 7 DEPARTEMENTS.	Le pays est divisé administrativement en 6 PROVINCES.
CULTES	La religion catholique règne dans l'Amérique Centrale. L'Eglise est dirigée par un archevêque (Guatemala et 5 évêques (Camayagua, Caristo, San-Salvador, Nicaragua, San-José).				
FINANCES — DÉPENSES, RECETTES, MONNAIES	DÉPENSES : 25 millions env. RECETTES. 19 millions 400.000 fr. env., dont les douanes fournissent 8 millions env., et les monopoles 9 millions, env. DETTE. La dette intérieure est inconnue; dette extérieure, 180.506.800 fr.	DÉPENSES : 13 mil. 132.135 fr. Déficit : 1 mil. 52.135 francs. RECETTES : 11.180.000 fr. DETTE : Dette intérieure, 6.212.400 fr. Dette extérieure 13.174.520 Total. 19.386.920 fr.	DÉPENSES : 8 mil. 804.250 fr. (dont pouvoir exécut., 148.720; postes, 31.145; télég., 74.350; armée, 2 mil. 220.015; instruct. publique, 239.940 fr.). RECETTES : 9 millions 791.750 fr. (dont douanes, 3.956.865; impôts et monopoles, 2.896.975; postes, 60.150; télégraphes, 26.020). DETTE : dette publique, 21.816.155 fr.	DÉPENSES : 3 mil. 600.000 fr. (l'entretien de l'armée et la liste forment la plus grande partie des dépenses). RECETTES : 11 millions 524.990 fr. DETTE. On a évalué la dette intérieure à env. 17.400.885 fr. Il n'y a pas de dette extérieure.	DÉPENSES : 12 millions 564.860 fr. (dont l'instruction publique, 604.520 fr.; guerre et marine, 2.314.980 fr.; police, 145.710 fr. RECETTES. 11 millions 897.160 fr. (dont les postes, 129.815 fr.; les chemins de fer, 492.040 fr.; monopoles, 5.588.670 fr.). DETTE. Dette extérieure. 60 millions 960.580 fr.

MONNAIES. — Or : *once d'or*, ou *pistole-quadrupe* de 16 piastres = 81 fr. 57. *Double pistole* de 8 piastres ou doublon, pistole de 4 piastres, *demi-pistole* ou *écu d'or* de 2 piastres, *quart de pistole* ou *escudillo* d'une piastre en proportion. — Argent : *piastre forte* de 8 réaux de plate = 5 fr. 42. *Demi-piastre* de 4 réaux, quart de piastre de 2 réaux, réal de plate et 1/2 réal en proportion.

	HONDURAS	GUATEMALA	SAN-SALVADOR	NICARAGUA	COSTA-RICA
GUERRE	ARMÉE ACTIVE : 600 hommes. MILICE : 6.000 h.	ARMÉE ACTIVE : 3.200 hommes. MILICE : 15.000 h.	ARMÉE ACTIVE : 1.000 hommes. MILICE : 500 h.	ARMÉE ACTIVE : 800 hommes. MILICE : 4.000 h.	ARMÉE ACTIVE : 900 hommes. MILICE : 16.400 h.
COMMERCE — IMPORTATION, EXPORTATION, TÉLÉGRAPHES, CHEM. DE FER, MARINE MARCH., PORTS	IMPORTATION : 5 millions (vêtements, objets manufacturés). EXPORTATION : 6 millions 525.000 fr. (or et argent 3 mil.; indigo, 1 mil.; bétail, 600.000 fr.; bois, 900 mille fr.; cuivre, 500 mille francs. CHEMINS DE FER : en exploitation, 90 kil. En construction, 372 kilom. MARINE MARCH. : 30 navires jaugeant 1.800 tonnes. PORTS : Amapala sur l'océan Pacifique. Trujilo et Omoa sur l'Atlantique.	IMPORTATION : 12 millions 930.000 fr. (confection, bijouterie, objets manufact.). EXPORTATION : 16 millions 015.000 fr. (café, cochenille, indigo, peaux, lainages, gomme, etc.). TELEGRAPHES : En exploitation, une ligne entre la capitale et le port de San-José de 1727 kil. avec 42 bureaux. MARINE MARCH. : 106 nav., jaugeant 16 mille tonnes. PORTS : Izabal, San-Thomas, Puerto-de-Istapa.	IMPORTATION : 13.449.840 fr. (bijouterie, horlogerie, objets manufacturés, etc.). EXPORTATION : 15 millions 897.570 fr. (indigo, café, sucre, tabac, baume, etc.). MARINE MARCH. : 64 navires, jaugeant 4000 tonnes. PORTS : Acahutla et Union sur le Pacifique.	IMPORTATION : 5 millions 155.490 fr. (vêtements, objets manufacturés). EXPORTATION : 7 millions 302.980 fr. (sucre, café, coton, peaux, gomme, indigo, etc.). MARINE MARCH. : 80 navires, jaugeant 9.000 tonnes. PORTS : San-Juan-del-Sol et Corinto sur le Pacifique.	IMPORTATION : 14.250.000 fr. (machines, vêtements, bijouterie, objets manufacturés). EXPORTATION : 26.537.030 fr. (café, peaux, caoutchouc, bois de cèdre, etc.) TELEGRAPHES : Bureaux, 16; lignes, 320 kilomètres. CHEMINS DE FER : En exploitation, 59 kilom.; en construction, 30 kilom. env. PORTS : Punta-Arenas sur l'Atlantique; Puerta-Limon sur le Pacifique.
VILLES PRINC. AVEC LEURS HAB. PAR MILLE	Tegucigalpa, 12; Yuticalpa, 10; Comayagua, 8; Medina-Gracias-a-Dios, 8.	Guatemala, 45; Autligua, 18; Coban, 18; San-Thomas, 14; San-Marcas, 12.	San-Salvador, 16; San-Miguel, 15; Santa-Anna, 12; Santa-Vincente, 12.	Léon, 30; Masaya, 12; Managua, 10; Granada, 10; Chenardega, 8.	San-José, 12; Alajuela, 10; Carthago, 10; Matina.
SUPERFICIE	122.000 k. c. (3 hab. par kilom. carré).	103.612 k. c. (11 habitants par kil. carré).	19.000 kil. c. (23 habitants par kil. carré).	150.655 kil. carrés (2 hab. par kil. c.)	55.669 kilom. carrés (3 hab. par kil. carré.
POPULATION	352.000 hab.	1.190.800 hab.	434.520 hab.	230.000 hab.	185.000 hab.

ANTILLES (Sauf les Antilles anglaises)

ÉTATS	RÉPUBLIQUES		POSSESSIONS ESPAGNOLES	POSS. FRANÇAISES	POSS. HOLLAND.	POSS. DANOISES
	HAITI (Cap. PORT-AU-PRINCE)	SAINT-DOMINGUE (Cap. SAINT-DOMINGUE)	CUBA (Cap. HAVANA) PUERTO-RICO (Cap. SAN-JUAN)	MARTINIQUE GUADELOUPE	CURAÇAO (Cap. WILLEMSTAD)	SAINTE-CROIX (Cap. CHRISTIANSTAD)
GOUVERNEMENT : CHEF DE L'ÉTAT, POUV. EXÉCUT., POUV. LÉGISLAT.	CHEF DE L'ÉTAT. Boisrond Canal, général, élu président en 1876, pour 4 ans. LE POUVOIR EXÉCUTIF lui est confié. LE POUV. LÉGISLATIF est exercé par le Sénat (56 memb.) et la Chambre (108 memb.) 4 MINISTÈRES : les ministères de la Justice, des Cultes et de l'Instruct. publique; de l'Intérieur et de l'Agricult.; des Finances, du Commerce et des Affaires étrang.; de la Guerre et de la Marine. Cour suprême à Port-au-Prince. 7 tribun. civils, criminels et correctionnels, 6 trib. de comm.	CHEF DE L'ÉTAT. Gonzalès, élu président en 1876. LE POUVOIR EXÉCUTIF est entre ses mains. LE POUV. LÉGISLATIF est confié à la Chambre législative. 5 MINISTÈRES : les ministères de la Justice et de l'Instruction publ.; de l'Intérieur et de la Police; des Affaires étrang.; de la Guerre et de la Marine; du Commerce et des Finances. Il y a une Cour suprême à St-Domingue.	Les hauts fonctionnaires de ces îles sont : *un gouverneur capitaine-général, un commandant en chef, un secrétaire du gouvernement* et *un directeur général* pour l'administration civile. PUERTO-RICO est divisé en deux juridictions : San-Juan et San-German. CUBA. 3 provinces : Havana, Trinidad, Santiago. PUERTO-RICO. 8 départements : San-Juan, Aguadella, Arecibo, Bayamon, Guayama, Mayaguez, Ponce et Humacao.	Les affaires administrat. sont dirigées par un gouverneur pour chaque île. La circonscript. judiciaire comprend 1 cour d'appel, 2 trib. de 1re inst. et 4 trib. de justice de paix. Les îles dépend. sont les îles de Marie-Galante, des Saintes, de la Desirade et 200 kilom. de l'île St-Martin avec l'îlot de Tenlamarre.	L'administration est entre les mains d'un gouverneur nommé par le roi. Le siège du gouvernement est à Willemstad (Curaçao).	L'autorité légis. s'exerce par le roi et le *conseil*, composé, dans l'île Ste-Croix, de 18 memb. (5 nommés par le roi), et dans les îles St-Jean et St-Thomas 15 memb. ensemble (4 élus par le roi).
CULTES	La religion catholique est la religion dominante. Les deux langues les plus usitées sont le français et l'espagnol.		La religion catholique domine; il y a un archevêque à Havana (Université).	La religion dominante est la religion catholique.	La religion dominante est la religion protestante réformée.	
INTÉRIEUR	La République d'Haïti est divisé en 5 départements : Département de l'Ouest, du Sud, du Nord, du Nord-Ouest et du département d'Artibonite.	La République dominicaine comprend le Centre et l'Est de Haïti; elle est divisée en 5 provinces, administrées chacune par un commandant.	CUBA est divisée en 3 provinces, administrées chacune par un président. PUERTO-RICO est divisé en 8 départements, administrés chacun par un président.	La MARTINIQUE est divisée en 2 arrondissements : Saint-Pierre et Port-de-France; subdivisés en 23 communes.— La GUADELOUPE est divisée en 3 arrondissem. : la Basse-Terre, la Pointe-à-Pitre et Marie-Galante.	Les Antilles hollandaises comprenn. les îles Curaçao, Bonaire, Aruba, Saba, St-Eustache et un tiers de l'île St-Martin.	Les Antilles danoises comprennent les îles Sainte-Croix, St-Thomas et Saint-Jean.
FINANCES : DÉPENSES, RECETTES	DÉPENSES . . . 18.922.525 RECETTES . . . 20.590.510 DETTE : Dette extérieure . . 55.000.00 / » intérieure . . 11.000.00 / 46.000.000 MONNAIES, POIDS ET MESURES. On se sert des mêmes monnaies et des mêmes poids et mesures qu'en France avant le système métrique.	DÉPENSES . . . 4.266.270 RECETTES . . . 4.266.270 DETTE . . 1.250.000 env.	CUBA. 145.000.000 fr. env. de dépenses et de recettes. DETTE inconnue. PUERTO-RICO. Dépenses et recettes, 17.000.000 fr. env. DETTE inconnue. MONNAIES, POIDS ET MESURES. On se sert des mêmes monnaies et des mêmes poids et mesures qu'en Espagne.	DÉPENSES. ? RECETTES. ? MONNAIES, POIDS ET MESURES. Les monnaies, poids et mesures à la Martinique et à la Guadeloupe sont ceux de France.	DÉPEN.. 1.086.552 RECET.. 840.052 MONNAIES. On compte en *florins* (gulden) comme à Amsterdam. POIDS ET MESUR. les mêmes qu'en Hollande.	DÉPENSES. ? RECETTES. ? MONN. POIDS ET MESUR. Même syst. qu'en Danemark.
GUERRE	ARMÉE ACTIVE. 16.000 hommes. MARINE. 7 nav. avec 18 canons.	CUBA..— ARMÉE : Infant., 52 bat.; caval., 55 escad. (dont 20 escad. milice); artill., 2 régim. à chev. et 1 bat. à pied. — PORTO-RICO. ARMÉE. 3.800 homm. : 1 bat. infanterie; 2 escadr. cavalerie (milices). — MARINE MARCHANDE. CUBA. 600 navires jaug. 61.000 tonn. — PUERTO-RICO. 540 navires jaug. 18.000 tonnes.			
COMMERCE : IMPORTATION, EXPORTATION, CHEM. DE FER	IMPORTAT. 52.748.885 fr. (tissus et objets manufac., ouvrages de métaux et de cuivre). — EXPORTAT. : 55.015.450 fr. env. (café, cacao, bois de campêche, d'acajou, coton, cire, cuir, etc.). — CHEMINS DE FER : 2 lig. en constr. — PORTS : Port-au-Prince, Cap Haïtien (Guarico), Jacmel.	IMPORTAT. : 8.728.270 fr. (tissus, bijouteries, confection, objets manufact., etc.). — EXPORT. : 7.754.045 fr. (tabac, café, sucre, miel, cire, cochenille, etc.) — PORTS : Saint-Domingue, Puerto-Plata.	CUBA. — IMPORTATION : 120.000.000 fr. env. (vêtements, objets manufac., horlogerie. — EXPORTATION : 190.000.000 fr. (sucre, cacao, rhum, mélasse, vanille. — CHEMINS DE FER : en exploit. 640 kilom. — PORTS. (Voir les villes.) PUERTO-RICO. — IMPORTATION : 75.000.000 fr. (machines, bijouteries, articles de luxe, etc.). — EXPORTATION : 45.000.000 (sucre, mél., tabac, rhum, miel, cire, café). PORTS. (V. les vill.)	MARTINIQUE. — IMPORT. 55.000.000 f. (subst. alim., tabac, tissus, vêtem. — EXPORTAT. : 29.000.000 f. (sucre br., rhum, confit., cacao. GUADELOUPE. — IMPORTAT. : 28.000.000 fr. (denr. alim., tissus). EXPORTAT. 25.000.000 fr. (sucre br., mélasse, rhum, café, etc.).	IMPORT. 600.000 f. (riz, viande, sel, tab., tissus). EXP. 900.000 (rhum, liqueurs, sucre, cacao, etc.).	IMPORT. 2 mill. fr. (tissus, sel, subst. alim.). EXP. 2 mill. (café, rhum, cacao, cocon, etc.).
VILLES PRINC. LEURS HAB. PAR MILLE	Port-au-Prince, 20; Cayes, Cap Haïtien, 10; Saint-Marc, 4; Plaisance, 5.	Saint-Domingue, 16; Azuca, Puerto-Plata, 7; Isabelica, Santiago, La Vega.	CUBA : Havana, 250; Santiago, 100; Matanzas, 50; Trinidad, Pte-Principe, 50. — PUERTO-RICO. San-Juan, 52; San-German, 20; Ponce, 18; Mayaguez, 16; Arecibo, 12.	MARTINIQUE : Pt-de-France, 14 (capit.); St-Pierre, 55. GUADELOUPE : Basse-Terre, 7 (capitale); Pointe-à-Pitre, 12.	Willemstad, 11; Saint-Eustache.	Christianstad, 6; Saint-Thomas, 5.
SUPERFICIE	25.910 kilom. carr. (env. 55 hab. par kilom. carré).	55.545 kilom. carr. (env. 4 hab. par kilom. carré).	CUBA. 118.885 kilom. carr., dont 5145 pour l'île de Pinos (12 hab. par kil. carré). — PUERTO-RICO. 9.514 kilom. c., dont 250 pour les îles de Vieques, de Culebra et de Mona (60 hab. par k. c.)	MARTINIQUE. 988 kil. carr. (157 hab. par kil. carré). GUADELOUPE. 1.501 kilom. carrés (87 hab. par kilom. carré).	1.150 kil. carr. (56 hab. par kil. carr.).	560 kil. carré (105 hab. par kil. carré).
POPULATION	800.000 habit. dont 600.000 nègres, 200.000 mulâtres; 600 blancs à peine.	250.000 habitants dont la plus grande partie sont des mulâtres et des blancs.	CUBA. 1.444.500 hab. dont 650.000 hab. de couleur; la moitié de ceux-ci sont encore à l'état d'esclavage. PUERTO-RICO. 646.360 hab., dont 558.000 blancs, 508.560 hommes de couleur. L'esclavage est aboli depuis 1875.	MARTINIQUE : 159.200 hab. GUADELOUPE : 167.544 h.	41.024 hab.	58.000 hab.

RÉPUBLIQUES	**ARGENTINE** Cap. BUENOS-AYRES.	**URUGUAY** Cap. MONTEVIDEO	**PARAGUAY** Cap. ASUNCION.
SITUATION ASTRONOMIQUE	22° — 44° lat. S. 74° 20' — 56° 40' long. O.	30° — 35° lat. S. et 56° — 61° long. O.	22° — 27° 50' lat. S. et 61° — 57° long. O.
CLIMAT	*Le climat est rigoureux dans les hautes vallées des Andes; dans les Pampas et le Chaco, la chaleur est quelquefois excessive. Dans les plaines, on jouit de la plus douce température, et la végétation est une des plus heureuses. Buenos-Ayres : températ. plus haut + 36°, plus bas 2°, moyenne + 19°. Montevideo : températ. plus haut + 40°, plus bas + 4°, moyenne + 22°. Asuncion : moyenne + 25°.*		
GOUVERNEMENT / CHEF DE L'ÉTAT / POUV. EXÉCUTIF / POUV. LÉGISL.	CHEF DE L'ÉTAT : Avellaneda N., Dr, élu président en 1874, pour 6 ans. Le vice-président préside le Sénat. LE POUVOIR EXÉCUTIF est confié au Président de la République. LE POUVOIR LÉGISLATIF est exercé par le Sénat (28 membres) et la chambre des députés (86 membres), 5 MINISTÈRES. *Les ministères de la justice, des affaires étrangères, de l'intérieur, des finances, de la guerre et de la marine.*	CHEF DE L'ÉTAT : Latorre, L., colonel, élu président en 1876, pour 4 ans. Le vice-président est président du Sénat. LE POUVOIR EXÉCUTIF est exercé par le président qui est assisté du ministère. LE POUVOIR LÉGISLATIF est confié au *corps législatif*, au *Sénat* et à la *chamb. des représentants* qui siègent pendant 4 mois et demi; dans l'intervalle entre les sessions une commisssion permanente, composée de 2 sénat. et de 5 dép., est chargée de surveiller la marche de l'administration. — 4 MINISTÈRES. *Les ministères des affaires étrangères, de l'intérieur qui réunit la justice, les cultes, l'instruct. pub. et l'agricult., des financ., de la guerre et de la marine.*	CHEF DE L'ÉTAT : Higinio-Uriarte (1877), élu président. LE POUVOIR EXÉCUTIF est confié au président qui est assisté par 5 ministres-secrétaires et par le vice-président. LE POUVOIR LÉGISLATIF est entre les mains d'un congrès législatif composé de 2 chambres : le *sénat* et la *chambre des députés.* — 5 MINISTÈRES. *Les ministères de la justice et des cultes, des affaires étrangères, de l'intérieur, des finances, de la guerre.*
CULTES / INSTRUCTION PUBLIQUE	*La religion catholique est généralement professée dans ces républiques, mais la liberté des cultes est garantie. Il existe un archevêque (Buenos-Ayres) et 4 évêques pour la rép. Argentine; 1 vicaire apostolique relevant de la cour de Rome, mais choisi par le pouvoir exécutif, pour la rép. d'Uruguay, et l'évêque (à Asuncion) pour le Paraguay.* — INSTRUCTION PUBLIQUE. Il y a une université à Montevideo et 58 écoles publiques gratuites avec 6.680 élèves. Dans les départements, 74 écoles publ. et 59 écoles particulières avec 6.758 élèves.		
INTÉRIEUR / POSTES / TÉLÉGRAPHES	Le pays est divisé en 14 provinces, subdivisées en 175 départ., administrées chacune par un gouverneur, et 4 territoires dirigés par les commandants milit. — POSTES Lettres 4.603.334. Impr. et journ. 1.846.486. TÉLÉGRAPHES : Lignes de l'ÉTAT 7.650 kilom. Dépêches 179.872.	L'État est divisé en 13 départements : Montevideo, San-José, Soriano, Paysanda, Tacuarembo, Selto, Cerro-Largo, Maldonado, Mines, Durazno, Florida, Colonia, chacun administré par un préfet.	Le pays est partagé en 8 départements : Asuncion, Villa-réal, Santiago, Concepcion, Turugnaty, Candelaria, San-Fernando, San-Hermengildo, chacun administré par un préfet.
FINANCES / DÉPENSES / RECETTES / DETTE / MONNAIES	DÉPENSES Justice.. 6.401.249 Aff. étr. 95.318 Intér... 9.363.017 (Prés. 206.060 Post. 1.952.464 Tél. 1.634.274) Financ.. 43.205.809 Arm. et mar. 25.376.146 Total.. 86.601.739 RECETTES Dᵗ d'exp. et d'imp 78.136.121 Télégrᵉ. 1.424.466 Postes. 405.720 Chemins de fer 408.000 Recettes diver. 1.942.376 Total. 82.316.685 DETTE Extérieure...... 226.486.313 Intérieure...... 107.415.390 Total..... 333.931.703 MONNAIES. Or : le doublon = 16 piastres = 81 fr. 56. Argent : piastre forte, = 8 réaux = environ 5 fr. 37 et les pièces divisionnaires en proportion. Il circule une grande quantité de papier monnaie : 1 piastre-argent = 25 piastres-papier d'où 1 piastre-papier = 0 fr. 21.	DÉPENSES Intérieur (gouvernement 148.870)... 10.096.160 Finances (post. 236.505) 3.726.489 Guerre et marine... 11.798.431 Affaires étrangères... 127.631 Total.... 23.748.731 RECETTES Droits d'importation.. 20.761.247 — d'exportation.. 4.972.958 Recettes diverses... 1.066.228 Total.... 26.800.433 DETTE PUBLIQUE... 240.793.710 MONNAIES. Ces deux républiques n'ont pas de monnaies particulières; les espèces d'or et d'argent qui circulent sont celles d'Espagne (anciennes) et celles des autres républiques hispano-américaines et du Brésil. La piastre nationale nommée doublon vaut 5 f. 34; elle se divise en 10 réaux, lesquels se subdivisent chacun en 100 reis. La monnaie de cuivre se subd. en pièces de 5, 10, 20 reis : 1 piastre-argent = 25 piastres-papier d'où 1 piastre-papier.	DÉPENSES, 1.225.171 (dont Finances, 77.800; présidence, 117.807; guerre, 592.455). RECETTES, 1.581.383, fournies par les Douanes qui sont le principal revenu du Paraguay. DETTE Dette intér. (1876) 14.577.085 Dette extérieure. 45.915.000 Total.... 60.492.085
GUERRE / ARMÉE / MAR. DE L'ÉTAT / MAR. MARCH.	L'ARMÉE se compose de *l'armée active* et de la *garde nationale.* L'armée active comprend 3120 h. d'inf., 4648 de cavaler., 515 d'artill., 1062 off. dont 4 généraux, 250 off. sup. et 808 autres off. MARINE DE L'ÉTAT se compose de 28 nav. dont 2 blindés, 6 canonnières et 5 torpedos avec 88 can. et 7510 chev. *Personnel :* 2 chefs d'escadre et 19 off. sup., 35 off. subalt. et 90 off. de différent. fonctions. Infant. de la marine : 2000 h. et 900 off. Section de torpedos : 11 off. et 80 h. MARINE MARCHANDE : 6438 nav. jaugeant 140.528 tonnes.	L'ARMÉE se compose de *l'armée active* et de la *garde nationale.* L'armée active comprend : Infant. 1620 h., cavalerie 550 h., artillerie 275 h. Total 2315 h. avec 728 off. dont 8 généraux. La garde nationale 20,000 hommes. Off. en disponibilité 1091.	L'ARMÉE est presque tout entière démissionnaire dans ce moment-ci pour exonérer le budget; il n'y a que 185 sold. env. à Asuncion. En temps ordinaire, l'armée active monte à 2.000 h. LE SERVICE EST OBLIGATOIRE pour tous les citoyens valides. Le pays est divisé en 6 COMMANDEMENTS militaires qui se subdivisent en 69 districts de police.
COMMERCE / IMPORTATION / EXPORTATION / CHEM. DE FER / PORTS / POIDS ET MES.	IMPORTATION : 178.041.000 fr. (objets manufacturés, vêtements, bijoux, articles de Paris). — EXPORTATION : 237.528.500 f. (laine, peaux, fourrures, viandes salées, animaux, plumes d'autruche). CHEMINS DE FER : En exploitation 2192 k., en construc. 55 k., et le gouvernem. a donné une concession de 5183 k., y compris la ligne de Buenos-Ayres au Chili. — PORTS : Buenos-Ayres et Rosario. POIDS ET MESURES. Le système métr.	IMPORTATION : 68.480.000 f. (objets manufacturés, bijouterie, métaux, etc.). EXPORTATION : 73.402.000 f. (peaux, viandes salées, suif, bestiaux, laine, crin, farine, etc.). CH. DE FER en exploit. 376 kil. POSTES : Lettres 1.100,978, journaux 1.090.367. TÉLÉGRAPHES : lignes 1.542 kil. PORTS : Montevideo, Maldonado, Higueritas.	IMPORT. (1876) : 5.517.443 fr. (tissus, objets fabriqués, vin, sucre, café, etc.). EXPORT. (1876) : 2.101.999 fr. (thé, tabac, amidon, fruits confits, cigares, oranges, cuirs, bois, etc.). CHEMINS DE FER en exploitation 72 kil. TÉLÉGRAPHES : lignes 72 kil.
VILLES PRINC. AV. LEURS HABIT. PAR MILLE.	Buenos-Ayres 190, Cordova 30, Rosario 24, Tucuman 18, Salta 12, Santa-Fé 11, Corrientes 11, Parana 10.	Montevideo 105, Fray-Bentos, Mercedes, Salto oriental, San-José, Higueritas.	Asuncion 20, Villa-Roca 20, Curugnaty, Humaneta.
SUPERFICIE	5.146.580 k. c. (0,6 hab. par kil. carré).	186.920 kil. c. (2 h. par kil. car. env.).	146.886 k. c. (1 h. par. k. c.).
POPULATION	1.877.490 dont : Argent. 1.550.000, Ital. 70.000, Amér. 43.500, Esp. 35.000, Fr. 52.000, Angl. 11.000, etc. Ind. et Patag. 100.000 env.	445.000 habitants. Selon M. Vaillant, chef du bureau statistique de Montevideo : 450.000 habitants.	(1873) 221.079 h. (1861) 1.337,439 h. Le nomb. des étrang. résid. au Par. 6000 d. 2500 It., 1800 Brés., etc.

(EMPIRE) BRÉSIL (CAP. RIO-DE-JANEIRO)

SITUATION ASTRONOMIQUE — 4° lat. N. — 35° lat. S. 57° — 75° long. O.

CLIMAT — Dans les plaines du N. le climat est chaud et mal-sain ; dans les parties moyennes et méridionales du Brésil, on trouve des vallées remarquables par leur climat salubre et fertile.

GOUVERNEMENT — CHEF DE L'ÉTAT — POUV' EXÉCUTIF — POUV' LÉGISL. — CHEF DE L'ÉTAT, Pedro II d'Alcantara, empereur, né en 1825, avénement 1831 (Thérèse-Christine-Marie, Impératrice, née en 1822). Le Brésil est une monarchie constitut. et héréd. LE POUVOIR EXÉCUTIF ET LE POUVOIR MODÉRATEUR sont confiés à l'empereur, qui est assisté du *conseil d'État* composé d'anciens ministres (7 membres ordinaires, 7 membres extraordinaires) nommés à vie. LE POUVOIR LÉGISLATIF est exercé par l'empereur et par l'assemblée générale qui comprend 2 chambres : Le *Sénat*, 58 membres nommés à vie par l'empereur qui les désigne sur des listes de 3 candidats présentés par les électeurs, en cas de vacances. La *Chambre des Députés*, 122 membres élus pour 4 ans, par le suffrage à 2 degrés (élect. de paroisse et élect. de prov.). Tout citoyen âgé de 25 ans est électeur. — 7 MINISTÈRES : les ministères *de la justice, des affaires étrangères, de l'intérieur, des finances, de la guerre, de la marine, des travaux publics.* Les ministres sont assistés également d'un *conseil d'État* (12 membres ordinaires, 12 membres extraordinaires nommés à vie.)

JUSTICE — 1 *Tribunal supérieur de justice* (Rio-de-Janeiro), 11 *cours d'appel,* 4 *tribunaux de commerce.*

CULTES — Le *catholicisme* est la religion de l'État, et l'état civil est régi par la régle du concile de Trente. 1 archevêque métropolitain et primat du Brésil à Bahia, 11 évêques, 12 vicaires généraux, 1 297 curés.

INSTRUCTION PUBLIQUE — L'instruction publique se divise : 1° *Instruction primaire;* 2° *instruction secondaire et préparatoire;* 3° *instruction scientifique et supérieure.* L'instruction primaire dans la capitale est à la charge de l'assemblée générale, dans les provinces à la charge de l'assemblée provinciale. L'instruction primaire accordée par la constitution est gratuite. Les écoles publiques (1871) étaient fréquentées par 110.000 élèves. 2 *Facultés de jurisprudence et de sciences sociales,* 2 *Facultés de médecine;* 11 *Facultés de théologie,* 1 *École polytechnique,* 1 *Faculté des lettres,* 1 *École des beaux-arts,* 1 *École des arts et métiers, Écoles militaires.*

INTÉRIEUR — PROVINCES — Le Brésil est divisé en 21 PROVINCES administrées chacune par un *président* ayant le pouvoir exécutif et une *Chambre provinciale* ayant le pouvoir législatif. Les *villes* s'administrent par des *maires* de leur choix sous le contrôle d'*assemblées* élues.

FINANCES — DÉPENSES — RECETTES — DETTE — MONNAIES

DÉPENSES

Dépenses ordinaires (liste civile 3.583.316 fr. culte et instruction; 6.455.078 fr.; frais de réception 13.172.619 fr.; guerre 54.512.484 fr.) **FR. 294.087.687**

Dépenses extraordinaires et crédits spéciaux (dont chem. de fer 44.074.800 fr.) **44.858.800**

MONNAIES Total. . . . **338.946.487**

Or. 20.000 reis = 56 f. 60, 10.000 reis = 28 f. 30, 5000 reis = 14 fr. 15. *Argent* 2000 reis = 5 fr., 1000 reis = 2 f. 50, 500 reis = 1 f. 25. Le conto = 1.000.000 reis = 1000 milreis.

RECETTES

	FR.
Recettes générales	296.800.000
Dépôt	4.200.000
Émission de monnaies en nickel	560.000
Excédant de l'exercice 1874-75	61.182.270
Total	362.742.270

DETTE

Dette extérieure	486.990.932
Dette intérieure	798.469.560
Dette flottante	561.295.204
Total	1.846.755.696

GUERRE — ARMÉE — Par la loi du 25 février 1875 le SERVICE OBLIGATOIRE a été introduit en admettant pourtant le remplacement. La durée du service est de 6 ans dans l'armée active et de 3 dans la réserve.

1° ARMÉE.	Paix	Guerre
Infanterie, 21 bat.	10.200	20.000
Cavalerie, 5 régim. 2 bat.	2.500	4.800
Artillerie et génie, 3 régim. et 5 bat.	3.800	7.200
Total	16.500	32.000

2° GENDARMERIE, 9.900 h. (dont 1200 pour Rio-de-Janeiro.)
3° LA GARDE NATIONALE.

MARINE

Vapeurs	Nomb.	Can.	Chev.
Vaisseaux blindés.	19	73	1.381
Frégates.	1	12	169
Corvette.	8	61	1.503
Canonnières.	25	47	933
Transports.	7	»	181
Total.	58	193	3.967

Navires à voiles	Nomb.	Can.
Corvettes	1	22
Petits navires	2	15
Total	3	37

Personnel : 15 officiers de l'état-major général, 338 officiers de 1re classe, 159 de 2me classe, 65 hom. du corps sanitaire, 24 aumôniers, 215 officiers de comptabilité, 78 gardiens, 33 machinistes, 5000 marins, 915 bat. nav.

TRAVAUX PUBLICS — CHEMINS DE FER : 2290 kil. en exploitation, 1362 kil. en construction. POSTES : Lettres expédiées (1875-76), 13.161.297, dont 7.200.000 par la voie de Rio-de-Janeiro. TÉLÉGRAPHES : 6250 kilom.; nombre de bureaux, 104.

COMMERCE — IMPORT — EXPORTATION — POIDS — PORTS — IMPORTATION : 482.017.200 fr. environ (objets manufacturés, vêtements, bijouterie, machines, verreries, meubles, objets d'art, etc. EXPORTATION : 498 085.600 fr. (café, coton brut, sucre, cacao, thé du Paraguay, peaux, tabac, gomme élastique, diamants, etc.) POIDS ET MESURES. Le système métrique, adopté en 1862, a été mis en vigueur en 1872 (Voir pag. 84). PORTS : Rio-de-Janeiro, Bahia, Pernambouc, Porto-Alegre, Para, Santos.

VILLES PRINC. AVEC LEURS HABITANTS PAR MILLE — Rio-de-Janeiro 420, Bahia 180, Pernambouc 120, Maranhâo 55, Victoria 50, San-Paolo 30, Parahyba 20, Caxoeïra 30, Goyaz 20, Cuyaba 15, Olinda 12.

SUPERFICIE — 8,515.840 k. c. (env. 1, 2 hab. par k. c.)

POPULATION — 10.108.291 hab. (dont 1 million 1/2 d'esclaves), en sus 1 million env. d'Indiens. Selon la nationalité, la population libre se répartit ainsi : 8.176,191 Brésiliens, 121.246 Portugais, 45.829 Allemands, 44,580 Africains, 6.108 Français, etc. Selon la religion, en 9.902.712 catholiques (dont 8.591.906 libres et 1.510.806 esclaves) et en 205.570 d'autres cultes.

TABLE ADMINISTRATIVE

21 PROVINCES	POPULATION (1872) libres	esclaves	Total	SUPERFICIE kil. carrés
MATTO GROSSO	53.750	6.667	60.417	1.379.651
GOYAZ	149.743	10.652	160.595	747.511
MINAS GERAES	1.669.276	370.459	2.039.735	574.855
RIO GRANDE DO SUL	367.622	67.791	454.815	256.555
SANTA CATHARINA	144.818	14.984	159.802	74.156
PARANA	116.162	10.560	126.722	221.519
SAN PAOLO	680.742	156.612	837.354	290.876
MUNICIPIO NEUTRO	226.033	48.939	274.972	1.591
RIO-DE-JANEIRO	490.087	292.637	782.724	68.982
ESPIRITO SANTO	59.478	22.659	82.157	44.839
BAHIA	1.211.792	167.824	1.379.616	426.427
SERGIPE	153.620	22.625	176.245	59.090
ALAGOAS	512.268	55.741	548.009	58.491
PERNAMBOUC	752.511	89.028	841.559	128.395
PARAHYBA	554.700	21.526	576.226	74.731
RIO GRANDE DO NORTE	220.959	13.020	233.979	57.485
CEARA	684.773	51.913	721.686	104.250
PIAUHY	178.427	23.795	202.222	301.797
MARANHAO	284.101	74.939	359.040	459.884
PARA	247.779	27.458	275.257	1.149.712
AMAZONAS	56.651	979	57.610	1.897.020
Empire du Brésil	8.419.672	1.510.806	9.930.478	8.337.218
Habitants des communes non énumérées			177.813	
Total			10.108.291	

	COLOMBIE (ÉTATS-UNIS DE) (RÉPUBLIQUE) (CAP. BOGOTA)	EQUATEUR (RÉPUBLIQUE) (CAP. QUITO)	VENEZUELA (ÉTATS-UNIS DE) (RÉPUBLIQUE) (CAP. CARACAS)
SITUAT. ASTR.	0° — 12° lat. N. et 72° — 85° long. O.	2° N. — 5°,5 lat. S. et 75°—85° l. O.	2°—12° lat. N. et 62°—75° long. O.
CLIMAT	Le climat varie selon les lieux ; humide et maisain dans les parties basses et sur les côtes. Dans les Andes il est excessif; on passe brusquement du climat brûlant de l'Afrique aux régions glaciales du Grönland.		
GOUVNEMENT — **CHEF DE L'ÉTAT** — **POUV. EXÉCUT.** — **POUV. LÉGISL.**	CHEF DE L'ETAT. Parra (Don Aquileo), élu président pour 2 ans en 1876. — Le POUVOIR EXÉCUTIF est exercé par le président et 4 ministres (secretarios). — Le POUVOIR LÉGISLATIF est exercé par la *Chambre des représentants du peuple* (61 membres) élus par le suffrage universel direct, et le *Sénat* (27 membres, 3 de chaque Etat). — 4 MINISTÈRES : les ministères de l'intérieur, des affaires étrangères, des finances et des travaux publics, du trésor et du crédit, de la guerre et de la marine.	CHEF DE L'ETAT. Vintimille. élu président pour 4 ans en 1876. — Le POUVOIR EXÉCUTIF est exercé par le président, le vice-président et 4 min. — Le POUVOIR LÉGISLATIF et JUDICIAIRE : le *Sénat* (22 memb., 2 de chaque prov.), la *Chambre des députés* (50 memb.). Les présid., les députés et les offic. d'admin. sont élus par le suffr. univ. et direct. — 4 MINISTÈRES.	CHEF DE L'ETAT. Alcantara, général, élu président en 1877 pour 4 ans. — Le POUVOIR EXÉCUTIF est exercé par le président et 7 ministres. — Le POUVOIR LÉGISLATIF par le *Sénat* (40 membres, 2 de chaque Etat) et la *Chambre des députés* (154 memb. élus par le suff. univ.). — 7 MINISTÈRES.
JUSTICE	Il y a une Cour suprême dans la capitale des trois Républiques, composée d'un président et de 4 membres.		
CULTES	La religion catholique romaine, est la religion des 3 Républiques. Les affaires de l'Eglise sont dirigées : Pour la Colombie par l'archevêque de Bogota et 5 évêques.	Pour l'Equateur par l'archevêque de Quito et 6 évêques.	Pour le Vénézuela par l'archev. de Vénézuela et l'évêque de Mérida.
INTÉRIEUR	La Colombie se compose de 9 Etats, chacun administré par un président, et subdiv. en 59 départ. et 175 districts. (V. la table.)	L'Equateur est divisé en 11 provinces subdiv. en 41 cantons, renferm. 314 paroisses. (V. la table.)	Le Vénézuela se partage en 20 provinces, 1 district fédéral et 5 territoires.

FINANCES — DÉPENSES — RECETTES — DETTE — MONNAIE

COLOMBIE :

DÉPENSES	FR.	RECETTES	FR.
Intérieur .	1.262.020	Douanes .	13.501.380
Finances .	1.503.190	Ch. de fer.	843.750
Guerre . .	2.060.750	Postes . .	505.625
Dette pub.	5.272.855	Télégraph.	115.350
Trav. pub.	968.625	Biens nat.	806.990
Aff. étran.	570.820	Total. .	15.573.095
Trés., etc.	562.135	DETTE	FR.
Inst. pub.	538.610	Dette ext.	51.962 500
Postes . .	1.296.065	Dette int..	25.054.020
Total .	13.897.050	Total. .	70.996.520

EQUATEUR :

Les DÉPENSES sont évaluées à 20 millions de fr. env. — Les RECETTES à 19 millions de fr. env., dont la moitié à peu près provient des douanes. Les revenus municipaux s'élèvent dans toute la République à 800.000 fr.

DETTE	FR.
Dette intérieure. . .	56.250.000
Dette extérieure . .	35.600.000
Total. . . .	71.850.000

VENEZUELA :

Les DÉPENSES sont évaluées à 31 millions de fr. env., dont 18 env. pour l'administr. gén. — Les RECETTES sont évaluées à 53 millions et demi, dont les produits des douanes, les droits d'octroi, l'impôt de tonnage, etc., en fournissent plus des 3 quarts.

DETTE	FR.
Dette intérieure . .	80.893.045
Dette extérieure . .	252.870 395
Total. . . .	352.763.440

MONNAIES. Le système monétaire français, avec quelques modifications, a été adopté par les 3 Républiques. L'unité choisie fut le réal argent = 50 centimes; piastre = 1 fr., et vénézuelanos = 5 fr.

	COLOMBIE	EQUATEUR	VENEZUELA
GUERRE	ARMÉE ACTIVE. 2.600 hommes. En cas de guerre, 50.000 hommes.	ARMÉE ACTIVE. 1.500 h. env. Tous les citoyens entre 18 et 45 ans sont soldats en cas de guerre. — MARINE. 3 vapeurs.	ARMÉE ACTIVE. 6.000 h. dont infant. 4.000, caval. 1.000, artill. 1.000. — MARINE. 2 frégates à vapeur et 4 goëlettes.
COMMERCE — IMPORTATION — EXPORTATION — TÉLÉGRAPHES — CHEM. DE FER — POIDS ET MESURES — PORTS	IMPORTATION (1873). 34.745.140 fr. (Vêtements, artic. manufact., horlog., vins, etc.) EXPORTATION. 49.921.950 fr. (Tabac 11, or 15, café 5, peaux 2, quinquina, 9. TÉLÉGRAPHES. Lignes, 2.045 kil.; dépêches, 98.375. CHEMINS DE FER en exploitation 103 kil. (dont Ch. de fer de Panama 76 kil.) POIDS ET MESURES. Le système métrique est accepté dans les 3 Républiques (Voir pag. 84). PORTS. Panama, Colon, Sabanilla,, Cuenta Carthagena, Santa-Martha, Buena.	IMPORTATION. 37.981.320 fr EXPORTATION. 19.567.680 fr. (Cacao 14, gomme 1, café 1.5, métaux précieux 1.5 million fr.) » CHEMINS DE FER. En exploitation, 41 kilom. » PORTS. Guayaquil, Esmeraldas, Manta.	IMPORTATION. 60 millions fr. EXPORTATION. 85 millions fr. (Café, cacao, coton, sucre, indigo, tabac, bois de teinture, peaux.) CH. DE FER. En expl. 113 k. En const. lig. ent. la Guaira et Caracas PORTS. La Guaira, Puerto-Cabello, Maracaïbo, Cuidad Bolivar.
VILLES PRINCIP avec leurs hab. par mille	Medellin 50, Socorro 20, Guamas 7, Colon 4, etc. (Voir la table.)	Quito 76, Cuença 25, Guayaquil 24, Rio-Bomba 18, Facunga 16, Ibaria 14, Ambato 10.	Caracas 50, Valencia 50, Maracaïbo 25, Basquisimento 25, Maturin 13, San-Carlos 11, Cumaná.
SUPERFICIE	1.331.225 kilomètres carrés. (3 habitants par kilomètre carré.)	643.293 kil. c. (2 h. par k. c.) Iles Gallapagos inhabit. 7.613 k. c.	1.044.440 kilom. carrés (2 habitants par kilom. carré env.).
POPULATION	3 millions habit. env. Dans ce nombre on compte env. 100.000 Indiens non civilisés.	1.066.137 habit. dont 200.000 Indiens env.	1.850.000 habitants.

TABLES ADMINISTRATIVES

COLOMBIE

ETATS avec leurs habitants par mille	CHEFS-LIEUX
Panama, 221.	Panama, 18.
Magdalena, 101.	Santa Martha, 2.
Antioquia, 366.	Antioquia, 20.
Santander, 426.	Pamplona, 5.
Bolivar, 225.	Carthagena, 25.
Boyaca, 483.	Tunja, 8.
Cundinamarca, 410	Bogota, 46.
Tolima, 231.	Purificacion O.,5.
Cauca, 435.	Popayan, 20.

TERRITOIRES

Goayra.
Sierra Nevada.
Motilones.
Bolivar.
Consanare.
Est de Cordillères.
San Martin.
San Andres et San.
Luis de Providencia (iles).

EQUATEUR

PROVINCES av. hab. p' mille
Pichincha, 102.
Imbabura, 77.
Léon, 76.
Chimborazo, 111
Esmeraldas, 8.
Guayas, 87.
Manabi, 59.
Loja, 60.
Azuay. 149.
Tunguragua, 73
Los Rios, 62.

VENEZUELA

PROVINCES avec leurs habitants par mille	CHEFS-LIEUX
Caracas, 60.	Caracas. 49.
Guarico, 191.	Calabozo, 6.
Bolivar, 129.	La Guaria, 7.
Guzman Blanco, 94	Victoria, 7.
Carababo, 118.	Valencia, 29.
Cojedes, 86.	San Carlos, 10.
Barquisimeto, 144.	Barquisimeto, 26.
Yaracui, 72.	San Felipe, 6.
Falcon, 100.	Coro, 8.
Portugueza, 80.	Guanare, 5.
Zamora, 60.	Barinas, 4.
Nueva Esparta, 31	Asuncion, 3,
Barcelona, 101.	Barcelona, 8.
Cumaná, 56.	Cumaná, 9.
Maturin, 48.	Maturin, 13.
Trujillo, 109.	Trujillo, 3.
Guzman, 68.	Merida, 10.
Tachira, 69.	San Cristobal, 88.
Zulia, 59.	Maracaïbo, 22.
Apure, 19.	San Fernando, 3.
Guayana, 54.	Cuidad Bolivar, 8.
TERR. Mareño, 7. Goajiro, 29. Amaz. 25	

LES ÉTATS-UNIS DE COLOMBIE (an. Nouvelle-Grenade) sont renommés par leurs richesses minérales, l'or et le platine y abondent sur plusieurs points ; on y exploite des émeraudes, d'autres pierres précieuses et des mines d'argent, de fer, de cuivre, de houille. Il y a d'importantes mines de sel dans quelques Etats.

LA RÉPUBLIQUE DE L'ÉQUATEUR possède des mines d'or et de riches salines. A l'est de l'Etat s'étend un pays inculte et peu peuplé, dont les habitants appartiennent presque tous aux tribus des Maynas et des Omaguas, bien plus puissantes autrefois qu'aujourd'hui ; le chiffre des Indiens dans l'Etat est d'env. 200.000.

ÉTATS-UNIS DE VÉNÉZUELA. Parmi les nombreuses tribus indiennes répandues dans le pays, on distingue : les Guaraunos, qui habitent dans le delta de l'Orénoque, les Amaguas, les Mariquitores, etc. On évalue le nombre à env. 600.000.

ÉTATS-UNIS

SITUATION ASTRONOMIQUE : 25° — 49° lat. N. / 68° — 42°7' long. O.

CLIMAT. Les Etats du Nord éprouvent de grandes chaleurs en été et des froids rigoureux en hiver. Le climat est insalubre dans le Sud et dans le voisinage de la mer où règne la fièvre jaune. Dans l'intérieur des terres, le sol est plus élevé et l'air est beaucoup plus pur.

GOUVERNEMENT — CHEF DE L'ÉTAT — POUV. EXÉCUT. — POUV. LÉGISL. — POUV. JUDIC.

CHEF DE L'ÉTAT. Hayes, de la prov. d'Ohio, élu président en 1877 pour 4 ans. Le POUVOIR EXÉCUTIF est confié au président; ce magistrat est élu par les électeurs de chaque Etat. Il gouverne par des secrétaires d'Etat non responsables. Le vice-président, élu aux mêmes conditions, préside le Sénat. Le POUVOIR LÉGISLATIF est exercé par le Congrès qui se divise en deux assemblées : *Le Sénat* (76 membres, 2 par chaque Etat; ils sont nommés pour 6 ans par les autorités législatives de chaque Etat). *La Chambre des représentants* (292 membres) élus pour 2 ans par chaque Etat séparément. Le POUVOIR JUDICIAIRE est non-seulement séparé, mais indépendant. Chaque Etat a ses tribunaux; cependant la République a un *pouvoir judiciaire fédéral*. *Les Etats* particuliers ont la plénitude des pouvoirs *exécutif, législatif* et *judiciaire* pour tout ce que le Congrès n'a pas réglé; ils ont une législation divisée en 2 chambres : Sénat et Chambre des représentants, élus par le suffrage direct ou à deux degrés et sous des conditions de fortune qui varient selon les Etats. 9 DÉPARTEMENTS (ministères). Les départements de l'Etat, de la justice, de l'intérieur, du trésor, de la guerre, de la marine, des postes, de l'agriculture.

JUSTICE. Les cours de justice de l'Union sont à 4 degrés : 1° *Cour suprême*, qui tient annuellement une session à Washington ; 2° *Cours de circuit* ou *circonscription*. Les Etats-Unis sont divisés en 10 *circonscriptions judiciaires* ; 3° *Cours de district* (chaque Etat en a une, même le district de Colombie, les plus grands en ont deux, et deux Etats (Alabama et Tennessee) en ont 3. Total 51 ; 4° *Cour des griefs*, qui juge les prétentions et les plaintes élevées contre le gouvernement; elle se compose de 5 juges qui ont tous leur résidence à Washington. *Les territoires* ont chacun un tribunal (*territoire* : portion du sol qui ne compte pas 93.000 habitants).

CULTES. Il n'y a pas de religion d'Etat, vu que l'Etat et l'Eglise sont complétement séparés. Les 10 archevêques catholiques sont à Baltimore, Boston, Cincinnati, San Francisco, St-Louis, Milwaukee, Nouvelle-Orléans, New York, Orégon, Philadelphia. Tous les cultes sont libres et protégés. Les sectes les plus répandues après le catholicisme sont les baptistes, les méthodistes, les presbytér., les luthér., les épiscopa., les congrégational., les quakers, les calvinist., les universalist., les svédenborgiens, les herrnhutes, les juifs, les mormons.

INSTRUCTION PUBLIQUE. L'enseignement est libre. Les plus petites villes, les moindres villages ont une école, aussi tout le monde sait au moins lire et écrire, et l'instruction publique est portée à un plus haut degré que dans nulle autre contrée du globe. Le total de la dépense annuelle pour l'instruction s'élève à 220 millions de fr. On avait en 1868, 17.000 écoles particulières, secondaires et académies, 1.500 pensions, 150 colléges, 38 séminaires, 23 écoles de droit, 45 écoles de médecine, 50 institutions pour les aveugles. les sourds-muets, les aliénés, les idiots, etc. Total qui surpasse 18.500 écoles.

INTÉRIEUR — ÉTATS. Les Etats-Unis comprennent 38 ÉTATS et 8 TERRITOIRES. Chaque Etat est administré par un *gouverneur* élu, et à ses *cours de justice* composées de membres élus. Le DISTRICT DE COLOMBIE, qui renf. *Washington*, siége du gouvern., est administré par 3 commis. Les TERRITOIRES sont administrés par le Congrès.

FINANCES — DÉPENSES — RECETTES — DETTE

DÉPENSES	FR.
Service civil	87.500.000
Affaires étrangères	6.675.000
Dépenses diverses	260.000.000
Intérieur (pensions et Indiens)	182.670.000
Département de la guerre	200.000.000
— de la marine	105.000.000
Intérêts de la dette publique	504.390.000
Total	1.346.235.000

RECETTES	
Douanes	825.000.000
Ventes des terres publiques	7.500.000
Contrib. indir. (Droits sur les spirit., tabac, boiss. ferm., banques, timbres, amendes	600.000.000
Recettes diverses	87.500.000
Total	1.520.000.000

DETTE	
Dette, intér. payés en espèces	8.485.427.250
— — en pap. ay. c. f.	70.000.000
— — ayant cessé de c'.	19.512.100
— qui ne porte pas intér.	2.329.035.985
Total	10.901.975.335
Actif	597.348.635
Total net de la dette	10.304.626.700

TABLE ADMINISTRATIVE

ÉTATS ET TERRITOIRES	Kil. carrés	POPULATION	HABIT. par kilom.	VILLES PRINCIP. avec leurs hab. p' mille
ETATS DE LA NOUVELLE-ANGLETERRE				
Massachusets	20.202	1.457.551	72	Boston, 256.
Maine	90.646	626.915	6	Portland, 35.
Connecticut	12.301	557.454	4	Hartford.
Vermont	26.447	330.551	12	Montpellier.
New Hampshire	24.055	318.500	13	Concord Dower.
Rhode-Island	3.582	217.555	64	Providence, 70.
	177.013	3.487.924	20	
ETATS DU MILIEU				
New York	121.725	4.582.758	36	New-York, 1.046.
Pennsylvanie	119.155	3.521.951	30	Philadelphia, 673.
New-Jersey	21.547	906.096	42	Jersey City, 82.
Maryland	28.811	780.891	27	Baltimore, 270.
Virginie occid.	59.568	422.014	7	Wheeling.
Delaware	5.491	125.015	25	Wilmington, 32.
Dist. Colombie	166	131.700	733	Washington, 110.
	556.443	10.270.425	29	
ETATS DU SUD-EST				
Virginie	99.517	1.225.165	12	Richmond, 552.
Géorgie	150.214	1.184.109	7	Savannah.
Caroline du N.	131.518	1.071.561	8	Raleigh.
— du S	88.056	705.606	8	Charleston, 54.
Floride	153.498	187.748	1	Tallahassee.
	622.403	4.373.987	7	
ETATS DU SUD				
Kentucky	97.587	1.321.011	14	Louisville, 100.
Tennessee	118.099	1.258.521	11	Memphis, 40.
Alabama	131.565	996.992	7	Mobile, 30.
Mississippi	122.129	827.922	6	Natchez, Jackson.
Texas	710.554	818.579	1	Austin, Galweston
Louisiane	107.082	726.915	6	Nouv. Orléans, 192
Arkansas	135.187	484.471	3	Little-Rock.
	1.422.003	6.454.410	2	
ETATS DU CENTRE				
Ohio	105.502	2.665.260	26	Cincinnati, 220.
Illinois	143.596	2.539.891	18	Chicago, 500.
Missouri	169.290	1.721.295	10	Saint Louis, 312.
Indiana	87.562	1.680.637	19	Indianopolis, 50.
Iowa	142.561	1.194.020	8	Des Moines.
Michigan	146.202	1.184.059	8	Détroit, 80.
Wisconsin	139.658	1.054.670	7	Milwaukee, 72.
Minnesota	216.556	459.706	2	Saint-Paul.
Kansas	210.605	564.399	1	Kansas City, 55.
Nebraska	196.819	122.993	0,6	Omaha City.
	1.556.051	12.966.950	9	
ETATS DE L'OCÉAN PACIFIQUE				
Californie	489.411	560.247	1	San Francisco, 150
Orégon	246.760	90.923	0,4	Portland, Salem.
Nevada	269.672	42.491	0,2	Carson City.
	1.005.863	695.661	0,7	
TERRITOIRES				
Nouv. Mexique	315.898	91.874	0,5	
Arizona	295.030	9.658	0,05	
Utah	218.784	86.786	0,4	
Colorado	270.644	39.864	0,1	
Washington	181.275	23.955	0,1	
Idaho	295.492	14.999	0,06	
Montana	372.567	20.585	0,05	
Dakota	390.898	14.181	0,04	
Wioming	255.506	9.118	0,04	
Indien	178.679	296.766	1,7	
Alaska	1.495.580	70.461	0,04	

ÉTATS-UNIS

MONNAIES	MONNAIES, Eagles (aigles) en or = 10 dollars. Dollar = 100 cents. Dime = 100 cents ou 100 milles. Le dollar vaut 5 fr. environ. (Le franc aux douanes américaines = 18 3/5 cents.) Depuis la guerre de sécession, il existe du papier-monnaie (greenbacks et autres) dont le cours est inférieur à sa valeur nominale.

GUERRE
ARMÉE
DIV. MILITAIRE

L'ARMÉE comprend : l'armée active et la milice. Les soldats de l'armée active se recrutent par engagements contractés pour 5 ans. La milice est formée par tous les citoyens valides compris entre 18 et 45 ans.
L'ARMÉE ACTIVE en temps de paix se compose de 25 régiments d'infanterie dont 2 de noirs, 10 régim. de cavalerie, 5 régim. d'artillerie, 1 bataillon d'ingénieurs. Total : 26.018 homm. et 1.307 offic. dont 10 généraux, 61 colonels, 78 lieutenant-colonels et 212 majors.
DIVISIONS MILITAIRES. Le pays comprend 4 divisions militaires et 11 départements militaires : 1° Missouri avec 5 départements ; 2° division de l'Atlantique avec 2 départements ; 3° division de l'océan Pacifique avec 3 départ.; 4° division du Midi avec 1 départ.

TABLE DES PRINCIPALES TRIBUS INDIENNES
DANS L'AMÉRIQUE DU NORD

NOMS DES TRIBUS	NOMBRE pr mille.	LIEUX D'HABITATION
Apaches	17.5	Nouv. Mexique et Washington.
Arrapahoës	4	Sur le fleuve d'Arkansas.
Blackfeet	2	Sur le Missouri supérieur.
Bloods	2.5	—
Californiens (div. trib.)	35.6	Californie.
Cherokees	17.5	Arkansas de l'Ouest.
Chickasaws	20	—
Chippeways	19	Michigan et Minnesota.
Chocktaws	16	Arkansas de l'Ouest.
Comanches	2	Sur le fleuve d'Arkansas.
Creeks	25	Arkansas de l'Ouest.
Crows	4	Sur le Mississipi supérieur.
Delawares	2	Kansas.
Flatheads	5	Dakota (territoire).
Idahos ou Peccas	9.5	Idaho —
Kickapoys	1.5	Kansas.
Menomonees	2	Wisconsin.
Navajoes et Moquis	15	Nouveau Mexique.
Omahas, Shoshomes	17.5	Orégon et Nebraska (territoire).
Pueblos	10	Nouveau Mexique.
Pawnees (4 familles)	5.6	Nebraska (territoire).
Senecas, Oneïdas, etc.	5	New York.
Shawnees	2	Kansas et Arkansas.
Sioux	11.6	Sur le fleuve Platte et Missouri.
Two Kettles	5	Mississipi supérieur.
Uncopapas	5	—
Utahs (les diff. familles)	18.5	Utah et Nouveau Mexique.
Winnebagos	2	Sur le Missouri supérieur.
Yanktonnais	4	—

MARINE
MARINE DE L'ÉTAT
MARINE MARCHANDE

La MARINE DE L'ÉTAT compte 125 navires. 1.293 canons, jaugeant 132.567 tonnes, dont 27 vaisseaux blindés avec 79 canons ; 64 vapeurs à hélice avec 845 canons ; 8 vapeurs à aubes avec 48 canons ; 26 navires à voiles avec 521 canons ; 27 remorqueurs à vapeur avec 14 canons ; 7 navires de réserve avec 172 canons ; 5 navires à provisions avec 26 canons. *Personnel :* 14 amiraux, 25 commandeurs, 50 capitaines, 90 commandants et 597 subalternes, 156 chirurgiens, 126 officiers payeurs, 226 ingénieurs et 24 aumôniers ; on a en outre 1.049 officiers en non-activité.
La MARINE MARCHANDE compte 25.934 navires, jaugeant 4.279.458 tonnes dont 2 559 nav. et baleinières, 25.575 nav. de cabotage.

POSTES

Bureaux (1876) 56.585 ; *lettres* pour l'intérieur environ 680 millions, pour l'étranger 25 millions, dont 19 millions pour l'Europe.

COMMERCE
IMPORTATION
EXPORTATION
CHEMIN DE FER
CANAUX
TÉLÉGRAPHES
PORTS

IMPORTATION 2.583.500.000 fr. (denrées coloniales 806 millions, boissons 48, métaux bruts 88, peaux 175, matières textiles 108, objets manufacturés 895, métaux précieux 79.500.000).
EXPORTATION 3.225.000.000 fr. (céréales 560 millions, tabac 140, animaux 415, matières textiles 955, bois 75, objets manufacturés 175, huiles, graisses 205, métaux précieux 250.000.000).
CHEMINS DE FER en exploitation (1877) 124.674 kilom. — CANAUX. Les États-Unis possèdent de nombreux canaux, les plus importants sont : le grand canal ou canal d'Erié et le canal de Pennsylvanie. — TÉLÉGRAPHES. *Bureaux* (1876) 7.218 ; *lignes* 122.776 kil.; *dépêches* (1875-76) 18.729.567. — PORTS. Boston, New York, Brooklyn, Jersey City, Philadelphia. Baltimore, Norfolk, Charleston, Savannah, sur l'océan Atlantique ; Nouvelle-Orléans, Galveston, Mobile, Pensacola, Key-West, sur le golfe du Mexique ; San-Francisco sur le Pacifique.

SUPERFICIE

9.555.680 kilom. carrés sans les lacs ni la superficie des fleuves. (4 habitants environ par kilom. carré).

POPULATION

POPULATION. 38.925.598 habitants, dont 33.589.377 blancs, 4.968.994 hommes de couleur (Chinois et Japonais 63.254, Indiens civilisés 25.731).

<table>
<tr><td colspan="2"><h2>COLONIES ANGLAISES   COLONIES FRANÇAISES</h2></td></tr>
</table>

COLONIES ANGLAISES

TERRE-NEUVE (*Newfoundland*). *Situation astronomique* + 46° 45' + 51° 46' lat. Nord et + 54° 51' + 62° long. Ouest. *Climat.* Le climat est brumeux et beaucoup plus froid que celui du nord de la France. L'île de Terre-Neuve forme un seul district administré par un gouverneur qui porte le titre de *Responsible Governor. Dépenses* 5,150,000 fr. *Recettes* 4.575.000. *Dette* 6.550.000 fr. environ. *Marine marchande* 1.050 navires jaugeant 71.000 tonnes. *Importation* 58,525,000 fr. environ. *Exportation* 53.500.000 fr. environ.

Le sol est peu susceptible de culture, mais on pêche beaucoup de morues sur les côtes et principalement sur le *Grand banc de Terre-Neuve* qui s'étend au sud-ouest de l'île sur une longueur de 9 degrés. *Ville* Saint-John's avec 22.585 hab. *Superficie* env. 104.414 kil. carrés. *Population* (1874) 161,574 hab. (2 hab. env. par kil. carré.)

ILES BERMUDES

SITUATION ASTRONOMIQUE : + 32° 29' lat. Nord et 67° long. Ouest. Ces îles sont administrées par un gouverneur ; à la tête de l'administration militaire est un commandant. *Dépenses* 700.000 fr. environ. *Recettes* 650.000 fr. environ. *Dette* 525.000 fr. *Armée.* La garnison anglaise, dans ces îles, comprend 2.100 h., dont 1.680 soldats d'artillerie et de génie et 420 d'infanterie. *Marine marchande* 45 navires jaugeant 5.500 tonnes. *Importation* environ 6.100.000 fr. *Exportation* 1.525.000 fr. environ. *Superficie* 106 kilom. carrés. *Population* (1876) 15.302 hab. (126 hab. env. par kil. carré.)

COLONIES FRANÇAISES

SAINT-PIERRE ET MIQUELON. *Situation astronomique* + 37° 4' lat. Nord, + 58° 40' long. Ouest. A la tête de l'administration se trouve un *commandant* et un *commissaire.*

Saint-Pierre est le chef-lieu de la colonie. Miquelon se divise en grande Miquelon au Nord où est située Miquelon, et en petite Miquelon au Sud où se trouve Langlade.

La principale industrie est la pêche de la morue, dont le produit pour l'île est d'env. 12 millions de kilogrammes, représentant une valeur de 4 millions de fr. environ. *Superficie* 210 kilom. carrés. *Population* 4.000 hab.

La petite île de Saint-Barthélemy dans les Antilles ; elle compte env. 3,000 hab. *Ville* Gustavia. La plupart des habitants sont catholiques. Cette colonie a été cédée, par la Suède, à la France en 1877.

MEXIQUE

(RÉPUBLIQUE) — (CAP. MEXICO)

SITUATION ASTRONOMIQUE : 15° — 35° lat. Nord. 89° — 119° 30' long. Ouest.

CLIMAT : Sur les côtes, le climat est très-chaud et fort malsain. Dans le centre et dans les parties élevées il est tempéré.

GOUVNEMENT — CHEF DE L'ÉTAT — POUV. EXECUT. — POUV. LEGISLAT. : CHEF DE L'ETAT. Lerdo de Tejada, Sébastien, élu, ainsi que le vice-président, par le congrès en 1876, pour 4 ans. LE POUVOIR EXECUTIF est entre les mains du président. LE POUVOIR LEGISLATIF est exercé par un congrès composé de 2 Chambres : le *Sénat*, 56 membres (2 par chaque Etat) ; *la Chambre des représentants*, 331 membr. élus pour 2 ans (1 par 80.000 hab.). LE POUVOIR JUDICIAIRE. 6 Ministères : les ministères de la justice, de l'intérieur, des finances, de la guerre et de la marine, des affaires étrangères, des travaux publ.

JUSTICE : Cour suprême de justice à Mexico.

CULTES : Tous les cultes sont libres. La religion catholique n'est pas reconnue comme religion de l'Etat. 3 archevêchés : Mexico, Michoacan, Guadalajara.

INTÉRIEUR : Le Mexique est divisé en 27 Etats et 2 territoires (voir la table), administrant chacun leurs affaires locales par leur gouverneur.

FINANCES — DÉPENSES — RECETTES — DETTE — MONNAIES :

DÉPENSES	fr.	RECETTES	fr.
Pouv. législ. et jud.	7.011.950	Douanes	57.351.950
— exécutif	240.860	Contrib. div., timb.	14.935.420
Aff. étrangères	1.049 300	Biens nationaux	1.063.240
Intérieur	9.817.480	Monnaie	4.710.270
Justice et inst. publ.	4.552.665	Instruct. publique	394.795
Travaux publics	28.116.265	Postes	2.749.100
Finances	20.895.535	Recettes div. ord.	6.553.820
Guerre et Marine	52.773.735	Recettes extraord.	31.479.760
Total	124.457.610	Total	119.038.355

DETTE. Un chapitre pour les dépenses de la dette figure au budget du ministère des finances, mais le montant de la dette n'est pas connu.

MONNAIES. Le *dollar* à 100 cents = 5 fr. 18.

GUERRE : L'ARMÉE se compose de :

Infanterie	765 offic.	14.642 homm.	
Cavalerie	297 —	4.843	—
Artillerie	148 —	1.315	—
Gardes-côtes	22 —	71	—
Invalides	19 —	265	—
Total	1251 —	21.136	—

DIVISIONS MILITAIRES : 3 districts militaires.

TRAV. PUBL. : CHEMINS DE FER : En exploitation. 595 kilom. POSTES : Nombre de bureaux, 855. Lettres, 1.565.000. TELEGRAPHES. Nombre de bureaux, 252 (40 à l'Etat, 85 à des compagnies particulières). Lignes, 11.697 kilom.

COMMERCE — IMPORTATION — EXPORTATION — MARINE MARCH — POIDS ET MES- — PORTS : IMPORTATION : 145.310.000 fr. (cotonnades, soieries, toile coton, drap et autres objets manufacturés, etc.). EXPORTATION : 158 455.000 fr. (métaux précieux, bois d'ébénisterie et de teinture, cochenille, indigo, café, vanille, cacao, gomme, peaux, etc.). MARINE MARCHANDE : se compose de 357 navires de long cours et de cabotage et de 672 barques de petit cabotage. POIDS ET MESURES. Le système métrique est employé. PORTS : Vera-Cruz, Tampico, Saint-Juan de Nicaragua, Acapulco, Mazatlan, Punta-Arenas, de la Union.

VILLES PRINCIP. — HAB. PAR MILLE : Mexico, 250 ; Leon, 100 ; Guadalajara, 71 ; Puebla, 68 ; Guanaxato, 63 ; Morelia, 37 ; San-Luis-Potosi, 34 ; Zacatecas, 31.

SUPERFICIE : 1.921.240 kilom. carré, env. ‖ **POPULATION** — 9.276.079 hab. (5 hab. par kilom. carré).

TABLE ADMINISTRATIVE

ÉTATS	kilom. c.	habitants	hab. k.
Sonora	204.600	109.388	0.5
Chihuahua	216.850	180.668	0.8
Coahuila	131.800	98.397	0.7
Nuevo-Leon	61.200	178.872	2
ÉTATS DU NORD	614.450	567.525	0.9
Tamaulipas	78.280	140.000	2
Vera-Cruz	67.920	504.950	7
Tabasco	30.680	83.707	3
Campêche	66.890	80.366	1
Yucatan	76.560	422.365	6
ÉTATS DU GOLFE	320.530	1.251.388	4
Sinaloa	93.730	168.031	2
Jalisco	101.430	966.689	10
Colima	9.700	65.827	7
Michoacan	61.400	618.240	10
Guerrero	63.570	320.069	5
Oaxaca	86.950	662.463	8
Chiapas	41.550	193.987	5
ÉTATS DU PACIFIQUE	458.530	2.995.306	7
Durango	110 070	190.846	2
Zacatecas	59.550	397.945	7
Aguas-Calientes	7.500	89.715	12
San Luis-Potosi	71.210	525.110	7
Guanajuato	29.550	729.988	25
Queretaro	8.300	171.666	21
Hidalgo	24.130	404.207	19
Mexico	20.300	663.557	33
Morelos	4.600	150.384	33
Puebla	31.120	697.788	22
Tlaxcala	4.200	121.663	29
ÉTATS DU CENTRE	367.530	4.142.869	11
District fédéral	1.200	315.996	180
Terr. de la Basse-Californie	159.400	25.195	0.1
Territoires	160.600	339.191	2

GUYANE

ÉTATS	GUYANE FRANÇAISE — Cap. CAYENNE	GUYANE ANGLAISE — Cap. GEORGE-TOWN	GUYANE HOLLANDAISE — Cap. PARAMARIBO	GUYANE INDIGÈNE — Comprend env. 230.000 ind.
SITUATION ASTRONOMIQUE	2° — 6° lat. Nord. 54° — 57° long. Ouest.	1° — 8° lat Nord. 59° — 63° long. Ouest.	2° — 6° lat. Nord. 56° — 68° long. Ouest.	On connait dans les Guyanes plus de 30 différentes tribus indiennes dont les principales sont :
CLIMAT	Le climat des Guyanes n'est pas aussi malsain ni aussi chaud qu'on le croit généralement ; l'action des vents alizés, les forêts et le grand nombre de cours d'eau diminuent l'intensité de la chaleur ; durant la nuit, la température est très-rafraîchie par les brises de la mer.			Les Comoados.. 50.000 — Apiacas.. 20.000 — Cambixi... 20.000 — Nambiraguas 20.000 — Quiniquinas. 20.000 — Araras... 15.000 — Cauyas... 12.000 — Calibis. — Coupourouis. — Roneonyèmes. — Ouriaous. — Accaonais. — Araonates, etc.
GOUVNEMENT	Chaque État a un gouverneur respectif à la tête de l'administration.			
FINANCES	DÉPENSES : 9.000.000 fr. RECETTES : 2.000.000 fr. DETTE : 10.100.000 fr.	DÉPENSES : 8.900.000 fr. RECETTES : 8.800.000 fr. DETTE : fr.	DÉPENSES : 5.464.549 fr. RECETTES : 2.429.070 fr. DETTE : fr.	
COMMERCE	IMPORTATION : 7 mill. de fr. env. (vivres, vêtements, objets manufact.). EXPORTATION : 2 mill. de fr. env. (cocons, bois, maïs, etc.).	IMPORTATION : 45 millions 925.000 francs. EXPORTATION : 58 mill. 425.000 francs. Chemins de fer, 34 kil.	IMPORTATION : 9 mill. de fr. (tissus, vêtements, objets manufacturés, etc.). EXPORTATION : 6 millions de fr. (café, riz, vanille, etc.).	Parmi le chiffre total on compte env. 4000 indigènes dans la Guyane française ; 40.000 indig. dans la Guyane hollandaise, et 100.000 dans la Guyane anglaise.
VILLES PRINCIP. — HAB. PAR MILLE	Cayenne, Sinamari, Iracoubo, Moca, Kourou.	Georgetown ou Demerara, 36 ; New-Amsterdam.	Paramaribo, 20 ; Batavia, Leyden, Savanda.	
SUPERFICIE	121.415 kilom. carrés (0.1 hab. par kil. carré.)	221.242 kilom. carr. (0.9 hab. par kil. carré).	119.521 kilom. carrés (0.6 hab. par kilom. carré).	
POPULATION	24.200 hab. (150/0 blancs).	193.491 hab.	69.529 h. (1200 blancs env.)	

ÉTATS	PÉROU RÉPUBLIQUE (CAP. LIMA)	BOLIVIE RÉPUBL. (C. SUCRE)	CHILI RÉPUBL. (C. SANTIAGO)
SITUAT. ASTRO.	3°30' — 22° lat. S. —72°-85° 40' long. O	26°15'-9° lat. S.; —60°-74° l. O.	24° — 45° lat. S.; — 72° — 76° long. O.
CLIMAT	Le climat est doux et salubre, l'air y est rafraîchi par les brises de mer et le vent qui souffle des Cordillères.	Le climat est tempéré jusqu'à une élév. de 3000 m.; au delà de 4 500 m. règnent des neiges ét.	Le climat est le plus sain et le plus agréable de toute l'Amérique du Sud.
GOUVERNEMENT CHEF DE L'ÉTAT POUV. EXÉCUT. POUV. LÉGISL. POUV. JUDIC.	CHEF DE L'ETAT. Prado, J. M., général, élu président en 1876 pour 4 ans. Le POUVOIR EXÉCUTIF est confié au président de la république, élu par tous les citoyens; il est assisté d'un Conseil des ministres (6 membres). LE POUVOIR LÉGISLATIF appartient au *Sénat* (44 membres) et à la *Chambre des députés* (110 membres). Le POUVOIR JUDICIAIRE est représenté par la Cour suprême de justice. 5 MINISTÈRES, justice et cultes, aff. étrangères, intérieur, finances, guerre.	CHEF DE L'ETAT. Frias, Th. (D'), élu président en 1874 pour 4 ans. Le POUVOIR EXÉCUTIF est délégué au président de la république, assisté d'un ministère. Le POUVOIR LÉGISLATIF est confié à un *Congrès* composé d'un *Sénat* et d'une *Chambre des représentants*. 4 MINISTÈRES. Les ministères de la justice et des cultes, de l'intérieur et des aff. étrang., des fin. et de l'ind., de la guerre.	CHEF DE L'ETAT. Pinto, Annibal, général, élu président en 1876 pour 5 ans. Le POUVOIR EXÉCUTIF est exercé par le président de la république et le *Conseil d'Etat* (16 membres, dont 5 ministres). LE POUVOIR LÉGISLATIF est entre les mains du *Sénat* (36 membres) et de la *Chambre des députés* (108 membres). POUVOIR JUDICIAIRE. La magistrature judiciaire est inamovible: les membres sont nommés par le président, sur présentation du conseil d'Etat. 5 MINISTÈRES.
JUSTICE	1 *Cour suprême*, à Lima. Les *tribunaux d'appel* sont établis à Lima, Cusco, Arequipa, Truxillo, Ayacucho et à Puno.	Les différents degrés sont : *Cour suprême, Cour des Districts, Cour de justice de paix, Cour d'Instruction.*	1 *Cour suprême de justice*, à Santiago et 3 *Cours d'appel*, à Santiago, Concepcion et à Serena, 1 *Cour des comptes.*
CULTES	CULTES. La religion catholique est la religion des États. Le Pérou a 1 archevêque à Lima et 6 évêques. La Bolivie a 1 archevêque métropolitain à Sucre et 3 évêques : le Chili a 1 archevêque à Santiago et 3 évêques.		
INSTRUCTION PUBLIQUE	INSTRUCTION PUBLIQUE. En BOLIVIE, l'instruction est libre et gratuite. On compte 332 établissements pour l'instruction primaire et secondaire; 3 universités : Sucre, Cochabamba, La Paz, avec des facultés de médecine, de juridiction et de théologie. Au PÉROU, l'instruction primaire et l'inst. secondaire sont données gratuitement par l'Etat. Il existe des écoles primaires et des lycées dans chaque province. On a en outre 1 école militaire, 2 écoles navales, 1 école de médecine, 1 conservatoire de musique, etc. L'Université se divise en 5 facultés. On compte 993 écoles avec 50.887 élèves. Au CHILI, les *collèges de l'Etat* étaient (1860) fréquentés par plus de 2000 élèves. Les *collèges particuliers* au nombre de 50, dont 26 pour les garçons, avec 6000 élèves, et 24 pour les filles, avec environ 2000. — Les *écoles primaires*, en 1867, étaient au nombre de 993, recevant 50.887 élèves. Pour l'enseignement supérieur on a une université à Santiago.		
INTÉRIEUR DÉPARTEMENTS PROVINCES	Le pays est divisé en 16 DÉPARTEMENTS administrés chacun par un *préfet* nommé par le président et chaque commune par une *junte municipale* élue. DÉPARTEMENTS : Curzo, Puno, Lima, Junin, Ancacs, Ayacucho, Arequipa, Cayamarca, Huancavelica, Piura, Moquegua, Libertad, Callao, Amazonas, Ica, Loreto.	Le pays se divise en 9 DÉPARTEMENTS. subdivisés en provinces (sous-préfectures). Les départements sont administrés chacun par un *gouverneur.* DÉPARTEMENTS : La Paz de Ayacucho, Cochabamba, Potosé, Chuquisaca, S· Cruz, Veni, Oruro, Tarija Atacama. Div. tribus ind.	Le pays se divise en 16 PROVINCES et territoires, administrés chacun par un *Intendente* (préfet). PROVINCES : Chiloë, Llanguihue, Voldivia, Aranco, Concepcion, Nuble, Maule, Linares, Tulca, Curico, Colchagua, Santiago, Valparaiso, Aconcagua, Coquimbo, Atacama.
FINANCES DÉPENSES RECETTES DETTE	DÉPENSES : 386.000.000 fr. RECETTES : 327.830.700 fr. DETTE Dette intérieure. . 124.760.790 fr. » extérieure. . 823.652.650 » flottante. . 115.000.000 Total. . . . 1.069.413.440 fr.	DÉPENSES : 18.022.016 fr, dont guerre 5.634.580, finances et dette int. (rente) 10.360.065 f. RECETTES : 14.647.870 fr., dont guano 1.500.000 fr., contrib. des Indi., 3.431.535, empr. Church. 3.250.000. DETTE. 85.000.000 f	DÉPENSES : 84.464.050 fr. environ. RECETTES : 84.029.155 fr. environ. DETTE Dette intérieure. . . 52.548,000 fr. » extérieure. . . 200.840.000 Total. . . . 253.538.000 fr.
MONNAIES	MONNAIES. Le Pérou et la Bolivie ont adopté la monnaie française (voir FRANCE). L'unité monétaire du Chili est une pièce d'argent qui s'appelle *peso* = 5 francs, et se subdivise en 10 centavos. *Pièces d'argent :* 1 peso, 50 cent, 20 cent, 10 cent et 5 cent. *Pièces d'or :* condor = 10 pesos, doblone = 5 pesos, escudo = 2 pesos. *Pièces de cuivre :* 1 centavo, 1 *medio-centavo* (demi-centavo).		
GUERRE ARMÉE MARINE	L'ARMÉE ACTIVE compte 13.200 hommes, dont 8 bataillons d'infanterie, 5,600 hommes; 3 régiments de cavalerie, 1200 hommes; 2 brigades d'artillerie, 1000 hommes; la gendarmerie à pied et à cheval, 5.400 hommes. MARINE DE L'ETAT. 2 monitors à 3 canons chacun; 1 frégate blindée, à 14 canons; 18 navires à 150 canons ensemble. MARINE MARCHANDE. Environ 147 bâtiments jaugeant 49.860 tonnes.	ARMÉE ACTIVE : 3.000 hommes environ, avec 1022 officiers, dont 8 généraux (1 officier pour 2 soldats). MARINE DE L'ETAT : 3 navires à vapeur avec 28 canons, 6 bricks et petits navires à voiles. MARINE MARCHANDE : 38 navires au long cours, jaugeant environ 7000 tonnes.	L'ARMÉE se compose de l'*armée active* et de la *garde nationale*. L'armée active : 3,500 h., dont l'inf. 2000 h., caval. 700 et l'artill. 800. Offic. 490, dont 10 généraux et 480 autres officiers. La *garde nationale* : 24.300 h. et 974 offic. MARINE DE L'ETAT. 13 vaisseaux, avec 50 canons et 4094 chevaux. Equipage. 12.127 hommes et 110 officiers, dont 3 amiraux. MARINE MARCHANDE. 90 navires jaugeant 22.625 tonnes. (1875)
COMMERCE IMPORTATION EXPORTATION CHEM. DE FER POSTES TÉLÉGRAPHES PORTS POIDS ET MES.	IMPORTATION : 150.000.000 fr. environ. (Objets manufacturés, vêtements, articles de Paris, etc.). EXPORTATION : 187.500.000 francs. (Guano, nitrate de soude, sucre, métaux, coton, laine d'alpaga, etc.) CHEMINS DE FER. En exploitation : 19 lignes de 1575 kilomètres, et en construction 140 kilomètres environ. PORTS. Cabao, Islay, Payta, Arica, Trujilla. POIDS ET MESURES. Système métrique.	IMPORTATION : 28.750.000 fr. environ. (Confection, objets manufacturés.) EXPORTATION : 25.000.000 fr. (Guano, cuir, quinquina, étain.) PORTS : Cobiga, Antofagasta. POIDS ET MESURES. On se sert des poids et mesures de Castille, dont l'unité pour les poids est la *livre* = 460 gr. et pour les mesures de longueur, le *pied* = 278.33 millim.	IMPORTATION : 190.690.000 francs. (Objets manufacturés, vêtements, articles de Paris, etc.) EXPORTATION : 179.640.000 francs. (Cuivre, argent, bestiaux, coton, farine, etc.). CHEMINS DE FER. En exploitation, 1689 kilom. POSTES. Lettres, 5.819.386, imprimés et échantillons, 8.922.969. TÉLÉGRAPHES. Bureaux, 62; lignes, 6420 kilom.; dépêches, 375.807. PORTS. Valparaiso, Constitution, Valdivia POIDS ET MESURES. Système métriq.
VILLES PRINCIP. AVEC LEURS HABITANTS P. MILLE	Lima, 100; Curzo, 40; Cabao, 50; Arequipa, 50; Tacnay, 11; Islay, 11; Arica, 6.	La Paz, 76; Cochabamba, 40; Sucre, 24; Potosi, 25; Santa-Cruz, 10; Oruro, 8.	Santiago, 150; Valparaiso, 100; Chillao, 20; Talca, 18; Concepcion, 18; Serena, 12; Quillao, 12; Copiapo, 11.
SUPERFICIE	1.605.742 kilom. carrés; (2 habitants par kilom. carrés.)	1.297.255 kilom. carrés (2 habitants par kilom. carré env.).	321,462 kilom. carrés. (7 habitants par kilom. carré.)
POPULATION	2.720.735 habitants, non compris les Indiens.	2.200.000 habitants.	2.535.568 habit. Naissances, 87.303; mariages; 16.928; décès, 57.973. (1875)

POSSESSIONS ANGLAISES

	DOMINION DU CANADA	ANTILLES				
POSSESSIONS		**JAMAICA** et les îles Turks.	**ILES DE BAHAMA** et de Caïcos.	**ILES DU VENT** Windward Islands	**ILES SOUS LE VENT** Leeward Islands	**TRINITÉ** Trinitad
SITUATION ASTRONOMIQUE	42° — 77° lat. N.; 50° — 140° long. O.	17°50'—18°30' lat. N. 78°30'—80°40' long. O.	21°—27° lat. N. 75°—82° long. O.	44°40'—44° lat. N. 61°30'—64°40' long. O.	45°—48°40' lat. N. 63°30'—67° long. O.	40°—44° lat. N. 63°2'—64°20' long. O.
CLIMAT	Au sud, le climat est le même que celui du N. des Etats-Unis. Dans la partie septentrionale il règne un froid extrême.	Ces îles, faisant partie des Antilles, ont le même climat (voir les Antilles, page 70).				
GOUVNEMENT **POUV. EXÉCUT.** **POUV'. LÉGISL.**	LE POUVOIR EXÉCUTIF est entre les mains du GOUVERNEUR GÉNÉRAL et du *conseil privé*, qui l'exercent au nom de la souveraine de la Grande-Bretagne et d'Irlande. LE POUVOIR LÉGISLATIF est confié au parlement composé de 2 chamb., *le Sénat* (78 memb. inamovibles nommés par le gouverneur), *la Chambre des Communes* (206 memb. élus par le peuple, pour 5 ans). 9 MINISTÈRES : les ministères de la justice, des douanes, de l'intérieur, des finances, des revenus intérieurs, de la défense militaire, de la marine et des pêches, des postes, de l'agriculture.	Chaque possession est administrée par un gouverneur.				
		DIVISIONS ADMINISTRATIVES ET NATURELLES				
INTÉRIEUR **PROVINCES**	Le Dominion du Canada comprend les 7 PROVINCES de Ontario, de Québec (autrefois haut et bas Canada), de la Nouvelle-Ecosse, du Nouveau-Brunswick, de Manitaba, de la Colombie anglaise et de l'île du Prince-Edouard. Ces 2 provinces ont chacune une *administration* et un *parlement* particuliers avec un *lieutenant-gouverneur*. Ils ont plein pouvoir de régulariser leurs affaires locales et de disposer de leurs revenus.	Jamaïca forme, avec les 3 îles du Caïman, 8 districts, administrés chacun par un président-spanish. Tower est le siège du gouvernement. Les îles Turks sont également administrées par un président.	Les îles de Bahama sont administrées par un gouverneur siégeant à Nassau, et les îles de Caïcos par un président.	Les îles principales sont : Barbade, 462.000 h. Grenade, etc. 39.911. St-Vincent, 35.700. Ste-Lucie, 31.500. Tabago, 17.686. Chacune de ces îles est administrée par un lieutenant-gouverneur.	Les îles principales sont : Antigoa, 35.640 h. Dominique, 27.200. S. Christophe 28.200. Nèvis et Vierges 18.200. Monserrat, 8.700.	L'Ile de Trinitad est divisée administrativement en 2 districts : le district oriental et le district occidental, chacun administré par un président.
INSTRUCT. **PUBLIQUE**	Les provinces de Québec et de Ontario ont des *écoles de droit* particulières adaptées à l'élément religieux qui domine. Chaque cité dans la province de Ontario est divisée en plusieurs *sections scolaires* selon les besoins des habitants. *Les écoles communales* sont soutenues en partie par le gouvernement et en partie par une taxe votée par la cité même. On compte 2 *écoles militaires* pour l'infanterie dans la province de Ontario, 2 dans celle de Québec, 1 dans celle de la Nouvelle-Ecosse et 1 dans celle du Nouveau-Brunswick.					
CULTES	Il n'y a pas de religion d'Etat dans le Dominion du Canada. L'église anglicane est gouvernée par 9 évèques, l'église catholique romaine par 4 archevêques et 14 évèques, l'église presbytérienne du Canada ainsi que celle de l'Ecosse par des synodes annuels présidés par les " moderators ".					
FINANCES	DÉPENSES : 215.579.205 f. (dont postes 8.114.155, chem. de fer 10.222.490, douanes 5.605.045, etc.). RECETTES : 219.610.540 f. (dont douanes 64.119.190, postes 5.512.700, chem. de fer, canaux 7.396.160). DETTE. Dette payable à Londres 560.667.645, dette payable au Canada 622.757.570. Tot. 1.183.425.215. MONNAIES. L'unité est le *dollar* = 100 cents.	DÉPENSES 14.650.000 RECETTES 14.775.000 DETTE 16.950.000 MONNAIES. On emploie généralement les monnaies anglaises. (Voir Angleterre.)	DEP. 975.000 REC. 975.000 DETTE 1.375.000	DEP. 5.450.000 REC. 5.600.000 DET. 1.550.000	DEP. 2.425.000 REC. 2.525.000 DET. 2.025.000	DEP. 8.800.000 REC. 8.550.000 DET. 4.800.000
GUERRE	En outre des troupes anglaises, qui ont été réduites à 2000 h. (1871), il existe un corps de volontaires et une milice, dans laquelle tout homme valide, entre 18 et 60 ans, peut être appelé. L'armée se compose de *l'armée active* qui comprend les volontaires, la milice régulière et la milice maritime, et de la *réserve de la milice* qui compte 655.000 h. En 1874, l'armée active a été réduite à 5.000 h. La durée du service est de 5 ans pour les volontaires et de 2 ans pour les autres soldats. DIVISIONS MILITAIRES. Le Canada se divise en 11 districts militaires : 4 pour Ontario, 3 pour Québec, 1 pour la Nouvelle-Ecosse, 1 pour le Nouveau-Brunswick, 1 pour Manitaba, et 1 pour la Colombie anglaise.	**GUERRE** — 1.500 hom. de garnis.	410 h. de garn.	250 h. de garn.	Env. 100 h. de g.	100 h. de g. env.
MARINE	MARINE DE L'ETAT comprend 5 vapeurs à hélices, 2 vapeurs à aubes et 2 vapeurs de fleuves. MARINE MARCHANDE compte 6785 nav. jaugeant 1.075.718 tonnes, 6950 navir. de 1.158.563 tonnes dont 654 vapeurs de 76.487 tonnes, y compris les nav. sur les lacs et les fleuves et les remorqueurs.	**MARINE MARCHANDE** — 85 nav. jaugeant 2.540 tonnes.	194 nav. jaugeant env. 7000 tonnes.	154 nav. jaugeant env. 5.600 tonnes.	68 nav. jaugeant env. 4.950 tonnes.	76 nav. jaugeant 2.400 tonnes.
COMMERCE	IMPORTATION 3.185.100.000 f. env. (fer, laine, coton, épiceries, etc.).—EXPORTATION 2.255.775.000 f. env. (produits des forêts, des champs, des mines, de la pêche ; animaux, métaux précieux.) PORTS : Québec, Montréal, Halifax, Lunenbourg, Charlotte-Town. POIDS ET MESURES : système anglais. (Voir Angleterre.)	**COMMERCE** — IMPORTAT. 41.575.000 EXPORTAT. 35.900.000 POIDS ET MESURES. Le système anglais est généralement employé. (Voir Angleterre.)	IMP. 4.500.000 EXP. 2.725.000	IMP. 41.900.000 EXP. 52.625.000	IMP. 40.625.000 EXP. 14.975.000	IMP. 57.300.000 EXP. 40.625.000
		VILLES PRINCIPALES AVEC LEURS HABITANTS PAR MILLE				
TRAV. PUB.	POSTES. Nombre de bureaux 4.812, nombre de lettres et cartes postales expédiées 54.579.000, journaux 25.480.000. — TELEGRAPHES. Lignes 16.421 kil., bureaux 529, dépêches expédiées (1871) 1.141.547. — CHEMINS DE FER en exploitation 7.150 kil.	Kingston 56, Spanish-Town 7, Fahlmouth.	Nassau 7, St-Georges, Hamilton.	Bridgetown 35, St-George 5, Castries 5.	St-John 16, Roseau 5, Charlestown 4.	Post of Spain 42, Plymouth.
VILLES A LEURS HAB. PAR MILLE	Toronto 46, Hamilton 26, Ottave 21, London 15, Montréal 107, Québec 59, Halifax 29, St-John 29, Charlotte-Town 8.	SUPERFICIE : 40.859 k. c. (46 h. par kil. carré.) Iles Turks : 25 k. c. (75 h. par kil. carré.)	SUPERF. 13.960 k. c. (2 h. par k. carré.) Iles Caïcos : 552 k. c. (5 h. par k. carré.)	SUPERF. 2.150 k. c. (132 h. p. k. carré.)	SUPERF. 1.843 k. c. (66 h. par k. carré.) POPULAT. 287.653 hab.	SUPERF. 4.544 k. c. (24 h. p. k. carré.) POPULAT. 109.638 hab.
SUPERFICIE	8.822.817 kil. car. (0.4 hab. par kil. car.) — POPULATION : 3.686.596 hab.	POPULATION : 508.032 habit. dont 4.878 pour les Iles Turks.	POPULAT. 42.007 hab. d. 3845 p. les Il. Caïcos.	HONDURAS BRIT. : Dép. 1.025.000 f. Rec. 1.030.000. Imp. 4.375.000. Exp. 5.075.000. Tille : Belise. Sup. 49.595 k. c. Pop. (1870) 24.710 hab.		

OCÉANIE

SITUATION ASTRONOMIQUE

35° latit. N.. — 55° latit. S. et 90° longit. E. — 111° longit. O.

DIVISIONS

On divise l'Océanie en 4 parties, savoir : MALAISIE, MICRONÉSIE, POLYNÉSIE et AUSTRALASIE ou MÉLANÉSIE.

BUDGET

DÉPENSES.	705 millions de francs.
RECETTES.	747 millions de francs.
DETTE.	1.187 millions de francs.

COMMERCE

IMPORTATION	1.107 millions de francs.
EXPORTATION	988 millions de francs.

TÉLÉGRAPHES

LIGNES.	28.847 kilomètres.

CHEMINS DE FER

LIGNES.	3.079 kilomètres.

SUPERFICIE

8.865.684 kilomètres carrés (0,5 habit. par kilom. carré).

POPULATION

4.748.600 habitants.

MALAISIE

La Malaisie comprend les îles de LA SONDE, de BORNÉO, de CÉLÈBES, les MOLUQUES et les PHILIPPINES

	COLONIES HOLLANDAISES	COLONIES ESPAGNOLES
SIT. ASTRON.	20° N. — 12° latitude S. et 92° — 135° longitude E.	
CLIMAT	La température est très-chaude et très-humide dans ces contrées. Par la magnificence de leur végétation elles rappellent les plus étonnantes vallées de l'Inde et du Brésil.	Le climat est tempéré et sain, mais on y éprouve des pluies violentes, des orages et quelquefois des tremblements de terre.
GOUVNEMENT	Le Gouverneur général est à la tête de l'administration et le chef des forces de terre et de mer. Chaque résidence est séparément administrée par un gouverneur.	Le Gouverneur général est le chef de l'administration dans toutes les branches, et dispose des forces de terre et de mer.
CULTES	La religion dominante est le protestantisme.	La religion dominante est le catholicisme

INTÉRIEUR (Colonies Hollandaises) — Les colonies sont partagées en 18 résidences.

TABLE ADMINISTRATIVE

RÉSIDENCES	HABITANTS	KIL. C.
Java et Madura. . . .	18.125.269	154.600
Sumatra occident.. .	1.621.000	121.170
— orient. . . .	70.000	45.450
Bornéo occident. . .	566.000	154.500
— côtes S. et E.	890.000	361.650
Célèbes.	556.000	118.58.
Palembang.	577.000	160.540
Benkoulen.	140.000	25.087
Lampongs	113.000	26.155
Menado.	495.000	69.770
Les Moluques	548.000	110.220
Timor et Sumba. . .	900.000	57.400
Bali et Lombok . . .	860.000	10.460
Banca	64.000	13.050
Biliton.	26.000	6.552
Nouvelle Guinée. . .	200.000	176.750

INTÉRIEUR (Colonies Espagnoles) — Les îles sont classées en 4 groupes. Les îles *Philippines*, *Paolos*, *Carolines* et *Marianes*. Les Philippines forment 45 prov. et les aut. gr. chac. 1, administ. par des présidents. La plus gr. part. des îles *Mindanao* et *Palavan* aussi bien que le gr. de *Sovlou* et les pet. îles de *Batanes* et *Babuyanes* sont indép. On compte 1.600.000 âmes dans les Philippin. n'appart. pas à l'Esp., dont 1.200.000 nègres, 400.000 Malais, Chinois, Siamois, etc. (Les îles Carolines et Marianes font partie de la Micronésie. (Voir ci-dessous.)

TABLE ADMINISTR.

ILES PRINCIP.	KIL. C.
PHILIPPINES .	
Luzon. . . .	110.940
Mindoro. .	9.646
Palavan . .	?
Panay. . .	11.790
Negros . . .	8.700
Pajol . . .	3.200
Leyte . . .	9.500
Samar. . .	12.170
Masbate. .	3.640
Polillo . .	3.100
Mindanao. .	?
Paolos . .	897
Carolines. .	1.584
Marianes .	1.080

FINANCES — DÉPENSES / RECETTES / MONNAIES

Colonies Hollandaises : DÉP. 287.054.675 fr. (dont administration 214.799.124 fr., bail de l'opium 34.811.508 fr., douanes 16.960.000 fr.) REC. 507.998.907 fr. (v. du café 119.240.722, impôt fonc. 58.149.440, sucre 558.782 fr.) MONNAIES. On se sert de celle des Pays-Bas.

Colonies Espagnoles : FINANCES. DÉPENSES 84 mill. f. | RECETTES. 88 mil. f. MONNAIES. On se sert des monnaies espagnoles.

GUERRE — ARMÉE

Colonies Hollandaises : L'Armée active se compose de 54.000 h. de 1.425 off., dont l'infant. 27.000 h., 800 off. Caval. 920 h., 59 off. Artill. 3.041 h., 90 off. Génie 558 h., 5 off., etc. Il y a en outre des corps d'armée indigène (pradjocrils, harissans, légions, etc., composés d'Européens et d'indigènes (10.600 h. env.).

Colonies Espagnoles : ARMÉE. 7 rég. inf. indig., 1 escad. lanciers, 1 rég. artill., 2 compag. génie, 2 rég. garde civiq. — ETAT-MAJOR. 12 offic., 50 offic. de santé et médecins et 5 pharmaciens.

MARINE

MARINE DE L'ÉTAT. Nombre de navires (?) 600 miliciens de marine et 701 matelots indigènes.
MARINE MARCHANDE. 517 navires, jaugeant 57.972 tonnes.

COMMERCE — IMPORTATION / EXPORTATION / CHEM. DE FER / POSTES / TÉLÉGRAPHES / POIDS & MESUR.

Colonies Hollandaises : IMPORTATION 182.715.600 fr. (Tissus, objets manufacturés, confections, etc.) EXPORTATION 232.156.900 fr. (Café, sucre, étain, indigo, peaux, riz, épices, tabac, thé.) CHEMINS DE FER à Java, en exploitation 260 kilomètres. POSTES. Lettres et imprimés, 4.583.500. Recettes, 1.464.156 fr. TÉLÉGRAPHES. *Bureaux :* 50 à Java, 16 à Sumatra. *Lignes :* à Java 3.480 kilom., à Sumatra 2.024 kilom., non compris 103 kilom. pour le câble entre les deux îles. *Dépêches :* 879.296. — Recettes nettes 970.717 fr. POIDS ET MESURES. (Voir Pays-Bas.)

Colonies Espagnoles : COMMERCE. IMPORT. 50 mill. (Tissus, objets manuf., confect., etc.) — EXPORT. 76.080.000 f. (Sucre, café, chanvre, cigares, tabac, indigo, etc.) POIDS ET MESURES. (Voir Espagne.)

VILLES PRINC. AVEC LEURS HAB. PAR MILLE

Colonies Hollandaises : Batavia, 150; Sourabaya, 90; Samorang, 70; Palembang, 40; Macassar, 40; Padang, 30; Banjer-Massin, 20; Poutianak, 20; Amboina, 16; Bencoulen, 12; Muntok, 12; Cheribon, 10.

Colonies Espagnoles : Manila, 165; Zamboanza, 50; Iloïo, 20; Zebon, 12; Cecita, 6; Melila, 4; Mindanao ou Selangon, 40.

SUPERFICIE

Colonies Hollandaises : 1.952.500 kilom. carrés (12 habitants par kilom. carré).

Colonies Espagnoles : 175.960 kilom. carrés (35 hab. par kil. c.).

POPULATION

Colonies Hollandaises : 24.570.600 habitants dont Java et Madura 27.571, Européens, 191.821 Chinois, 8.753 Arabes, et Hindous 14.728.

Colonies Espagnoles : 6.035.000 habitants, dont 6.000.000 dans les Philippines.

ÉTATS INDÉPENDANTS

SUMATRA — La partie indépendante est partagée en divers États : royaume d'ATSJIN (Archem), capitale Atsjin, confédération de BATAK, royaume de SIAK, cap. Siak. Tous ces pays sont situés au nord et au nord-est de l'île. Les populations sont plus ou moins sauvages; cependant dans certains endroits, à Batak par exemple, presque tous les habitants savent lire et écrire.

BORNÉO — Les indigènes appellent Bornéo *Tana-Busar-Kalemanton* (grande terre de Kalementon). L'île est partagée entre les Hollandais et les États indigènes, parmi lesquels on remarque principalement le royaume de BORNÉO ou BROUNEI et le royaume de SAVAWAK. La population se compose de Malais, de Javanais, de Boughis, natifs de Célèbes, de Chinois, qui tous habitent les côtes. Dans l'intérieur on remarque les Dayaks, les Tidouns, etc. (anthropophages).

MICRONÉSIE

La Micronésie se compose des ILES DE MAGELLAN qui se divisent en 2 groupes : les *Volcans* et les *Bomni-Sima* (peuplées de Japonais et dépendantes de l'empire du Japon), les ILES D'ANSON ; les ILES PALAOS, dont la principale est *l'île de Babelt. Sovays*, les ILES MARIANES, dont *Guam* est la plus importante (elles dépendent de l'Espagne). Les ILES CAROLINES se composent d'environ 520 îles qui forment une chaîne très-étendue. On remarque entre autres le groupe de *Duperroy*, *l'île Oualan*, le groupe de *Siviavini* dont la principale est *Ponapi*, le groupe d'*Hoyolon*, les îles *Cauliaï* et *Lamoursek*, le souverain de cette île est le plus puissant de l'Archipel ; les ILES MARSHALL qui comprennent les îles de *Ralick*, de *Radack* et de *Gilbert*.

Le climat des archipels de la Micronésie est en général bon et très-favorable, le sol est fertile; il produit du coton, de l'indigo, du cacao, du riz, du maïs, des cannes à sucre.

La langue et les habitants varient d'un groupe à l'autre.